贝页

ENRICH YOUR LIFE

重塑银行与金融

〔英〕海伦·潘扎里诺
〔英〕阿里桑德罗·哈塔米 著
李文远 译

南方传媒 | 广东经济出版社
·广州·

特别感谢我的家人，他们无条件地支持我。有时候，我要连续数月伏案写作，家里的事情全靠他们打理。

——海伦·潘扎里诺

我要将此书献给尼娜、卡塔尤恩和安娜希塔，感谢她们在写作方面给予我的灵感、指导和支持。

——阿里桑德罗·哈塔米

作者简介

海伦·潘扎里诺

海伦曾在商业银行担任高管。如今，她不仅是一名经验丰富的金融科技项目主管，还是功成身退的创业者、教育家和作家。近年来，她担任全球性的“人造雨联合实验室金融科技项目”常务董事，这是世界首个后加速器项目，为A+轮金融科技机构和一级金融机构提供服务。海伦还负责创新金融协会的教育培训与行业活动的启动项目，她同时身兼数职，包括伦敦银行与金融学院数字银行中心副主任、伦敦大学学院世界首个科技创业硕士学位（金融科技方向）创立者和首席研究员以及帝国理工学院金融科技高管教育课程的联合创办人和首席交付合伙人。

海伦的专业学科领域是针对中小企业的数字化银行与创新金融。她还担任伦敦银行实验室的首席执行官，该实验室致力使社区银行和房屋信贷互助会与全球金融科技界建立联系。海伦常以评审、发言人和主持人的身份出席银行业和金融科技颁奖大会，她还是英国标准协会驻布鲁塞尔代表，被《计算机周刊》评选为2018—2019年“科技界百大女性”。

阿里桑德罗·哈塔米

阿里桑德罗是领路者公司的管理合伙人，该公司致力战略研究，为大型企业成功实现数字化变革提供支持。

他一直是金融服务行业数字化创新的践行者，拥有15年以上相关经验，曾供职于通用电气资本、贝宝（PayPal）、PayPoint和劳埃德银行集团等公司。

作为几家金融科技初创公司的顾问，阿里桑德罗与许多著名孵化器和风投公司都有合作。他还投资了几家早期科技企业和金融科技公司，并担任董事会成员和顾问。

他拥有佐治亚理工学院学士学位、罗马第一大学硕士学位以及欧洲工商管理学院MBA学位。他与妻子、两个女儿住在伦敦。

前言

常态化的颠覆式创新是现代商学院的思想核心，也是全球各地老牌企业面临的最严峻的挑战。颠覆式创新对我所在的行业意味着什么？数字化变革将如何影响我的产品、服务和整个企业？过去几十年里，我有幸与各类企业进行合作，为其提供指导。在这些企业中，金融业的高管们在面对数字化变革时，往往更积极寻求经过缜密思考的建议，而本书恰恰提供了最具思想性的指南。

在《重塑银行与金融》一书中，海伦·潘扎里诺和阿里桑德罗·哈塔米以独特视角论述了当前正在进行的银行业革命。这两位金融业资深人士给我们带来了丰富的实践经验和渊博的思想，能够让思考这个话题的企业高管们受益匪浅。他们谈古论今，提出了关于未来银行的深刻见解。两位作者曾在传统银行内部工作多年，并与传统银行有过合作，他们在此基础上提出了向数字化转型的理由，探讨银行如何从零售商变成推动者。本书的最大价值在于，它既深入探讨了消费者需求以及如何通过现代科技实现这些需求，也以敏锐的目光审视银行的架构和组织障碍。作者广阔的视角将让读者受益匪浅。书中除了用大量例子讨论传统银行的经历，还提出了一些互补的观点，包括著名的金融科技创新者和大型科技公司的观点。此外，本书还特别强调一点，传统银行应与这些金融行业的新生势力进行接触和保持良好关系，因为这会给它们带来机遇。

很多人认为，在数字化变革面前，传统银行业前途未卜。对于任何想找到银行业革命方向的人来说，海伦·潘扎里诺和阿里桑德罗·哈塔米的著作将是一本价值连城的指南。它详细描述了传统银行面临的挑战，而至于如何应对这些挑战，本书也提供了一些敏锐和深刻的见解。

盖瑞·杜什尼茨基

伦敦商学院策略与创业学副教授

序

2020年初，正当我们期待着本书付梓之时，新冠肺炎疫情暴发。亚洲国家开始一个接一个地封国，欧洲、美洲和世界其他地区的国家也跟着效仿。到2020年4月底，世界三分之一的人口处于某种形式的封锁状态。随着疫情的蔓延，成千上万的人失去了生命。大自然以一种极端的方式提醒我们：人类是脆弱的。

除了成千上万的人丧生，全球各地还有数百万人失去了生计来源，员工下岗，企业倒闭。各国政府试图减轻这场灾难，但在未来许多年里，我们仍将感受到新冠肺炎疫情带来的影响。

除了要承担金融方面的损失，我们有理由相信，整个社会和人类行为都会发生巨大变化，但不是所有变化都是消极的。很多企业不得不要求员工在家办公，它们已经意识到，远程办公是一种可行的替代方案，企业无须租用昂贵的办公楼，也无须再到国外出差。企业和消费者发现，视频会议的效果可能和传统的当面会晤效果一样好，有时甚至更好。零售企业、媒体公司和金融机构发现，使用它们数字化产品的用户数量激增，而旅游业、酒店、商业房地产和运输企业正面临崩塌的风险（希望这种局面只是暂时的）。此外，人们能够享受到几十年来少见的蓝天和更清洁的环境。

就在我们写下这份寄语时，全世界各国都在谨慎地解除封锁，但可以肯定的是，我们再也无法回到新冠肺炎疫情暴发前的那个世界。我们将面对一种截然不同的“新常态”。

在过去20年的大部分时间里，科技使社会发生了深刻的变化。这种转变之所以能持续发生，靠的不仅是科技，还有企业和消费者对新的商务运作方式的接受。与10年前相比，零售、旅游、音乐和新闻等行业几乎发生了翻天覆地的变化；而智能手机和社交媒体平台重塑了我们彼此对话的方式，人与人之间的互动形式更是变化极大。

令人感到惊讶的是，大多数金融服务提供商却未受到这种变化的影响，一部分原因在于它们受到了严格的监管，另一部分原因则是它们的客户存在惰性。长久以来，银行的客户一直认为银行是他们手中财富唯一值得信赖的管理者，而数字化渠道对他们来说既陌生又复杂。2008年的金融危机对银行的信誉造成了严重打击，金融科技企业也随之崛起。新冠肺炎疫情将加快数字化技术的普及，因为用户意识到，与直接去分行办理业务相比，数字化渠道更简便快捷，且往往更加安全。

本书的写作灵感源自我们在金融服务数字化创新领域30多年的工作经验。我们两人做了分工，从不同角度探讨金融科技的创新：其中一人从颠覆式创新者的角度看待金融科技创新，另一人则从被颠覆的传统银行角度看待创新。我们决定把各自多年的从业经验汇聚在一起，对正在发生的变革进行合理分析，并阐明我们关心这些变革的理由，而后者更为重要。

然而，本书完成后，内容其实比我们预想的范围要宽一些。我们必须提醒自己思考一个问题，即银行业是如何进入数字化和金融科技时代的？为此，我们探讨了银行从圣经时代（大多数历史学家认为，“圣经时代”从公元前1250年摩西带领埃及人出埃及开始算起。——译者注）到硅谷时代在人类社会中所扮演的角色。

我们还探讨了金融科技变革背后的驱动因素，比如人才、资本和监管等。当然，我们并未忽略客户喜好这一因素。我们剖析了理想的“新型银行”，并做出这样一种假设：如果抛开历史遗留问题或期望，未来的银行会变成什么样子？

围绕着核心目标，我们深入研究了全球各地是如何实现数字化创新，而数字化创新又是如何创造出独特的地理中心，并充分利用市场优势、机遇和挑战，为全球志同道合的企业建立社区以解决类似金融问题的。

最后，我们认为，如果一本关于金融科技变革的书不对全球最重要的金融科技中心加以评述，那它就是不完整的。在本书的后半部分，我们列举了一些地区性的金融科技中心，让读者从总体上了解伦敦、巴黎、纽约、特拉维夫、海湾地区和深圳的各个金融科技生态系统。我们在全球范围内主动寻求业内人士的帮助，征求他们的观点，了解全球金融科技中心是如何构建和运作的。在与读者分享这些信息的同时，我们也要事先声明一点：虽然我们已经尽力做到提供最新的信息，但由于金融科技的发展如此迅猛，难免有些信息无法做到及时更新。

我们的最终目标是与读者分享我们对变革的热忱和痴迷。正是这些变革，最终改变了人类社会的支柱产业——银行业。社会通过银行业来回报审慎的投资行为和创业精神，并在此过程中使社会变得富裕。人类社会实现工业化之前，这样的情形早已存在；而工业化之后，银行越来越脱离客户和客户需求。毫无约束的增长、千篇一律的扩张、骄傲自满，这些都是酿成灾难的根源。在本书中，我们讨论了银行业和金融业的数字化转型对所有利益相关者的影响，筛选出这场变革的参与者，以及最终的赢家和输家。

在撰写这本书的数月时间里，我们对数字化变革速度的认识有所加深，更加意识到一些具备开创精神的创业者、无畏的变革者、专注的学者、目光远大的投资者和给予热心支持的公共机构所做的工作多么不可思议。但有些时候，这些努力在国际舞台上往往鲜为人知。当然，这也提醒我们要做更多的横向思考，并持续关注周边产业，因为人们很容易忘记一点：金融服务和金融科技如今已变成全球性产业，在解决某些共同问题时，集体的力量要大于个体。正如国与国之间的界线正变得越来越模糊一样，在这个极有吸引力且相互关联的行业中，解决方案也没有国界之分。

但愿你在阅读本书时，能对这个话题产生兴趣，并与我们一起继续学习。

海伦·潘扎里诺

阿里桑德罗·哈塔米

目录

Contents

03 完美新型银行的特点

04 从实体银行到数字化银行的演变历程

05 金融科技中心

06 金融科技部落

07 伦敦

08 海湾地区

09 巴黎

10 纽约

11 特拉维夫

12 深圳

13 最后一些想法

01

银行业发展史

对绝大多数人而言，银行业务是现代日常生活的一部分，比如，汇款、付账、用无接触方式买咖啡或支付公共交通费等。很少有人思考这样的问题：我们的现代银行体系及其附属功能是如何形成的？科技、经济力量和不断变化的群体行为又为当前全球银行业带来了何种影响，并使其成为我们每个人日常生活和工作的一部分？

当我们开始深入研究这些问题时，答案渐趋明朗，可能还会令人感到惊讶：银行业几乎和人类文明本身一样古老，而金融服务行业的创新同样如此。

早在公元前2000年，苏美尔人和古埃及人就互相借款，他们在这种交易中承担了风险，并期望得到合理的回报。《圣经》称，以色列人既相互借款，也借钱给其他群体，但他们只能对外人收取利息。罗马公民在商业交易中使用期票。人们曾在伦敦市的彭博总部大楼发现了一张可追溯到公元57年的期票，那里离笔者写作本书的地方不远。这张期票仿佛在提醒我们：人类的金融史可谓悠远绵长。根据期票的内容，自由民提布鲁斯告知维努斯图斯（提布鲁斯曾是维努斯图斯的奴隶），自己向斯普里乌斯的自由民格拉图斯借了105古罗马便士。

现代银行的起源

虽然银行业务可溯源到古代，但我们所知道的“现代银行”起源于13世纪初的意大利。当时，罗马帝国时代已经结束，帝国经历了一场巨变，分裂为许多小王国。这些王国通常由受过良好教育、有商业头脑和极具竞争力的人领导。各王国纷争不断，各自的经济都遭受了巨大损失。

为了应对动荡的金融环境，意大利中部和北部的当地人率先采取措施，开始相互提供金融服务，这种金融服务就类似我们如今所知的银行业。这些服务一般由热那亚、锡耶纳、佛罗伦萨和威尼斯等主要城市的银行家提供，而且通常发生在非常开放的公共环境中。举个例子，在佛罗伦萨和锡耶纳，银行家有时会在主要集市里摆上一张桌子（在意大利语中，“桌子”对应的单词为*banco*，即英文“银行”的来源），潜在客户会带着自己的财务需求去找他们。在开放的环境下，银行家和客户之间的关系非常公开。例如，如果客户拖欠贷款，整个城镇的居民都会知道；同样地，如果银行没有兑现承诺，当地统治者就会派民兵去惩罚银行家。惩罚的形式多种多样，但最能表现银行家破产的方式就是当众销毁他们的桌子。“销毁”的意大利语为“*rotto*”，而“*banco rotto*”就是现代英语“bankrupt”一词的起源，即“破产”之意。对银行家来说，破产是莫大的耻辱。以现代标准来看，当众销毁桌子的做法很极端，但震慑效果十足。

关系型银行

在满足国家财政需求的过程中，银行业持续演变，产生了我们所谓“关系型银行业务”，即客户和银行家了解彼此的目标，相信双方都会履行各自的承诺，并以此为基础建立了关系。圣乔治银行（Compere di San Giorgio，后改名Banco di San Giorgio）是首先倡导这种类型银行业务的机构。该机构由热那亚政府的债权人组成，于1407年创立，旨在汇聚他们手头的资源，为因一系列战争而陷入困境的热那亚共和国提供财政支持。这家银行只为一位客户服务，即热那亚共和国。在帮助热那亚共和国摆脱困境的过程中，圣乔治银行的成员为本机构的许多活动（几个世纪后，这些活动被称为“银行业务”）制定了规则。银行基于它与客户的一对一信任关系、对客户状况的深入了解为客户提供服务，设计并给出能够满足客户需求的提议。因此，深度信任、客户洞察力和针对单一客户的产品设计最为关键。

圣乔治银行由摩纳哥公国格里马尔迪家族的先祖创立，克里斯托弗·哥伦布也曾是它的客户之一。时至今日，摩纳哥仍然是世界银行业务的中心，而圣乔治银行在为客户提供了近400年服务后，于1805年拿破仑入侵摩纳哥时正式关门大吉。但不久之后，意大利锡耶纳银行进入摩纳哥市场。锡耶纳银行创立于1472年，服务的对象是锡耶纳的封建领主，它是如今仍在运营的最古老的银行。

- 完全以客户为中心

关系型银行这种以客户为中心的模式开始流行起来，全球各地纷纷效仿，类似活期存款（即客户将资金存入银行，由此获得收益）和支付账户等创新产品也成为主流。在17世纪的荷兰和英国等重商主义国家，银行的产品范围大幅扩大，但这些产品仍然是为特定客户量身定做的。在这些早期的关系型银行中，银行家身兼数职，他们既是销售人员，又是风险管理者和公关经理，最重要的是，他们还是深受客户信任的顾问。绝大多数情况下，他们是银行的拥有者，为了给客户提供能够实现其目标和抱负的资金，每次都要搭上自己的身家。这种商业模式持续了很多个世纪。

在热那亚，佛罗伦萨和威尼斯银行业的使命是保护国家的独立性。这种情况同样出现在几个世纪后的北欧，国家事务与金融再次融为一体。在大国环伺的情况下，荷兰银行家挺身而出，不仅使荷兰保持了相对独立性，还将它打造成全球贸易和金融服务的中心。对早期银行来说，承担政治责任是它们存在的一个重要理由。工业革命的到来，完全改变了这一切。

工业银行

工业革命给社会的各个领域带来了巨大变化，随之产生了一个介于工人阶级和富人阶级之间的“中产阶级”。新的中产阶级与过去的富裕群体不同，他们往往白手起家，获得财富的时间不长。中产阶级是一个相对成熟的客户群体，但他们在支付员工酬劳、保护个人收入或向银行借款来为新企业筹集资金方面需要帮助。与富人阶级相比，中产阶级只需要较为适中的特色服务，但这一群体人数众多，庞大的客户数量意味着传统银行业的一对一服务再也行不通了，因为这样无法扩大业务规模。银行需要采用一种新方法来为这个庞大的、利润丰厚的新兴市场提供服务，银行业由此开启了工业化进程。

工业银行是经济工业化和社会城市化的产物。它标志着银行业务模式发生了根本性的改变，银行成为产品和价值主张的分销商。银行总部负责创造产品或推出价值主张，分行则将这些产品或价值主张大规模推向客户。工业革命之前，银行家的宗旨是帮助客户达成某种目标；工业革命之后，银行家放弃了这一宗旨，转变为产品组合的销售方，为银行赚取利润。在这种新型银行业务中，由于产品定价限定在某个范围之内，产品服务设定了框架，而客户所要求的质保也被严格定义，因此，在与客户打交道的过程中，银行家几乎无法使其产品单独满足某个客户的具体需求。分行能在一定程度上影响产品定价和交易条件，但这种灵活性被限制在一个极狭窄的范围之内。

- **产品vs结果**

这种全新的大众化银行业务模式优点明显，即银行能够迅速成长，扩大地理范围，并为更多的客户提供服务；缺点则是银行不再帮助客户达成结果，而是向其交付产品。尽管如此，如果银行家认为合适的话，这些产品仍然可以稍做改变，以适应客户的需求，再加上价格具有一定的灵活性，分行的员工有时间和动力与客户接触，帮助他们了解不同的产品以及哪些产品最适合他们的需求。在银行业日益缺乏人情味的氛围下，这种人际沟通使客户购买金融产品时能够感觉自己是在与一位值得信赖的顾问对话。这种类型的银行业务一直持续到20世纪50年代。如今，每当提到那个年代，一些年长的客户便无比怀念。他们说，在过去，当地分行的经理会“聆听他们的想法”。

工业银行是其所属时代的产物。客户获得了更广泛的融资渠道，但在个性化和专注度方面，他们付出了高昂的代价。银行的业务范围发生了变化，逐渐变得更加平等化，政治色彩有所减少。英格兰和苏格兰是工业革命的中心，在这两个国家，银行业的职责就是建设基础设施，为不断变化的社会和经济提供支持。突然之间，市场涌现大量需要信贷和期望获得合理资本回报率的企业家，这促使银行家对他们的交付模式做出创新。

工业革命是为了转变企业的经营模式，而制造业的创新催生了标准化的概念。例如，在工业革命之前，如果有人想买一双靴子，并且付得起高价钱，那么他就会去找一位鞋匠，定制一双专门为他设计的靴子。他不会要求鞋匠做一双9码的靴子，而会要求靴子适合自己的双脚。一切都是量身定做的，虽然每只鞋子的材料和质量各不相同，但都是顾客付费定制的。同样的原则也适用于银行业。当克里斯托弗·哥伦布向圣乔治银行申请贷款时，银行并没有向他提供一整套价格和条件。他与银行家进行谈判，最终就贷款金额、条款和价格达成了一致。

大众化银行业务

随着工业革命的到来，银行业发生了变化。在需求急剧增加的情况下，银行家们意识到，新环境促使他们要做出改变。正如上述鞋匠的例子一样，银行业也开始变得标准化。1717年，英格兰银行推出了第一批印刷支票，这些纸质支票在全国范围内得到认可。这种新的标准化产品催生了现代金融产品，如储蓄账户、个人贷款和经常性账户。它们的目标客户不是非常富有的人群，而是新兴的中产阶级。当贵族需要服务时，他们仍然与自己的私人银行家（这些银行家往往是银行的拥有者）接洽，后者为他们提供个性化产品。举个例子，如果一位富有的顾客想筹集资金购买一间造船厂，那么他和私人银行家之间的对话与发生在中世纪意大利银行里的对话没有太大区别。条款、费率、金额和条件都是可以谈的，银行还可以根据客户的具体需求和风险承受能力定制产品和服务，整个过程犹如鞋匠为客户量身定做一双靴子。

对于不太富裕的顾客来说，情况则有所不同。上述例子中，一位曾在造船厂工作的工匠打算买些工具回来建一个车间，于是他去工业银行寻求帮助。这位创业者肯定不会去找银行的老板谈条件，而是会找最近的分行经理。总行给予了分行经理一定权限，他可以对价格和合同条款作出灵活的调整。因此，顾客会得到一款不是专门为他们定制的产品，但这款产品已经足够好了。这种类型的银行服务相当于货架上现成的靴子。

银行经理之所以对交易条款拥有有限的酌情处理权，是因为当时的技术尚不允许银行对较小分行的风险承保进行集中管理。因此，分行经理负责与客户建立关系，使银行家成为分行所经营社区的一个组成部分。这种银行业务模式持续了很多年。事实证明，这种商业模式是非常有效的，因为越来越多的银行取得了成功，而全球各地也涌现了许多银行集团，其中一些银行至今仍然非常成功，比如1690年在英国成立的巴克莱银行、1784年在美国成立的纽约银行、1788年在日本成立的第四银行。

随着第一波科技浪潮深刻改变了银行业，这种业务模式逐渐过时。现代通信和计算机技术的出现催生了信息技术银行。

信息技术银行

工业银行占据主导地位长达数十年，并在客户心目中巩固了以银行为中心的关系。而在工业界，这种关系同样牢固。到了20世纪初，局面开始转变。两个关键事物的发展引发了银行体系的变革，那就是现代通信技术和计算机。

19世纪末，金融服务提供商在扩大其产品种类的过程中，开始意识到远程付款成为客户的主要需求之一。类似美国运通公司这样的企业受纽约客户所托，将现金运往旧金山，沿途要防止匪徒抢劫。电报出现后，现金便可以通过电汇实现转移。纽约和旧金山的分行只要把钱从一个客户的账户转移到另一个客户的账户即可，而不需要运送任何实物现金，这让拦路抢劫的劫匪深感失望。

金融产品的特性可以在分行以外的地方决定，再由分行推荐给客户，这种可能性促使大型银行越来越多地将决策权从分行抽离出来，集中在地区性甚至全国性的中心机构。这一做法具有重要意义。集中决策使大型银行能够非常高效地提供广泛的金融产品，通过设置严格的限制措施、准则和流程来管控它们所面临的风险和欺诈行为。随着业务量的增加，银行不得不处理和监控大量的新交易，因此形成巨大的瓶颈。分行每天被迫提前关门，以处理当天的所有交易，这已成为司空见惯的事情。银行仍然是工业银行，只不过效率提高了一点。

- **集权化**

计算机的出现使这种情况发生了深刻的变化。在此之前，银行仍需依靠分行进行大量的处理工作来运营其业务。计算机问世后，银行业务便趋向于极端集中化。产品不仅可以由总部确定，还可以由总部管理；总部制定风险标准、产品定价和交易条款，然后推送到整个分行网络。信息技术银行将工业银行与现代信息技术结合起来，产生了几种影响。

首先，分行数量大幅增长。计算机极大地提升了生产力和利润，银行能够在盈利的情况下为大量客户提供服务，从而迅速成长。由于银行只能通过分行销售产品，因此，在采用了信息技术之后，分行数量开始爆发式增长。随着盈利能力障碍显著降低，银行可以在任何地方开设分行。

其次，由于产品受到总行严格控制，分行工作人员只需要具备较强的销售技能，无需很多的银行从业技能，因此，分行再也不需要具备丰富经验和娴熟技能而工资较高的银行家。银行工作人员的薪酬从固定工资变成与销售目标直接挂钩的奖金，他们也逐渐变得不太了解自己所销售的产品以及产品可能对客户造成的影响。

最后，这种标准化模式导致银行的经营方式更加死板。这些集权化的规则必须严格执行才能有效，因此，银行很难进行变革，银行流程的制定者变得不愿冒险，并且拒绝变革，因为每一次变革都会对所有分行产生影响。于是，银行的实际应对之道不是让产品退出市场，而是对产品加以变更，再把它当作全新产品出售。这导致银行系统持有大量产品，而为了服务这些产品，银行需要不断增加信息技术设施和运营设施。

让事情变得更加复杂的是，在20世纪的这一阶段，银行认为，只有扩大经营规模，产生经济效益，才有动力去收购或合并竞争对手。尽管客户数量和产品销量的增加带来了正面效益，但往往无法使信息技术平台发挥最佳效果。实际上，被收购银行的系统往往没有真正融合进来，而只是作为独立实体与专门定制的界面简单地连接在一起，这更增加了平台的复杂性，使变革难上加难。正是在这个阶段，信息技术的角色从变革的拥护者变成了僵化流程的捍卫者。

这种标准化模式导致银行与客户之间的关系发生了根本性变化。绝大多数银行开始从零售商的角度看待客户，借助科技设计产品，使产品适应强大但死板的大型计算机。银行成为服务提供商，而这些服务由总行严格设计，并由分行提供给客户，分行在交易条件、条款或定价方面没有任何自由裁量权。与工业银行不同的是，信息技术银行没有给予分行员工任何灵活度，员工无法根据客户的需求改造产品。大型计算机对数据进行远程分析，并采用一套狭义界定且不可变更的数据集来描绘客户，并为客户的信用背书。与文艺复兴时期和后工业时代银行家可获得的数据相比，这些数据的数量较少，但预测算法能够提供更精确的风险管理、更低的交付成本以及大量可销售的金融产品。

● 总行与当地分行

由于大型计算机无法思考程序以外的任何参数，所以银行业当中的“人际关系”因素基本上被电脑消灭了。“电脑说‘不行’”，这是英国广播公司（BBC）一档著名喜剧节目《小不列颠》中广为人知的名言。这句话已成为银行工作人员对客户的常见答复，我们对此早已司空见惯，可它恰恰是如今银行与客户关系脱节的根源所在。此外，银行的某些管理手段进一步侵蚀了银行与客户之间的信任。银行不仅剥夺了分行员工满足客户需求的权力，还鼓励他们只管卖产品，而不必考虑其他因素，这往往导致员工向客户推销不合适的产品。

分行员工变得更像是销售人员，顾问的角色逐渐淡化。一些分行员工发现，他们的工作动力更多地来自总行下达的销售目标，而不是为客户谋福利。客户并非没有注意到这种态度上的转变，尤其是那些见证银行成长过程的客户。那时候，银行经理记住的是他们的名字，而不是他们的账号。在全球各地，银行的盲目销售已经酿成一些广为人知的丑闻。大型计算机时代的到来可能提升办事速度和效率，但对于银行与客户的关系而言，是一个沉重的打击。

美洲银行于1950年成立了信息技术银行，很快，全球各地的银行纷纷效仿。计算机能让银行以前所未有的速度处理交易，银行规模也因此变得更庞大，因为信息技术银行可提供的服务远远优于规模较小的竞争对手。信息技术银行享受了数十年的巨大成功，但最终，它被数字化银行打了个措手不及。数字化创新改变了一切。

数字化银行

电报机进化为电传机（即一对一文本数据信息传递设备），电传机又进化成“阿帕网”（即美国国防部高级研究计划局建立的计算机网络），并最终演变为互联网和万维网（“万维网”的概念由蒂姆·伯纳斯·李提出)。互联网改变了我们所生活的世界(至少理论上如此),让每个人都能与其他人产生联系。互联网改变了社会的每一个层面,影响持续至今。金融领域加入数字化革命的时间较晚,但现在,它正坚定地走在深刻变革的道路上。

20世纪80年代末,世界各地的银行开始向商业客户提供数字接入服务,但反响一般。1982年,法国电信推出了小型电传网,这是一种通过电话线访问的可视图文网络;到20世纪90年代初,这种小型电传网开始向消费者提供银行服务。1994年,位于帕洛阿尔托的斯坦福信用合作社开始通过互联网提供网上银行业务,银行业由此进入了数字化时代。

● 从新渠道到新型银行业

一夜之间,信息技术银行被卷入了互联网革命的浪潮当中。起初,银行业将互联网视为一种通信工具,但在市场的驱动下,许多银行开始提供网上服务。随着互联网时代的到来,人们越来越习惯在网上做事,客户也开始要求银行提供互联网服务。

银行只能遵照客户要求,不情愿地把分行的部分业务复制到互联网上。它们之所以不情愿,是因为担心新渠道的建设和管理会增加成本,同时难以交叉销售其他产品,从而降低银行的利润率。起初,这种观点是正确的。银行无法在互联网上销售复杂和利润较丰厚的产品(比如房贷、投资产品等),而客户也无须动辄到分行办理业务。更糟糕的是,银行设计信息技术系统的初衷就是让客户去分行查询信息,但实际上,客户在网上查询信息的频率要高得多。这极大增加了银行系统的负荷,偶尔还会导致系统崩溃。为了提高服务水平,银行在信息技术方面花费的成本大幅增加。

金融科技变革

正当现有银行努力应对不断变化的客户需求时，其信息技术系统由于工作负荷大幅增加，已经开始危如累卵。2015年左右，金融科技初创公司登上历史舞台。起初，它们被视为无伤大雅的搅局者，甚至还带来了机遇，可慢慢地，它们变成银行业的致命威胁。

这些金融科技公司规模较小、行事灵活、目标明确，善于利用科技，提供比银行更优质的特定金融服务。金融科技公司的使命就是为了挑战现状，通过具有独创性的应用软件、平台和网站提供更便宜、更透明、更方便用户的金融主张。它们开始激发起公众的想象力，并慢慢地改变现有银行业的一些习惯。金融科技公司把银行业分成了两个阵营，一个阵营是现存的、拥有自身数字化解决方案的银行（即现有银行），另一个阵营则是挑战现有银行的新企业（即挑战者银行）。数字化的现有银行提供了一套更全面的服务，基本上可以取代传统银行，满足客户的所有金融需求；而金融科技公司专注于提供一种以技术为基础的特色服务，比如支付、咨询等。现有银行可以借助数字化服务、数字化银行或一群相互协作的金融科技公司取代分行。

2012年至2013年，创业者和投资者开始认为，与交通、旅游、零售、娱乐等行业一样，银行业已经做好了变革的准备。因此，世界各地出现了很多想挑战现有银行的初创公司。投资金融科技公司的风险资本从2014年的80亿美元激增至2018年的400亿美元。现有银行发现，客户拒绝了它们推荐的产品，转而青睐那些数量不断增加的挑战者银行或专业提供商，因为这些新银行能够给客户提供更简单明了的金融主张。

反思银行业

这些挑战者银行提供的不仅仅是现有银行产品的改进版，它们还在反思银行业，希望给整个行业带来彻底的变革。金融科技银行使银行业变得轻产品、重结果。许多挑战者银行与客户建立关系时，只注重做那些它们擅长或比现有银行更擅长的事情。现有银行往往忘记一点：客户之所以申请信用卡或房屋抵押贷款，并非为了这些产品本身，而是想拿信用卡去度假或拥有一所房子。当客户购买像TransferWise（一家总部设在英国的跨国P2P汇款平台）这样的挑战者银行服务时，他们关注的并非跨国汇款服务本身，而是打算全家到国外度假这件事。当客户与Betterment（美国的一家财富管理和投资顾问平台）签合同时，他们不是为了购买基金，而是追求投资回报。与现有银行相比，挑战者银行更具针对性，消息更灵通，更关注结果，能为客户提供更优质的服务。客户也觉得挑战者银行更能理解自己，更能倾听自己的意见。没错，金融科技仍然离不开电脑，但它不只会说“不行”！

数字化银行和相关产品把传统银行业的所有模式汇聚起来，并添加了新的维度（见图1.1）。数字化银行不仅是信息技术银行的一个不同版本，还是一种真正的进化。金融科技革命摆脱了几十年过时技术的束缚，以客户体验而非利润率为驱动力，通过技术实现了现有银行认为不可能实现的目标，即利润丰厚、兼具个性化与规模化的银行业务。

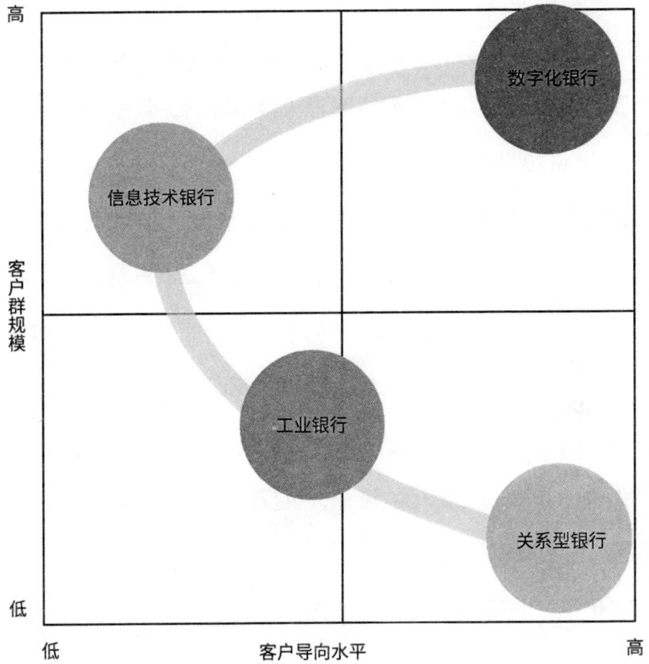

图1.1 银行业演变史

成本结构差异

与信息技术银行相比，这些现代化新银行的经营方式有一个显著的不同之处：它们可以为大量客户提供服务，运营成本却低得多。绝大多数现有银行都深受所谓“历史遗留问题”困扰，而问题的根源在于它们以昂贵的技术和过时的方式向客户提供产品和服务。这些产品和服务是为一个截然不同的时代设计的，那时候的客户有着不同的期望，监管规则有所不同，技术也有着一定的局限性。绝大多数现有银行往往为过时的交付模式提供数字接口。

历史遗留问题不仅是信息技术问题，还有更深层次的原因。银行信息技术系统通常由多个银行业务模块组成，而这些模块的编码工作是在另一个时代完成的，它们往往通过并购活动拼凑在一起。银行几乎没有保存或完全没有关于模块编码的档案资料，且模块采用的是20世纪60年代和20世纪70年代的编程语言，如今已很少有人使用。编写程序的人要么已经退休，要么已经离世，早已不在银行工作。这些信息技术平台的运行成本极高，而且非常耗时，不再符合如今的业务要求。正如英国的挑战者银行斯塔林银行首席执行官安妮·博登常说的那样："一直以来，大型银行的运营成本不断增加，它们根本无法与我们竞争，因为我们银行的交付成本很低。"这种较低的成本结构不仅源自更先进的技术和更优化的流程，也反映出一个事实：绝大多数数字化银行已经放弃拥有分行。

数字化银行开设较少的分行便能够满足客户需求，因此，随着世界各地的银行变得更加数字化，这些银行也不断关闭分行。根据欧洲银行业管理局公布的数据，2017年，欧盟的银行分行数量比2007年减少了20%。但是，在同一时期，使用数字化银行的欧盟公民人数超过了51%，说明那些提供分行服务的现有银行为了保持某种能力而持续付出成本，然而它们的大多数客户并不需要这种能力。管理分行网络所需的成本是绝大多数数字银行不必承担的。如果客户仍想把现金或支票存入银行，可以找那些与零售商及邮局合作的数字化银行，它们为客户提供这种特色服务。

对于数字化银行来说，增加新客户的边际成本接近零。所以，当这些银行获取现有银行的客户时，其增量成本可忽略不计。可以说，每增加一位新客户，银行都会变得更高效。

结果差异

许多挑战者银行正在打造一种不同于现有银行的客户接触模式。现有银行的目标是出售产品，而挑战者银行的目标是建立一种关系。挑战者银行正在创造全新的客户接触方式，即从交易模式转变成以结果为导向的模式。挑战者银行不是顾客走进去就可以购买服务的超市，相反，它们是客户可以实现自身目标的手段。例如，挑战者银行推出了个人财务管理工具，这些工具借助客户的银行数据，帮助决策者了解客户的支出模式和预算，并对客户的行为做出预测。个人财务管理工具不仅是拥有独特卖点的产品，其最终目标是让客户感觉到数字化银行正在帮助他们了解和控制自身的财务状况。挑战者银行表示，如果客户在管理自身财务的过程中决定购买银行的某款产品，那简直求之不得，但是，银行最看重的仍然是客户关系，其他产品的销售是次要问题。数字化银行显然明白一点：客户关系才是银行业最有价值的资产。利用客户关系营利，这恰恰是挑战者银行业务的重点。

很多现有银行提供的数字化用户体验只是在模仿分行的做法，即无休止地向客户交叉销售产品。在此，请允许我们提出不同的看法。很多传统银行并没有把它们的客户群视为由个人和组织构成的社区，且这些个人和组织有着不同的需求和愿望；相反，多数银行将客户视为买家数据库，银行必须向他们交叉销售更多产品。只要客户能负担得起这些产品，银行就会卖给他们。如今，绝大多数银行仍将销售多少本行产品作为衡量成功的标准。当然，最好的挑战者银行也把营利作为目标，但绝大多数挑战者银行都尝试通过搞好客户关系来营利，而不是把营利当作公司的战略目标。在它们看来，良好的客户关系必然带来利润，这种商业思维与大型全球社交网络没有太大区别。尽管如此，若要持续得到投资者、监管机构和客户的支持，挑战者银行仍需要展示出自己的盈利能力。

手机银行堪称最具创新性的数字化银行。2007年，随着苹果推出智能手机，手机银行业应运而生。银行开始注意到，许多客户通过手机登录它们的桌面端网站。这种操作与传统银行的主要区别在于：尽管有了分行、呼叫中心，甚至网站，客户还是不得不先“到达”某个地方才能办理银行业务；有了手机银行之后，银行就被装进了手机的应用程序中，与客户形影不离。客户终于可以随时与他们的银行打交道了。手机为挑战者银行开启了一个充满机遇的新世界。手机银行是一种强大的工具，可以及时提供服务，满足客户的需求。它会在客户因账户余额不足而无法购物或将透支时提醒客户，或者询问客户是否愿意存点钱到储蓄账户。如果能在恰当的时机向客户的手机发送这些信息，会更有效果。

现有银行并未忽视数字化银行业务。很多银行都开发了可以通过智能手机访问的应用程序，而越来越多的银行正在推出自己独立运营的数字化银行，比如苏格兰皇家银行的独立数字银行Mettle和Bo。有趣的是，如今挑战者银行和较为先进的现有银行所推出的数字化产品区别不大。最好的现有银行提供支出分类、预算工具、24小时客户服务、银行卡防盗屏蔽功能以及挑战者银行提供的绝大多数其他服务。但是，现有银行并没有像挑战者银行那样以巨大的热情去推广这些服务，说明前者仍将这些服务视为锦上添花的产品功能，而后者认为它们是必不可少的功能，有助于银行与客户建立关系。

现有银行之所以对产品如此关注，是因为它们仍然常以“产品孤岛”的方式运营产品，衡量利润和损失的标准是互不关联的产品线，而非客户类别或细分市场。这是过去遗留下来的问题，也可能是现有银行面临的最大挑战。为了应对这一挑战，很多现有银行采取了诸多举措，比如以客户为中心或单一客户视图等，但是，它们孤立的产品经营模式与这些举措背道而驰。优秀的数字化银行都是以这些原则为基础设计的；现有银行看到了这点，但它们必须做出有深度的结构性转变，对经营模式进行大规模的重新设计。如今，银行将产品线视为利润中心，按产品线计算盈亏，倘若重新设计经营模式，就会把这些产品线变成成本中心和服务供应商，按细分客户计算盈亏。这点很难做到，对那些仍然在既有业务中大获其利的老牌银行来说尤为如此。

信任度差异

客户往往懒得换银行，这种惰性令挑战者银行的改革人士感到困惑。显然，现有银行没有提供他们想要的东西，可尽管如此，客户似乎并不想把挑战者银行变成他们的主要银行业务提供者。现有银行把这种现象归因于声誉。尽管世界各地的监管机构正努力使转换银行账户变得尽可能简单，但客户仍然会觉得换银行是件很难的事情，小额银行的客户尤其如此。从历史上看，绝大多数客户都不会抛弃他们开设第一个账户的银行。

在报纸、社交媒体、客户需求向导和购物比较网站的游说下，大多数客户坚信银行并不总是他们的“良友”，由此产生对银行的不信任感；而银行又频频爆出危机和不正当销售产品的丑闻，则进一步加剧了这种不信任感。在欧盟，大多数客户都不信任他们的银行。

实际上，客户不愿意转换账户是出于另一个原因。这与客户感知到的可信赖程度无关，而与他们感知到的银行可靠度有关。很多人不把工资存入自己在挑战者银行的账户，是因为现有银行似乎比挑战者银行更可靠或更真实。现有银行往往拥有分行网络，并经受住了时间的考验。相比之下，客户经常觉得挑战者银行可能在几年内就会倒闭，使他们的存款存在风险。不过，这种现象将随着时间的推移而逐渐消失。随着挑战者银行声誉鹊起（就像亚马逊和谷歌之类的公司在短短几十年间所做的那样），一旦现有银行不做出改进，客户就没有任何理由留下来。

透明度差异

数字化银行正在给银行业带来根本性的变化，它使金融服务的提供商变得更加透明。换言之，银行所有定价、产品特性和经营环境都变得开放，对于现有客户和潜在客户来说，这些都是完全可见的。从历史上看，银行对客户的了解程度和客户对银行的了解程度是不对称的，银行正是利用这种信息不对称为客户提供服务，达到“套利”的目的。历史上，银行还利用这种不对称的信息引导顾客购买产品。这些产品未必不好，但有时并非顾客真正想要的，而只是银行想出售的产品。

过去，对客户来说，识别不同产品的特性是件很费力的事情，所以大多数人都靠可信赖的银行经理给出建议。这些经理人会提供一系列适合客户的产品，有时还会建议客户从中选择一款。到了数字化银行时代，所有银行都在网上展示它们的全部产品，客户只需点击鼠标，就可以详细了解银行的产品类别、条款和定价。他们可以比较轻松地在几家银行之间进行切换。如果客户想比较几家银行的产品，他们不仅可以收集数据，还可以得到几乎整个市场对产品进行对比后得出的看法，甚至能看到其他客户或专家对产品的评估。过去，客户几乎没有任何方法去质疑银行给出的“建议”，而在数字化银行时代，只要点击鼠标，客户就可以相对完整地了解银行产品、其他客户对该产品的看法以及市场上另一些具有竞争力的产品。

人们认为，所有银行都是一样的，不管哪家银行卖给你产品，它们卖的都是同样的东西，而获取数据的便利性进一步加深了这种看法。在极端情况下，这种看法会导致银行难以对其产品收取高价，且价格很快成为产品的主要区分因素。如此一来，各银行很可能会陷入恶性竞争当中，价格最低者胜出。此外，若谷歌、苹果、脸书和亚马逊等大型科技公司决定进入金融服务行业，则价格空间很可能被进一步压缩。

对现有银行来说，这是个可怕的消息。按业内人士的说法，现有银行若想实现收支平衡，必须在每位客户身上每年赚取200—400美元，而每开立一个新账户，都会显著增加边际成本。对挑战者银行来说，即使把产品开发、获取客户等成本包括在内，只需在每个客户身上赚取50—60美元即可实现收支平衡，维护新客户的边际成本接近零。

挑战者银行把建立和培育客户关系作为发展战略，这有助于纠正市场追求低价的不良风气，因为人际关系可以促使客户不单纯把价格作为是否购买产品的依据。现有银行往往靠品牌的力量来推动客户关系。随着这一品牌价值在客户心目中逐渐丧失，除非现有银行改变它们的做事方式并更加关注客户关系，否则将不可避免地成为公用事业产品的劣质提供商。

回到银行业的起源

数字化革命可能会让银行业回到原点，这点很有趣。新兴的数字化挑战者银行可能会开创一个时代，在这个时代，银行业务由某种值得信赖的实体提供，它们为客户定制能够满足其精准需求的解决方案，帮助客户实现某种结果。

这种实体了解和关心客户，希望帮助客户获得财务上的成功。

这种实体把每一个客户视为独特的个体。

它们开展业务的原则与意大利和荷兰银行业先驱所遵循的原则是相同的，即随时听候客户差遣，为数百万客户提供最高品质的服务。

具有讽刺意味的是，未来数字化银行和客户之间的关系也许复制了旧时代的一种创新机制。该机制曾很好地服务它所在的社区，而现代银行可能正好需要这样的机制。

02

数字化威胁

2019年，英国的商业街店铺异乎寻常地大规模倒闭，包括八卦报纸和电视在内的英国媒体对此感到无比愤怒。这些商店之所以倒闭，并不是因为经济衰退，而是因为消费者的花钱方式发生了根本性的变化。根据英国市场调研公司“地方数据公司”公布的数据，2013年至2018年，英国共有33000家门店关闭。在2018年，关闭门店最多的行业是银行业。1988年，英国共有20583家分行，如今这一数字不足8000。同一时期，为英国客户提供服务的银行数量却增加了60%。

然而，这远非金融业的末日，只能说明客户办理银行业务的方式与过去不同罢了。与此前发生过变革的零售、媒体、旅游、娱乐等行业一样，金融业的客户选择通过数字化而非实体渠道获取自己想要的商品或服务。令人惊讶的是，为何金融服务行业花了这么长时间，才愿意面对柯达或百视达曾经陷入的困境?

人们普遍认为，数字化变革对这两家公司产生影响时，它们并没有意识到自身正在被颠覆。事实上，两家公司的首席执行官都意识到自己的企业正受到数字化技术的严重影响。他们就像邮轮的船长，在船即将与冰山相撞之前，只能尽量让船朝着正确的方向航行。但最终，正如船长无法拯救船上的乘客一样，他们也无法及时拯救自己的企业。约翰·安蒂奥克就是驰骋商界的企业掌舵人，他管理百视达的经验特别有借鉴意义。安蒂奥克在《哈佛商业评论》上发表过的文章尤为发人深省。他和管理团队发现，互联网正逐渐削弱百视达的竞争力，于是打算采取措施解决这一问题。业界普遍的观点认为，安蒂奥克有点过于乐观。加入百视达以后，安蒂奥克使公司的营业收入翻了一番，因此，在面对数字化技术带来的威胁时，他觉得自己能够影响董事会和股东的看法。然而，这种影响力并不存在。他的数字化产品投资计划被董事会驳回，并最终于2007年被公司解雇。此举带来的直接后果就是：三年后，百视达破产。如今，百视达早已成为工商管理界的负面案例，每当人们探讨数字化创新的潜在威胁时，经常会提及一系列故事作为前车之鉴，而百视达的故事就在其中。

数字化变革的必然性

对绝大多数行业来说，数字化变革是不可避免的。数字化指的不是企业要适应某种新的营销渠道、客户群或与过去截然不同的技术平台，而是对企业重新进行构想和思考。凡是受数字化影响的企业，其领导层和投资者都面临着一个进退两难的境地——我们是否应该颠覆一种久经考验、为人们所熟知的商业模式，转而采用一种陌生和存在变数的新模式？绝大多数“经营状况良好”的企业不愿意放手一搏。矛盾之处在于，当企业愿意接受数字化变革并把它作为新的前进方向时，却往往为时已晚，无法再适应这样的变革。很多行业拥有悠久的历史，其经营模式已经成功地经受住时间的考验，如今一个接一个地受到挑战，新兴企业正逐渐取代现有企业。继旅游、媒体、零售、娱乐、摄影和其他行业之后，金融服务和银行业成为新近受到影响的行业。当前的问题在于，其他行业已经消亡的公司是否能给予金融业启迪，并成为可借鉴的范例，让金融业知道面对数字化变革时不该做什么？事实证明，金融业中的现有成功企业只需一点运气和智慧，在数字化变革中成为相对较晚的“受害者”，就能够生存下来。

为了在数字化变革中立于不败之地，我们必须了解银行和金融服务业数字化变革的驱动力到底是什么（见图2.1）。倘若大而论之，这个话题会令人感到困惑和不知所措，所以我们可以把它细分成几个类别，将触发变革的因素分为四大类。

- 科技——数字化技术有能力彻底改变金融服务业。与分行和传统手段相比，数字化技术向客户交付的结果品质更高。

- 行为——客户与金融服务提供商打交道的方式发生变化。客户认为，他们可以（也想）使用银行的网络服务，但希望银行的服务水平能与其他数字化服务供应商相媲美。然而，现有银行目前似乎无法提供同等水平的服务。

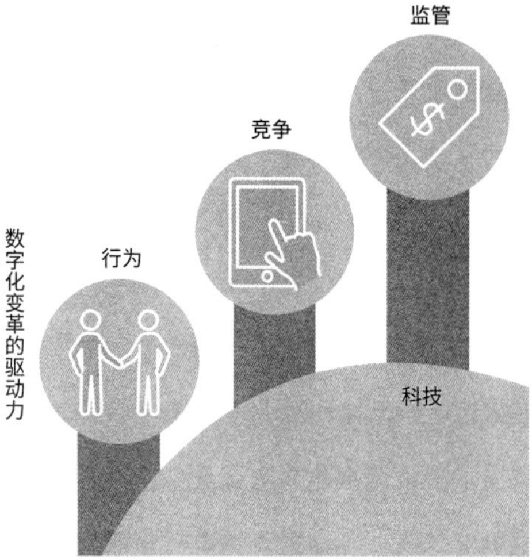

图2.1 数字化创新的驱动力是什么

• 竞争——成千上万新的行业参与者开始反思这个行业，并努力提供能够满足和超越客户期望的产品和服务。它们不仅拥有新科技赋予的力量，而且得到越来越多风险投资的加持。

• 监管——监管机构越来越友好。它们支持创新，致力打造一种能够帮助金融科技公司交付产品和服务的环境。与传统银行和金融服务提供商相比，金融科技公司的产品和服务能更好地满足客户需求。

下面，让我们逐一分析这四大因素。

科 技

1989年3月，蒂姆·伯纳斯·李向欧洲核子研究组织提出他的设想，即建立一个网络化的信息传输系统，以改善全球核科学家之间的沟通交流。这项建议催生了万维网和不久之后的数字化革命。万维网不仅是一个信息传输系统，我们更应该把万维网（及其衍生物互联网）视作一套规则和协议，允许信息的生成并高效地分发给很多人；而在此过程中，信息的质量和完整性未遭受任何损失。万维网以及紧随其后的一整系列创新开始把网络变成我们社会思维的“结缔组织”，即人类思想的神经网络。

互联网初问世时，人们要通过许多复杂和困难的步骤才能上网。就算成功连接了网络，按如今的标准衡量，那时候的网速也慢得令人抓狂。据美国有线电视协会（现更名为“互联网和电视协会”）统计，1992年至2016年，互联网的上网速度从28千字节/秒提高到2千兆字节/秒，增幅超7000%。四类技术对数字化金融服务影响最大，它们分别是数据、应用、硬件和安全。

数据过载

金融服务机构会产生大量数据，因此，对金融机构及其客户来说，数据的处理和传输速度至关重要。数字化技术使实时数据传输变得既简单又成本低廉。如今，多亏有了互联网，转移大量复杂数据的复杂过程可以在互联网上进行，从而实现大文件的快速下载和上传。这种新技术使客户能够接收大量数据，并实现交互。举个例子，未来的房屋拥有者能够在家下载他们的房屋抵押贷款合同；又或者，审计机构可以把小企业几年来的交易记录制成表格，上传到它的会计系统中，企业可以在片刻之间下载这份表格。有了这些新功能，银行家和客户可以进行远程交易，就像在分行办理业务一样高效，效率甚至更高。

数据共享速度不断提高，也使银行得以改善用户体验。银行为客户的数字化设备提供改进后的银行用户接口，与前往分行相比，客户在线办理银行业务变得更加容易。如今，客户可以在网上查阅银行服务条款，节约出来的时间可以用来读书看报，而不必在银行里应付那些过于热情的销售人员。更重要的是，他们可以将不同提供商的产品进行对比，而无须花时间从缓慢的数据接口下载资料，甚至在分行之间来回奔波（而且可能还需要排队等候）。

速度的提升还让银行能够实时访问不同的第三方数据，加强与客户之间的互动，并对新客户进行在线认证、验证和审核。比起前往分行办理业务，这样做不仅速度更快，而且更加安全。

但是，随着数据传输速度的提高，银行也要付出一定代价。在如此高的网速之下，银行需要更高效地传输和处理数据。网络速度的提高意味着客户和金融机构打交道的频率增加，而且比以往任何时候都需要更多数据。也就是说，与过去相比，新的数字化银行必须具备及时处理更多信息的能力。

由于客户能够在网上进行一些基本的银行交易，比如查询余额、付款等，而无须前往分行，所以操作银行账户的次数比以前多得多。如果说客户过去觉得每个月都要去一趟分行的话，那么有了数字化端口之后，他们每周都要登录几次网上银行，这种现象并不罕见。客户每次在线获取数据时，都会像在分行那样向核心系统发出互动请求，因此，网上银行大大增加了客户对银行核心系统的需求。

在数字化金融服务业早期，这种较为频繁的互动让大多数现有银行感到惊讶。有人问劳埃德银行集团（Lloyds Banking Group，简称

LBG）的技术主管，他们的数字化平台到底是如何发展起来的，后者称，在公司用著名的“银河”平台完全重建系统之前，每逢高峰时段，他们不得不限制客户通过互联网访问某些服务。在一天中的某些时段，比如午餐休息时间，特定地区的线上需求便会激增，这可能会扰乱银行的整个核心平台。该平台不仅提供数字化服务，还服务于分行和呼叫中心。有时候，银行不得不暂停向新客户提供网上个人贷款，以确保客户仍前往分行还款。用今天的眼光来看，这种做法有点不可思议。如今的银行仍然容易受到信息技术时代遗留问题的困扰。英国TSB银行（TSB银行是西班牙萨瓦德尔银行的子公司）的首席执行官就因本行涌现的大量信息技术和数字化问题而引咎辞职。

这种“及时交付”的经营模式意味着银行必须升级。提供金融产品和远程验证交易需要核心系统处理大量数据，而不是像在分行那样，需要人工处理部分客户署名和身份验证流程。新的数据处理技术使银行能够向客户提供产品和在线服务，而这些产品和服务往往优于分行。速度、质量和便捷性结合在一起，是数字化银行业务取得成功的驱动力之一。

银行业务应用程序接口

银行业务应用程序接口（APIs）的出现，使数字化金融机构管理数据的复杂程度有所增加。世界各地的银行正日益面临着压力，监管机构或市场要求银行将数据开放给可信任的第三方。在欧洲，欧盟制定的《支付服务指令第二版》（PSD2）要求欧盟所有银行向可信任的第三方开放数据，使客户能够根据需求分享他们的银行数据。同样地，在中国和美国，市场需求也促使银行向合作伙伴和竞争对手开放它们的系统。现在，这些数据不仅可用于身份认证，还可用于更好地了解客户的需求，并针对他们的需求和实际情况提供产品和服务。这促使银行提升在速度、频率和处理等各方面上的数据管理能力。可以预见到的是，未来几年，越来越多的客户会向银行和其他金融机构的数据专家索要数据。

从个人计算机到智能手机

另一个重要驱动因素则是硬件的演变。在早期，为了"登录"到互联网，用户不得不使用笨重的硬件，这些硬件需要大量资金，使用者也必须具备上网的专业知识。硬件的演变逐渐改变了这一点。20世纪70年代的"牛郎星"（Altair）DIY 电脑、20世纪80年代的IBM个人电脑、苹果Ⅱ代电脑、阿姆斯特拉德公司的"康莫多"电脑以及20世纪90年代的康柏笔记本电脑都被公认为各自时代的革命性产品，但今天，它们的数据处理能力甚至无法与一台最基础款的智能手机相媲美。个人计算机时代早期，一台超级计算机的性能只相当于如今的中端智能手机。

从连接到调制解调器的台式计算机到模拟信号电话线，再到5G网络智能手机，数字化银行的体验经历了巨大升级。如果说过去登录银行系统是一个冗长、复杂、惊险的过程（电话调制解调器毕竟不是那么可靠），那么在有了手机银行之后，你只需要轻轻点击几下手机，使用面部识别功能，朝着手机镜头微微一笑，便可登录银行。这些新功能使智能手机成为推动数字银行的最重要因素之一。

在许多国家，手机已成为客户与银行打交道的主要渠道，这使得零售业和商业客户的思维观念发生了真正的变化。当客户在手机里安装了银行的应用程序时，他们与银行的关系就发生了变化。他们不再想去实体银行办理业务，因为银行一直在他们身边。这会带来几个结果。

首先，银行与客户的互动频率发生变化。与亲自到分行办理业务的客户相比，使用手机银行的客户与银行之间的互动更频繁。德勤咨询公司发现，33%的客户每月使用手机银行6次以上，而每月去分行办理业务6次以上的客户只占3%。

其次，手机用户开始将他们使用银行应用程序的体验与其他在线服务提供商进行对比，而不是与其他银行作比较，这极大提高了银行客户对用户体验的期望值。银行若想让本行手机应用程序的用户体验胜过当地的金融服务竞争对手，并非难事，但如果它们希望与亚马逊和脸书相提并论，那就很难了。

手机还带来了另一个影响。某些金融服务提供商发现，客户不再到实体银行办理业务，针对这种情况，它们开始设计一些产品和服务。类似于英国Monzo这样的数字化挑战者银行允许客户根据自己的位置和购物时间记录个人消费情况，从而帮助他们了解自己的消费模式。其他银行还开始推出手机外汇交易服务，如果它们监测到客户在国外登录个人银行账户，则向其提供外汇兑换。

最后，自互联网问世以来，设备的数据处理能力已经呈对数级别增长（也就是耳熟能详的“摩尔定律”，此处不做赘述）。换言之，用“设备”（而非远程）完成的数据分析质量已经大幅提升。许多手机制造商为金融服务提供了脸部识别功能，这充分说明数据分析质量提升所带来的影响。借助脸部识别技术，终端用户无须记住银行账号和密码即可办理银行业务。客户只要露个脸，让手机识别其脸部信息，就可以享受银行的服务。这与15世纪克里斯托弗·哥伦布在热那亚圣乔治银行跟银行家见面时的体验并无太大区别。

网络安全

获取海量数据的便捷性需要与极高的安全性相匹配。在很多市场中，随着互联网正迅速成为客户与银行打交道的首选方式，越来越多的客户开始要求银行共享其产品和服务的复杂数据。人们对数据安全的需求从未如此迫切。

科技应用于银行业的过程中，也展现出它阴暗的一面。黑客和网络犯罪分子在数字金融领域发现了沃土。有意思的是，尽管银行的网络系统一直受到诈骗犯的攻击，但银行泄密的现象仍相对罕见。银行业中更常见的是利用“社会工程学”实施的网络攻击行为，即犯罪分子借助人类心理学诱使银行用户分享个人登录信息。银行若要持续使用某项技术，则该技术需具有相对的安全性，且这种安全性被用户所接受。黑客和网络犯罪分子发现，入侵金融机构所产生的利益越来越大，他们的攻击频率也随之增加。2019年，英国金融行为监管局承认，在2018年，黑客有目的盗取银行数据的行为比上年同期增加了5倍。随着犯罪集团不断施加压力，银行也在加大反击力度。到目前为止，银行已经领先黑客一步，但这是一场旷日持久、不屈不挠、代价高昂的斗争，需要银行长期保持警惕和洞察力。

现有银行和挑战者银行都意识到，唯有真正安全且用户认可这种安全性的数字化银行服务，才是银行业的重要组成部分。如果客户觉得某家银行的网络存在风险，他们就不会登录那家银行的网站办理业务。因此，网络安全成为银行的主要关注点，银行每年要花费越来越多的资金来维护数字银行的安全。如今，我们看到大量资金涌入软硬件领域，用于防御网络攻击。

行　为

显然，科技影响了我们办理银行业务的方式。然而，科技对人类的最深远影响却是我们彼此互动的方式，人们在这点上已达成普遍共识。我们也许会指责科技正使我们大多数人的生活细节暴露在数十亿陌生人面前，可正是我们自己粗心大意，把自己的数据分享了出去，平台才得以将我们的数据出售给第三方赚钱，或者建立媒介渠道，使愿意出钱购买数据的人能够利用这些数据操纵我们做一些平常不会做的事情，或者卖给我们一些我们并不需要的东西。同样的技术也可以让我们每天都能获取“后真相”新闻，及时买到想要的大部分商品，并为我们提供足够的信息，让我们轻而易举地发现自己购买的商品是否物有所值。

这种近乎无限的连接推动了零售业、旅游业、媒体和娱乐业的转型，现在又轮到了金融服务业。我们前面提到过，这种演变是由科技驱动的，但创新的真正动力是客户需求。我们之所以用互联网和数字化设备来满足如此多的需求，很大程度上是因为我们以终端用户的身份作出了选择。

客户接受度

由此可见，客户接受度是推动银行业数字化变革的另一个因素。如前所述，对银行业影响最大的数字化设备是手机，而我们绝大多数人都拥有某种类型的移动电话或智能手机。如今，这些容易让人上瘾的设备支配着绝大多数人的生活。据全球移动通信系统协会和世界银行提供的数据，全球个人电话订购数量达51亿台（其中27亿台是智能手机），而银行客户数量仅38亿人。按金融服务技术公司费哲的说法，在银行建立的所有客户关系渠道当中，手机端渠道发展得最快。

前文提到，手机之所以能在金融服务领域大获成功，原因在于手机完全改变了客户和银行之间的关系。自银行业诞生以来，人们头一回不用去实体银行办理业务，银行变成了便携式的，客户可以随身携带。以前，即使有其他远程办理业务的渠道，客户也得前往某个地方（到电脑上在线办理银行业务），或者等待银行提供服务（比如电话银行）。手机渠道这种新的互动方式不仅为客户提供了极大便利，还让客户掌握了主动权。如今，客户希望能在自己方便的时候与银行互动，而不是等待银行提供服务。

这种“范式转换”对银行产生了深远影响。起初，银行以为客户只是期望将线下互动转到线上，于是在现有产品和流程上加了一层薄薄的数字化。在银行业务数字化的早期阶段，这种做法也许行得通。但是，这种短视的方法产生了意料之外的副作用。它暴露出银行的流程和产品存在的诸多缺陷，而作为与客户接触的主要接口，分行员工往往要纠正这些缺陷。通过数字化渠道，客户可以清楚地看到新客户开户流程有多么复杂，产品功能有多么矛盾。结果，为了将业务转到线上，银行只能没完没了地让一系列产品和流程去适应某种并非专门为它们设计的分布模型。

20世纪70年代，银行为分行设计了新客户开户流程。在随后的几十年里，该流程几乎未做任何更改，而且经常受到银行工作人员诟病。到了数字化时代，数百万用户虽然没有抱怨，但他们以实际行动表达了自己的不满——不再光顾实体银行。最终，银行不得不重新设计新客户开户流程。这只是数字化凸显出来的第一个历史遗留问题。

由于银行提供给客户的线上产品越来越多，客户开始觉得线上办理银行业务才是"常态"。有了这种印象之后，客户就会对银行的服务水平和质量产生更高期望，并希望银行始终如一地提供这种可靠的服务。如今，客户在评价银行的服务质量时，作比较的对象并非其他银行，而是那些致力数字化的企业。银行越来越难以满足客户对速度、便捷性和全面解决方案的期望。

面对客户的这些新期望，许多具有创造力的创业者认为，与当前市场上的大型银行相比，他们有能力提供更优质的服务。这些新参与者以急先锋的姿态进入市场，成为银行业变革背后的第三个推动因素。他们就是具有创新能力的金融科技创业者。

创新与资本

20世纪90年代末正值互联网繁荣时期，媒体、旅游和零售等行业被媒体所谓“互联网初创公司”颠覆，而创业者们大约就是在这一时期开始瞄准金融服务业的。他们的目光聚焦于那些能够让客户立刻感受到影响的领域，比如支付领域，然后开始挑战现有银行。

在金融服务领域，创业者瞄准的第一个目标就是支付方式。1998年成立的贝宝公司提出了P2P支付主张，以此作为电子商务的支付方式。我们不能把这些早期初创公司与首批网络银行供应商混为一谈，因为部分现有银行很早就与互联网结缘，比如，斯坦福德信用合作社于1994年开始接触互联网，而苏格兰皇家银行也于1997年搭上了互联网的快车。首家真正的挑战者银行出现于20世纪末。这些互联网银行往往只提供类似活期账户的简单服务，而且在成立之初通常没有银行执照，并非严格意义上的银行，德国的Fidor和美国的Simple便属于此类先驱企业。这些公司往往由具有远见卓识的人领导，他们把“不是银行”作为自己公司的独特的销售主张。

创业精神

数字化技术成功地颠覆了许多看似成熟的行业，促使创业者以更积极的态度进军金融服务业，希望能改善现有银行的数字化产品。人们曾经认为，数字化技术不会颠覆金融服务行业，仅会提升其服务水平。然而，随着创业者离开传统金融服务企业并创立金融科技公司，这种观念受到了挑战。这方面的一个很好的例子就是互联网贷款平台Eloan。该公司由雅尼娜·帕洛斯基和克里斯·拉尔森创立于20世纪90年代末，此前，他们都在一家位于帕洛阿尔托的房屋抵押贷款公司工作，当他们意识到自己有足够的能力提升房贷销售业绩时，二人辞掉了工作，从朋友和家人那里筹集了45万美元，在1997年创立了Eloan。帕洛斯基和拉尔森把他们掌握的金融服务知识和数字化技术结合起来，创立了这家优于现有银行的新企业。后来，两人把Eloan卖给了波多黎各大众银行（这是加勒比地区一家大型银行），帕洛斯基离开了金融科技行业，拉尔森则继续创业，成立了“繁荣市场”和“瑞波实验室”两家公司，进一步颠覆了财富管理和分布式分类账技术行业。

全球各地的金融科技初创公司也发生着类似的故事，比如Zopa（P2P贷款平台）、Fidor（如今变成了一家银行，而且是新生代的数字银行）、Lending Tree（互联网贷款平台）、Nutmeg（互联网投资管理平台）以及其他企业，它们的创始人要么曾经是金融服务业的参与者，要么非常了解这个行业。

资本

起初，对于金融服务业的初创公司来说，寻找投资方是件比较困难的事情，因为风投企业把银行业视为一个无法产生预期回报的领域。按市场调研公司CB Insights和咨询公司埃森哲的说法，2013年之前，风投资本对于金融科技企业的投资额相当少，直至2013年到2014年，投资额从40亿美元飙升至120亿美元。这一时期被称作“错失恐慌期”（fear of missing out, 简称FOMO），即人们担心错过如此难得的投资机会；基金和风投公司都想一脚踏入这个看上去利润极为丰厚的行业，寻找能够接受投资的创业者，投资活动达到了近乎疯狂的水平。

同一时期还出现了另一种有趣的现象。企业风投基金（银行是大多数企业风投基金的拥有者）和其他投资者开始对初创公司产生兴趣。

2013年至2018年，企业风险投资基金（CVCs）的绝对投资额增加了4倍。

其他行业的公司很少把钱花在数字化技术上，金融服务创投领域却遵循一种截然不同的模式。我们发现，大型金融服务机构不仅投资金融科技公司，也致力打造自身的科技能力，而与这种投资相比，金融科技公司获得的投资额可谓小巫见大巫。据估计，2019年，全球在信息技术方面的支出达2700亿美元。跨国银行摩根大通在2019年宣称，其信息技术支出的40%至50%被用于资助金融变革计划。如果我们采用的比例接近这一数字，并把这一比例应用于全球银行的信息技术支出，则创新支出超过1000亿美元，这还不包括非信息技术领域的数字化支出，比如营销、销售、金融、产品和风险管控等。银行已经意识到向数字化转变的必要性，并在数字化技术上投入大量资金。问题在于，它们是否把钱花在了正确的地方。商界流传着汽车大王亨利·福特关于“汽车与马”的名言（亨利·福特这句名言的大意是：汽车发明之前，如果他问客户需要什么，答案肯定是“一匹更快的马”，意即客户的意见虽然重要，但如果企业完全遵照客户的意见，就不可能做出具有突破性的新产品。——译者注），实际上福特并没有说过这句话，可我们不妨借用该典故打个比方——银行业到底在制造汽车还是“更快的马”？

监　管

金融科技领域的创业精神、创造力和风险投资规模之所以不断增长，在一定程度上要归功于人们的这样一种观念，即全球各地的主要监管机构正在让步，改变了它们在金融服务数字化创新上的立场。可以说，在2007年至2008年的金融危机之前，监管机构把自己视为现状的维持者。它们认为，现有的金融机构也许创新能力不强，但至少知道该怎么做才是安全的，并坚信大型金融机构相对值得信任。事实上，英国前首相兼财政大臣戈登·布朗（英国最资深的金融政治家）对大型金融机构非常有信心，他在2002年的一次著名演讲中说道：

> 如今，英国之所以能保持稳定的经济，而非经济繁荣和萧条的交替循环，原因在于英格兰银行的独立性、对通货膨胀的审慎决策、新的财政规则和严格控制公共支出……

因此，政府和监管机构认为，金融环境在它们掌控之下运作良好，几乎或根本没有必要强烈要求新进入者参与竞争，因为这些采用互联网技术的新进入者导致了2000年的互联网泡沫破灭。此外，它们还认为，科技对金融市场的唯一真正影响是1987年的“黑色星期一”股灾。在很大程度上，人们将那次股灾归咎于计算机自动交易算法。然后就是2007年，被普遍视为安全的金融行业经历了全球范围的系统性危机。

全球金融市场形成了复杂的互联网络，这一网络原本由那些被认为值得信赖的金融机构组成，最终却不堪重负，走向崩溃。互联网似乎被追求短期利益的贪婪心驱动着，而贪婪来自某些机构及其雇用的重要人物。此次空前的金融危机导致许多经济体增速放缓，在一些境况较差的国家，经济甚至开始收缩。在相对较短的一段时间内，世界各地的民众对现有金融系统长期积累起来的信任感一落千丈。

对于监管机构来说，这是一个艰难的时刻。监管机构的职责是针对这种情况提出解决方案和保障措施，而舆论、媒体和政客却纷纷指责它们是问题的制造者。很快，监管机构开始意识到，它们推行的政策导致现有银行做出了一些不利于市场的行为。由于资本短缺，这些金融机构蒙受了巨大损失，为了走出困境，它们只能要求本国政府和中央银行投入更多资本。

这些企业不仅使它们所在国家的经济遭受了严重打击，还要求政府和纳税人出资帮助它们摆脱破产的困境。由于一些金融机构处于崩溃的边缘，各国政府只能不情愿地施以援手，以填补它们的损失。政府担心这些机构规模庞大，且与本国经济的其他领域联系紧密，如果任由其倒闭，对经济的影响将大于补偿给它们的资金。事实上，这些都是“大而不能倒”的企业，政府不仅要更主动地监管这些公司，还要缩减它们的规模。美国联邦储备委员会前主席艾伦·格林斯潘曾留下一句名言：“如果它们到了‘大而不能倒’的程度，那就说明它们的规模实在太大了。”

一种新观念

监管机构制定了两项并行战略作为响应手段：首先，加强对金融机构工作的监督和控制；其次，加强竞争。监管机构采取行动的初步迹象就是扩大审查范围，并要求银行承担更多合规责任。美国的《多德-弗兰克法案》和《欧盟金融工具市场指令》第二版就是最好的例子。与此同时，监管机构开始筛选出每个市场上最大的金融机构，并着手缩减其规模。为金融科技公司提供支持也是监管机构的众多举措之一，支持的形式多种多样，比如英国推出的“创新计划”和新加坡成立的智能金融中心。

“创新计划”由英国的监管机构金融行为监管局创建，为金融科技初创公司提供支持，以测试和完善其产品主张。该计划包括了2016年推出的“金融行为监管局沙盒”，旨在向金融科技公司和现有金融机构提供一个受监测的协同工作环境，为金融服务业测试和开发创新性的解决方案。截至2019年，已有375家公司申请进入该监管沙盒，其中118家获准加入。

同样地，新加坡金融管理局在新加坡推出智能金融中心，为金融科技初创公司提供一个探索和了解监管环境的论坛，并鼓励金融科技领域的竞争，同时保障公众和专业机构的权益。

2018年，新加坡金融管理局和英国金融行为监管局与来自美国、加拿大、澳大利亚等11个国家的监管机构以及世界银行一起创建了全球金融创新网络。该网络是一个具有明确监管范围的全球性监管沙盒，有助于了解、支持和监管金融服务创新活动。全球金融创新网络的目标是：

> 扮演监管机构网络的协作角色，分享经验和最佳方案，与企业进行沟通；为联合政策工作提供论坛，并为企业提供一种可尝试跨界解决方案的环境（比如B2C或B2B）。

对监管机构来说，这个网络还不错。

创新的驱动力是什么

现在，我们简单介绍下一章关于银行业演变的内容。正当现有银行和绝大多数金融科技公司争夺数字化银行霸主地位的时候，一种新型竞争者悄然出现了。它们是真正具有颠覆力量的企业，这些企业对自动化流程处理、区块链、DLT（即分布式分类账技术）、加密货币、AI（即人工智能）以及其他许多技术的应用将在金融服务业掀起新一波变革浪潮。这次变革因一种新型竞争者的加入而增色不少，那就是大型科技公司，比如美国的GAFA（即谷歌、苹果、脸书和亚马逊四大科技巨头），中国的BAT（即百度、阿里巴巴和腾讯），甚至南非的PayU和印度的Paytm等。这些公司要么已经是金融服务业的参与者，要么宣称很快就会进入金融服务领域。它们不仅拥有品牌、客户和数据，还拥有充足的资本。

所有这些新的竞争者蓄势待发，准备帮助客户改善财务状况。它们的使命是提供比银行更优质的服务，从中赚取巨额利润。现有银行和很多金融科技公司认为客户想要购买金融产品，可现实情况是客户并没有将金融产品视为终极目标，而只是把它当作实现目标的手段。新的竞争者将专注于解决这些需求，我们会在第3章对这些需求展开探讨。

03

完美新型银行的特点

什么是“颠覆性变革”

1960年，当罗素·所罗门在萨克拉门托开了第一家淘儿唱片行时，他的初衷是出售黑胶唱片，而非开启零售业的革命。他只想满足顾客的基本需求，让他的客户能随时听到自己喜欢的音乐。因此，他创立了一家公司，思考当时有哪些东西在技术上是可以实现的，以最佳方式满足客户需求。这样，客户想要随时听到自己喜欢的音乐，就必须购买唱片。于是，所罗门创立了一家杰出的、在当时非常成功的连锁店，彻底改变了唱片购买流程。此前，客户若要购买唱片，必须从家里出来，前往商店挑选和购买唱片，然后把唱片带回家，放在唱机的转盘上，才能享受到音乐。淘儿唱片行出现后，这一枯燥乏味的过程变得有趣多了。

所罗门意识到，他要让这个过程变得充满乐趣，就要把自己的门店变成音乐爱好者聆听音乐的目的地。淘儿唱片行为用户提供了很好的体验，据说，甚至连布鲁斯·斯普林斯汀、贝特·米德勒、卢·里德和迈克尔·杰克逊等名人都喜欢光顾他的门店。然而，客户的需求最终发生了变化。

颠覆性变革开始

为了让自己的公司适应新技术，所罗门竭尽所能。除了黑胶唱片，淘儿唱片行还开始销售八音轨磁带和盒式磁带，并在20世纪80年代开始推出第一款数字音乐产品——CD唱片。问题就是从这时候出现的。

有些创新者无视音乐版权，发明了能够从CD唱片中下载音乐的工具，然后把音乐放到纳普斯特之类的平台上非法传播。这对音乐行业产生了巨大影响，淘儿唱片行也无法逃过这一劫。但是，真正的麻烦始于2001年。苹果和Zune等科技公司开发出可以合法下载音乐的产品。借由这些创新，客户不用去商店就能购买到音乐。淘儿唱片行若不打破核心业务模式，便无法对这些科技公司发起挑战。该唱片行倾尽全力反击，但最终还是在2004年破产（见图3.1）。音乐行业的颠覆性变革并未就此止步。两年后，也就是2006年，Spotify成立，用户只要每月支付订阅费用，就可以听到世界上绝大多数的录制音乐。

图3.1 伦敦皮卡迪利广场淘儿唱片行曾经的入口

了解客户需求

数字化革命允许用户实现自身基本需求，这是它最重要的成果之一。客户之所以给淘儿唱片行之类的商家付款，不是为了买唱片，而是为了听音乐。数字化革命使新的商业模式得以建立，并能够为客户提供这种功能。像iTunes和Spotify这样的音乐业务完全消除了艺术家和乐迷之间的障碍。在Spotify的商业模式中，客户需求是其产品的核心。如今，整个音乐行业的核心是让终端用户能够随心所欲地听音乐。在这个过程中，音乐流媒体服务彻底改变了一个行业。利润池的规模和地点发生了变化，音乐产业价值链上的知名公司销声匿迹。

数字化对音乐产业的影响是深远的。根据国际唱片业协会公布的数据，1999年至2018年，由实体唱片和CD销售而产生的音乐收入从

260亿美元下降到不足50亿美元。而在此过程中，音乐零售商几乎完全消失了，淘儿唱片行和维珍音乐商店也不例外。遗憾的是，我们也失去了淘儿唱片行传说中俱乐部般的氛围，比如洛杉矶的韦斯特伍德分店、纽约的第4街和百老汇大道交汇处的分店或者伦敦的皮卡迪利广场分店，我们再也听不到维珍唱片行香榭丽舍大街分店传来的美妙音乐。这些商店已被大量的音乐和媒体博客所取代，比如Pitchfork和Hypebot等平台，此类社交平台一般由朋友相互分享，而基于人工智能的音乐流媒体也会推荐，比如Spotify的“每周探索”音乐播放列表，能够基于会员听过的音乐作出推荐。音乐商店作为艺术家和乐迷之间重要纽带的时代已经终结。

其他行业也有类似的转型故事。比如，与几十年前相比，旅游、零售和媒体等行业已经发生了翻天覆地的变化。金融服务和银行业的变化可能来得有点晚，但如今也在进行同样的反思。

问题在于，如果让现有银行扮演淘儿唱片行的角色，挑战者银行扮演iTunes的角色，那么谁是Spotify？

客户为何需要银行业

数字化技术让包括零售客户（即个人）和商业客户在内的银行客户重新思考他们寻求银行服务和金融服务的真正原因。客户需要或想要的并非金融产品，而是这些产品让他们能够获得和实现的结果。与音乐产业一样，数字化技术正在颠覆银行的业务模式。如今，人们认为产品和服务的设计和交付更要以客户为中心。早期的关系型银行清楚地知道，它们给客户提供的是达成某种目的的工具。随着工业银行和信息技术银行的到来，情况慢慢发生了变化。

早期的银行清楚地知道，它们出售的是结果，而不是产品。在佛罗伦萨，与美第奇银行交谈的商人想要的并不是贷款——他们想在中国买一批丝绸，运到意大利转售以赚取利润。那些手头有剩余现金的人把钱存入银行，确实是想购买某种投资产品——他们希望自己的资金安全，并从他们信任的银行那里获得回报。在某些时候，这两类客户都希望能安全地汇款和收款，而且不用花太多费用。

应对错综复杂的局面

随着社会变得更加复杂化，银行业的复杂程度也在加深，并为客户创造出一系列更加复杂的产品和服务。与音乐零售行业相类似的是，银行家们往往忘记一点，对他们的客户而言，银行业务是实现某种目的的手段，且很少有顾客会渴望拥有银行产品，他们想要的是产品赋予他们实现目标的能力。淘儿唱片行曾经认清了唱片行业的本质，它认为客户之所以想购买CD和密纹唱片，就是希望能随时听自己喜欢的音乐。然而，如今很多银行的做法本末倒置，没有理解客户购买个人贷款、投资基金和跨国支付产品背后的真正原因。

银行应该记住一点，从根本上说，只要满足以下三个条件，人们就需要银行的服务。从货币问世至今，客户最基本的金融需求未发生任何变化，即：

- 他们需要付钱给别人；

- 他们手头有多余的现金，想保障资金安全；
- 他们想做一些事情，却没有足够的钱。

他们希望银行成为自己可信赖的朋友和盟友，在不用花太多费用的情况下，能够快速、安全和巧妙地做好这三件事。

从本质上讲，完美的“新型银行”就扮演着这样的角色。

完美的新型银行

数字化变革和数字化技术不仅促使我们反思银行业，也让我们面临着最艰巨的金融科技创新挑战。假设我们能完全重新设计银行业，使其成为新型银行，那我们该做些什么？完美的新型银行是什么样的？

客户以及客户看待银行产品的方式是最佳切入点。银行产品并非客户的最终目标，而是他们实现自身目标的一种手段。

首先，让我们回到最基本的原则。经过重新设计的银行应该真正以客户为中心。银行关心的不是产品销售，而是满足客户的基本金融需求，要牢记一点：产品只是实现某种目标的手段。客户需要的并非金融产品，他们更关心金融产品能帮助自己做成什么事情。

围绕着客户需求，完美的新型银行只提供三类产品（见图3.2）。银行借助数据和信息对这些产品加以协调，从而深入了解客户通过何种方式妥善管理自身财务。

这三类商业产品分别是：

- 通用支付账户；

- 资金保护工具；
- 总信贷额度。

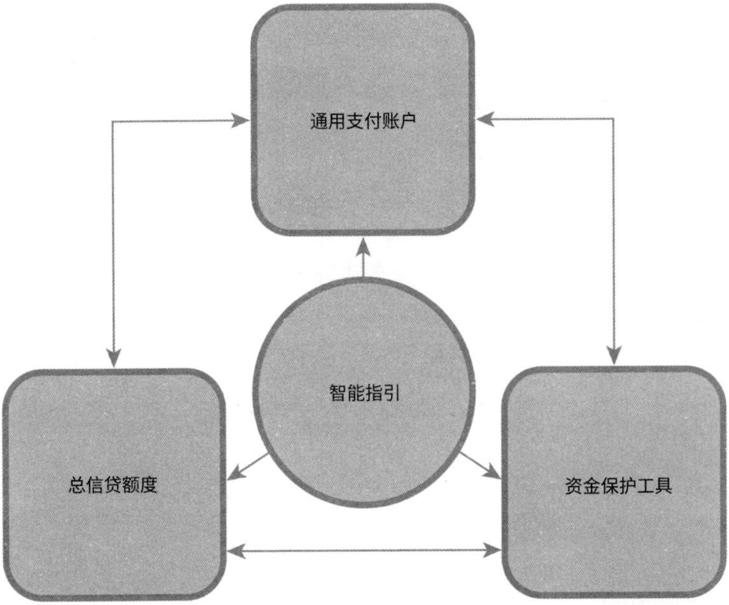

图3.2 完美新型银行的组成要素

1. 通用支付账户

如前所述，从诞生至今，银行业的核心特征之一就是能够帮助客户安全地向第三方付款。一般而言，客户对银行的支付机制没有什么兴趣，他们只想看到钱离开或者进入他们的账户，交易如他们所预期的那样发生。支付解决方案的四个要素分别是简便易用、节约成本、一站式服务、跨境支付。

- **简便易用**

银行账户应该简单明了，便于客户使用。其核心是一个活期或支票账户，可以对客户的现金流支出和收入进行记录、分析和可视化管理。

- **节约成本**

银行账户必须使客户很容易以“最佳”方式花钱购物。“最佳”之所以加双引号，是因为在理想状态下，银行不应让客户为了选择付款方式而感到烦恼，它们应该向客户建议最合适的支付方式。举个例子，如果客户正在旅行（此处以美国客户为例。——译者注），需要支付酒店的账单费用，银行应该自动引导客户，用他们的信用卡（比如美国运通卡）付款，因为在这个例子中，与美国其他银行卡相比，信用卡能提供更好的汇率、积分和月末结算方式。如果客户是中小企业，需要给国外一家律师事务所支付费用，银行应尽可能指引客户使用费用最低和最快捷的汇款提供商——即便这不是它们自己的国际支付服务。

- **一站式服务**

在理想情况下，客户可以无缝使用他们想要的任何支付设备、渠道、流程和手段，包括支票和现金。想象一下，当你在新型银行开立账户时，该账户会自动做以下事情：

- 为您提供向商家付款的手段，包括维萨卡、万事达卡、运通卡、发现卡、吉士美卡、中国银联卡或其他任何与你所在市场相关的支付手段；
- 在贝宝、Skrill、iTunes和其他任何相关的电子钱包为你开立账户；
- 更新你的手机系统，让Paym、Apple Pay、谷歌钱包、支付宝、Paytm、PayU或亚马逊的其他支付软件能够工作；

• 采用时髦、高效的“银行对银行”即时支付解决方案（比如升级版的iDeal），这些解决方案可能最终使信用卡体系成为明日黄花；

• 与第三方合作，使它们在不具有竞争力的市场和领域中实现高效支付（TransferWise和Revolut就是两个很好的例子）。

这是一套无缝的解决方案，易于使用，且没有隐形费用。不过，这并不意味着没有费用，新型银行会清楚地定义和解释它们正在收取什么样的服务费用，以及为什么要收取这样的费用，没有任何隐形的交易费用或罚款。账户管理起来很简单，客户在选择每笔交易的付款方式时有着绝对控制权。如果他们不想亲自做选择，也可以让新型银行帮他们作出正确的选择，因为他们知道，银行会永远为客户选择成本最低的解决方案。

如今，我们看到很多公司正努力打造类似的功能（见表3.1），Apple Pay、贝宝和Curve（总部位于伦敦的一家创新公司推出的电子支付钱包）就是很好的例子，这三款软件都允许用户在它们提供的产品中添加多个资金来源。

• Apple Pay（类似于Android Pay、Samsung Pay等支付软件）允许用户将一些支付卡虚拟化，并关联不同的银行账户，使用苹果设备时，根据自己的意愿和付款情境选择在POS机上或在线支付。

• 贝宝主要提供在线产品（在极少数结账场景下，软件会重新引导客户选择首选资金来源。用户既可以用银行卡支付，也可以用银行账户或储值卡支付）。

表3.1 创新支付方式改革者对比

	Apple Pay	贝宝	Curve
支持哪种类型的卡	借记卡&信用卡	借记卡&信用卡	借记卡&信用卡
是否通过银行支付	否	是	否
是否通过储值卡支付	否	是	否
是否通过应用软件支付	是	否	否
是否采用实体卡	否	否	是
是否支持支付方式重置	否	否	是

本表格经领跑者公司（Pacemakers Ltd.）许可后转载

- Curve通过实体卡提供类似于Apple Pay的功能。它允许客户将多张银行卡上传到它的平台，然后，客户在销售点（POS）或在线使用Curve卡时，可以选择通过哪张银行卡付款。Curve卡有一个显著的特点：如果用户愿意的话，可以将交易从一张存储在平台中的银行卡转到另一张。Curve允许客户在交易已经发生时改变资金来源。

上述三款软件都关注客户结果。与现有银行相比，它们更有能力和意愿给用户提供更好的体验。即便如此，它们的服务仍有提升的空间。这三家提供商都拥有足够的可用数据，可以根据速度、成本或其他很多因素，针对每一笔交易，向用户提供关于哪种资金来源最适合的信息。然而，它们当前并没有这么做。

这三家公司和其他提供商从使用者的角度给客户提供信息和见解。许多支付方式提供商推出了个人财务管理（PFM）服务，根据消费支出类型或商家，以最简单的形式对消费支出加以分类。客户能够通过这些服务了解他们的消费方式，从而更好地掌握自身财务状况。从英国的劳埃德银行到德国的N26银行，再到新加坡的星展银行（DBS），无论规模大小，绝大多数银行都在提供某种类型的个人财务管理服务。

然而，很少有银行向前更进一步。那些真正迈出这一步的银行会提示客户如何才能更好地管理资金，比如预测透支账户或凸显哪些资金未获得收益，使客户最大限度地利用好自己的资金。美国的Simple Bank和英国的Monzo都在这方面做了一些有趣的工作。新型银行的基本目标是确保客户的财务健康。

这些账户还可以进行跨国转账，客户能够把钱直接汇给最终收款方。在进行外汇交易时，客户将确切知道费用是多少，并相信银行只收取合理和低廉的费用。TransferWise也提供类似的功能，只不过操作更加简单。

当然，该系统提供了最新的防欺诈技术，包括高速数据分析技术和最新的生物识别技术，并且这些新技术不会使交易过程复杂化。

类似的一整套服务应提供给企业。在绝大多数国家，无论企业规模大小，使用国内的支付方式都是相对便利的；跨境支付则是另一码事了。大企业能够投入时间和资源来优化支付方式，小企业却有心无力。

- **跨境支付**

跨境支付才是真正赚钱的支付方式。根据咨询公司麦肯锡和支付处理公司SWIFT估计，银行6%的利润来自C2C支付方式，B2B支付方式只占0.1%。因此，绝大多数中小型企业最终使用为消费者设计的支付流程。小企业希望最大限度地降低支付成本，却没有专门的资源可用，因此，它们所使用的支付解决方案往往不是最合适的。小企业需要银行提供一种服务，让它们每次都能选择最合适的付款方式。当然，大企业也会喜欢这样的服务。如果银行能随时提供最佳付款方式，它们就可以给公司里专门处理付款事务的员工安排其他工作。

总的来说，通用支付账户能为其消费者、中小企业和大企业提供一种更好的用户体验，这些体验优于市面上的其他任何产品。“足够好”并不能让客户换银行，唯有“更好”才能做到这点。用户体验是客户接纳产品的关键所在。如果按照这个趋势发展的话，那么用户只需要一台移动设备，就可以得到这样的体验。

从历史角度来看，银行提供通用支付账户似乎是一种反常的做法。银行为什么会给客户机会去了解竞争对手的产品？如果从工业银行或信息技术银行的角度来看，这绝对是合理的，但对数字化银行而言，这种做法不够合理。在数字化时代，客户有更大的选择余地，也更容易流动。与最有价值的客户建立并维持好关系，这是银行的一大目标。

为了继续挑战传统银行模式，让我们深入研究银行客户的第二个基本需求：确保多余资金的安全，并实现资金增值。

2. 资金保护工具

拥有多余资金的客户想确保资金安全，并尽可能赚取合理的回报。这样做的目的不是保护资金本身，而是因为金钱赋予了人们自由选择权，所以保护资金就是保护个人自由。如前文所述，若客户或企业拥有超出当下需求的资金，那么，他们在购买物品或投资时，就比缺少资金时有更多选择权。有了充足资金，消费者可以选择买一间更大的房子，去一所更好的学校读书，或者治疗某种突如其来的疾病。而对企业来说，充足的资金使企业主能选择某些更雄心勃勃的战略，而不必在预期收益无法实现的情况下让企业冒险。

银行客户之所以想确保资金安全，主要有以下四个目标：

- 确保资金充盈，以满足当前需求；
- 使部分资金增值，以满足客户对收益和安全感的渴望；
- 为收益较少的年份提前做计划；
- 未雨绸缪，有备无患。

这四个目标大致等同于储蓄、投资、养老金和保险（见图3.3）。

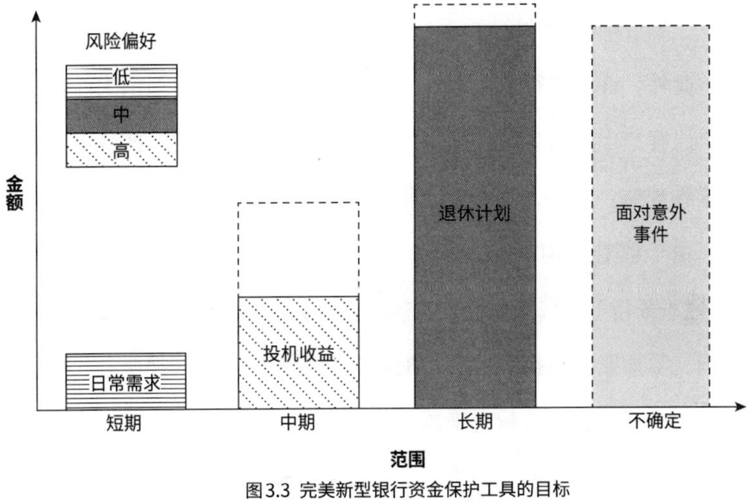

图3.3 完美新型银行资金保护工具的目标

面对这四个目标时，银行的传统做法是给客户提供建议，引导客户在银行产品组合范围内选择一组符合他们需求的产品。对绝大多数银行来说，在满足客户的这个基本需求时，最重要的事情是兜售它们设计的储蓄产品、投资产品和资金保护产品。

- **从整个市场的角度比较产品**

在数字化时代，客户只需要点击几下鼠标，就可以从整个市场的角度了解任何投资、养老金或保险产品，因此，如果银行只向客户推荐本行的产品，这种做法就会存在风险。当客户发现银行没有给他们推荐好的产品，或者发现自己无法获得更优质的产品时，就不会接受银行的提议。在数字化银行诞生前，客户必须努力从整个市场的角度对比产品和价格，而银行想给人们造成这样一种印象：它们提供的产品与其他供应商一样，甚至优于其他供应商。这种做法不会受到监管机构的任何惩罚。如今，情况已经发生了变化，倘若银行没有意识到这点，恐怕难以应对挑战。

此外，许多银行所依赖的“客户惰性”也正在逐渐消失。从历史上看，客户宁愿换生活伴侣，也不愿意转换银行账户。两件事正在改变这种现象：第一，有了数字化银行，开立新账户变得非常容易；第二，由于监管机构的介入，用户比以往更容易转换账户。诸如欧盟《支付服务指令第二版》等新法规的核心就是赋予银行账户便携性。在英国，活期账户转换服务公司提供为期七天的账户转换服务，这让转换账户的银行客户数量越来越多。摆脱了惰性之后，如果客户对那些不符合他们期望的银行心生不满，便可以轻而易举地抛弃它们，转投能够满足其需求的银行。

新型银行提供的资金保护工具将扮演可信赖的顾问角色。该工具采用数字化技术，帮助客户创建最优的储蓄、投资、养老金和保险产品组合，以实现客户的目标。资金保护工具对可供客户选择的不同财务主张进行建模，形成实际数据，并生成可视化图表，表明客户作出选择后可能会产生哪些结果。这些场景能使客户在不同选项之间切换，产生最适合他们需求的最终结果。客户还可以将实际交易数据输入该工具，形成与该客户需求相匹配的深刻见解，帮助客户做出更明智的决定。

有了这个工具，客户便能够获得市场上所有可用的储蓄、投资、养老金和保险产品，还能够通过该工具无缝购买任何产品。新型银行负责客户身份验证和核实，并按客户要求处理付款流程。产品的范围将包括P2P众筹投资产品以及新兴的P2P保险产品（如果有的话）。

在储蓄、投资、资金保护和保险方面，新型银行所扮演的角色是为客户提供透明度、个性化指引和简易操作方式。该工具还融合了其他功能，让客户对自己持有的资产、持有这些资产的成本以及不同结果场景了然于胸。

资金保护工具既像一名自动化咨询师（即自动化的财务顾问），又兼具市场、经纪人和其他角色，将所有这些角色集于一身。没有哪家企业推出过类似的工具，有些企业只侧重于投资领域，比如美国的Betterment、英国的Nutmeg等新崛起的数字财富管理企业。

下面，我们要讨论新型银行最后一个核心产品——总信贷额度。

3. 总信贷额度

客户可能有不同的信贷需求，比如不同的信贷规模、贷款期限和紧迫程度，这不足为奇。关系型银行了解这一点，且早期银行提供的信贷额度不存在透支贷款、个人贷款、信用卡贷款、汽车贷款、抵押贷款、成长资本或者设备融资之分，统统称为“信贷额度”。

银行家对客户需求的了解程度决定了信贷额度的特点。信贷额度专为满足客户需求而设计，同时也满足银行的利润目标和风险偏好；至于是否有附加条件、条款、成本和抵押品，则由银行家酌情决定。为了满足贷款人和借款人的需求，可以对产品进行定制。

随着银行业的发展，这种相对简单但互惠互利的做法发生了改变。工业银行和信息技术银行都无法创造出定制产品，因此，信贷额度被分解成大量产品，即我们如今所谓“贷款”。此外，银行家被剥夺了酌情制定每款产品交易条件的权利，该权利转移到了产品运营及风险管控团队手中，而这些团队并没有直接与客户接触。分行向客户出售这些贷款产品时，就好像它们是实体产品一样；而客户需要做的是自行决定哪款产品最适合自己，银行员工则提供部分帮助。与此同时，银行家们开始相信，能够满足他们自身需求的方法正是客户所需要的。银行家们认为客户渴望获得借款和房贷，但这种想法有点自欺欺人，因为客户的真实需求是有趣的假期和舒适的家。事实上，客户只希望银行提供一些资助，帮助他们实现自己的目标。

- **一站式贷款**

总信贷额度是指银行授予客户的一次性信贷额度，银行与客户共同商定一个定期还款方案（即每天、每周或每月还一次款），然后给客户发放贷款，从而满足客户的所有信贷需求。有了信贷额度之后，客户能够花的钱就比他们持有的资产多一些，也就是我们常说的“透支”。随着需求的增长，比如，客户想去度假，他们便告知银行，银行就会给他们一个专门用于度假的信贷额度。银行同样可以要求客户在规定的数月内偿还这笔款项，而客户仍要为这样的特色服务支付一笔费用。

如果客户的需求增长，只要银行认为客户的做事方式和行为得当

（比如按约定还清之前的贷款），就会给客户扩大信贷额度。在适当的时候，这些特色服务要与银行所要求的条件和对物品、货物和财产的潜在留置权相匹配。这适用于消费者的个人贷款、汽车贷款、房屋贷款，或商务领域的企业贷款、设备融资、房地产交易。当然，银行也永远保留了向借款人说“不”的权利，如果它们认为产品“不适合”客户，就会拒绝发放贷款。

对于客户来说，这是一项颠覆性的价值主张。银行按月给他们发送一张账单，上面有他们为了实现各种目标而向银行借的款项。客户完全不需要了解每一种复杂的信贷产品，他们需要钱，银行借钱给他们，就这么简单。

从客户的角度看，银行是他们的盟友，能够帮助他们更轻松地实现自己的目标。从银行的角度看，它们培养了一个满意度极高的客户，让客户几乎没有更换银行的欲望。显然，银行采用了风险管理模式，并考虑了自身的风险承受能力。如果客户的经济状况发生变化，这种特色服务的成本或规模可能会改变，但在任何情况下，银行都会用明确的指引告诉客户如何解决问题。

这项价值主张让客户产生足够的动力，将他们的信贷需求集中在同一家银行。所以，总的来说，新型银行的客户占有率将会更高。按产品类别来看，某些个别产品的盈利能力可能较低，但换来的是更深厚的客户关系和信任。

对新型银行来说，总信贷额度的盈利率是一项有趣的挑战。第一个驱动因素是挽留客户，这也是主要驱动因素。别忘了，很少有客户愿意将总信贷额度转换成一个信贷产品组合。绝大多数客户更愿意留在原地，而不是去其他地方冒险。

第二个驱动因素是不可避免性。新型银行必须想明白一件事：向客户提供总信贷额度是不是大势所趋，不可避免？这与音乐行业和Spotify相类似。如果它们认定这是不可避免的，那么最好提供这种服务，而不是被一家初创公司或诸如谷歌、苹果、脸书、亚马逊、百度、阿里巴巴或腾讯等大型科技企业去中介化。

第三个驱动因素则是指引和建议（无论是否来自监管机构）。这可以称为“智能指引”。

智能指引

智能指引集多种功能于一身。这是一种智能化服务，为客户提供了一种思考问题的方法，使客户在花钱时做出更明智的决定（见图3.4）。当某个决定迫在眉睫时（比如纳税年度即将结束），这项服务将敦促客户作出决定，而当客户花太多钱去做某件事时（比如透支金额大于个人贷款额），智能指引会给他们发送提醒信息。此外，智能指引还借助开放式银行业务（这要归功于欧盟《支付服务指令第二版》）提供的功能，让客户不仅对新型银行现有的金融产品有所了解，也对其他银行和金融机构的产品有自己的看法。

银行可以使用独有的数据集，这些数据集在广度、深度和复杂性上是无与伦比的，它们有着若干截然不同的维度。

- 内部个人财务数据：这是特定客户在使用银行服务时生成的财务数据，属于个性化的数据，但仅限于客户在银行持有的产品。
- 外部个人财务数据：这是客户使用其他银行提供的金融产品时

生成的财务数据。竞争压力和监管压力迫使全球各地的银行分享它们客户的数据，前提是得到客户的同意。新兴银行API（API指的是"应用程序设计接口"，即一种可让两种应用程序相互交流的软件媒介）将使银行能够在竞争对手的平台上获取客户数据。

• 社交媒体生成的数据：通过访问数百万客户使用社交媒体时生成的数据，银行能够用这些数据建模，预测每个客户的需求、期望和行为。这些数据也可用于完善银行与每个客户互动的方式。

• 其他非财务数据：客户的财务决策驱动力源自他们的生活方式。如今，客户留下了大量行为数据，银行可以借助这些数据更好地为客户服务（前提是得到个人或企业客户的允许）。这些数据涵盖了教育信息、职业经历、医疗数据和通勤模式等领域，网络上充斥着大量由此类数据生成的信息。在现代技术的加持下，只要获得终端用户的同意，银行就可以利用这些信息来为用户提供宝贵的建议。

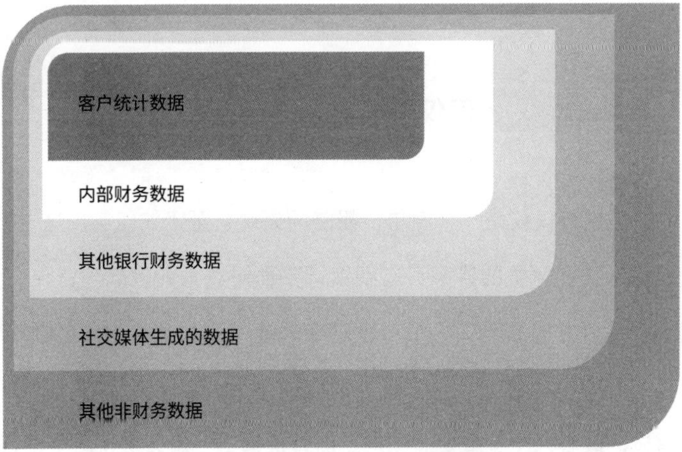

图3.4 新型银行智能指引工具的数据地图

● 监管机构面临的挑战

银行将这些数据与新兴的人工智能结合起来，可以向客户提供宝贵的建议。与早期关系型银行的银行家给客户提供的意见相比，这些建议毫不逊色，因为它们源于对客户本身、客户所处的环境及其目标的深刻理解。这项服务不是简单地建议客户采用某个行动方案，而是向客户提供数据（也许还能简化方案的实施过程），帮助客户发挥财务的最大功效。银行不再是服务的兜售者，而是客户的长期合作伙伴。

至于这种方法可能产生的影响，须根据具体情况加以理解，而新型银行必须遵守所有与金融产品销售相关的条例。显然，为了充分发挥这项服务的潜力，银行要与不同的监管机构进行探讨。如今，监管机构对财务咨询进行监管的目的是保护用户。但是，在此类监管之下，设计精良的自动化咨询和人工智能无法充分发挥潜能。倘若自动化建议解决方案无法实施，最终受伤害的将是用户。

仅仅是概念，而非产品

新型银行仅仅是一个简单、粗略的概念，至于如何实现这一概念，我们尚未找到完整的答案。新型银行要面对巨大的挑战。首先，信息技术和运营方式的转变将是一个复杂的过程；其次，绝大多数现代银行以产品为中心的组织架构将被取代；再次，新型银行的盈利模式并不明显；最后，还有重要的一点：监管机构不一定会支持新型银行。

有鉴于此，银行逐渐明白（这恰恰是我们希望看到的），要真正满足客户的需求，它们必须把自己视为推动者，而不是零售商。要做到这点，银行需要对其商业模式做出深刻的改变，以透明、公开、公平、价格合理和简便易用作为指导原则。只做表面调整是不够的，一款仅改进设计的应用程序无法解决长远的问题。

然而，只要方法得当，这种新模式将有助于银行实现增长、改善客户满意度，并且带来持久的盈利能力。

04

从实体银行到数字化银行的演变历程

数字化创新将使银行业焕然一新，这已经成为业界的共识。就像此前的零售商、旅行社和唱片公司一样，银行会在不久的将来面临转型。事实上，令人惊讶的是，从互联网繁荣期到颠覆金融服务业，数字化创新花了近20年的时间，才最终把银行业传统产品变成数字化产品。

- 它不需要交付实物，贷款、储蓄账户和活期账户本身是无形的。
- 它可以根据客户需求和所处的环境进行配置，为每个客户提供完全个性化的服务。
- 它受益于即时交付技术。客户无须去分行办理透支或旅行保险业务。

越来越多终端用户采用数字化技术，监管机构对数字化技术的了解也越来越深；而最重要的是，这项技术变得更加安全，银行和金融机构正在慢慢地自我重塑。

在接下来的几年里，我们可以期待看到这样一幕：未来的金融服务市场将由两类实体主导，即塑造该市场的新进入者和已经适应市场的现有机构，而那些无法获得客户关注的新进入者和无法适应新环境的现有机构将不会出现在未来的市场上。

在市场竞争中幸存下来的现有机构将经历转型。在转型过程中，现有机构将不得不反思自己的一些基础核心优势，包括连贯性、可靠性、可重复性和标准化。这些特点曾帮助工业银行和信息技术银行取得了成功，但遗憾的是，行业在不断进化中，而对于一家需要适应进化的企业来说，这些都不是核心技能。

数字化转型的各个阶段

事实证明，在数字化转型的过程中，对那些想进化的银行来说，自身的某些特点反而成了负担。如何才能调和变革需求与根深蒂固的“一切照常”的运营模式之间的矛盾？这是现有银行所面临的最大挑战。现有银行意识到，倘若不颠覆“一切照常”的思维模式，恐怕运营模式也很难改变。显然，变革要优于故步自封，所以绝大多数现有银行正以某种形式接触数字化创新。跨国战略咨询公司麦肯锡发布的报告称，数字化转型可能会给银行业带来两种结果：由于竞争压力、利润压缩和经营风险上升，现有银行的平均利润率将会下降，下降幅度相当于净利润的35%；在新产品、新渠道和新服务能力的加持下，银行的净利润可能会增长45%。因此，进行数字化变革后，银行净利润可上升10%。银行越发深刻地认识到，数字化创新意味着风险和机遇并存，而“无所作为”才是最糟糕的战略选项。因此，绝大多数现有银行都在培养自身的数字化能力。

在此过程中，现有银行通常遵循一条经过事实检验的路径，即适应、进化和转型这三个阶段（见图4.1）。

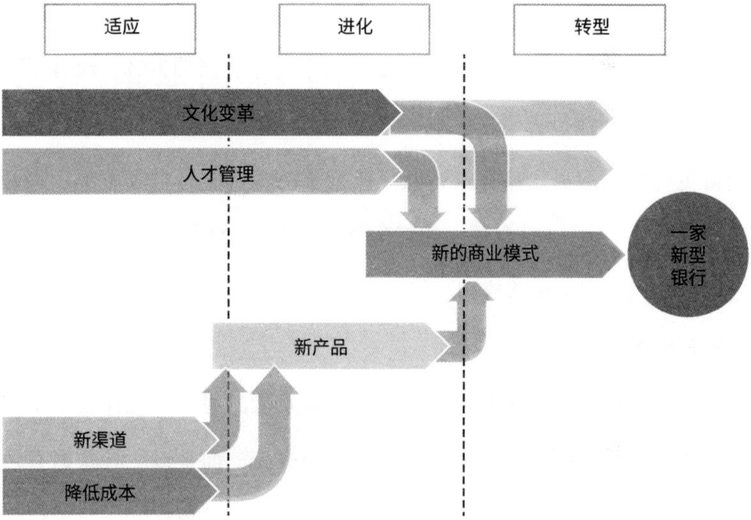

图4.1 数字化技术的三个演变阶段

第一阶段：适应

在适应阶段，银行研究数字化技术，以改进产品质量，但并未改变产品目前的设计、制造和交付方式。在此阶段，为了在尽量不破坏现状的情况下创造可量化的有利条件，银行要确定哪些业务领域能从变革中受益。该阶段的主要工作是借助数字化渠道扩大产品范围，从而强化核心业务。

在适应阶段，变革通常集中在两个领域：削减成本和提升销售额。

- **削减成本**

绝大多数尚未采用数字化技术的公司都有相对容易改进的企业职能，无须将现有内部流程和后端流程推倒重来。采用数字化技术简化做事方式，这往往是从数字化变革获得有形效益的最快方式。银行启动数字化的第一个领域通常是最简单的账户服务功能，因为客户到分行查询账户余额的做法不会给银行带来太多实惠。根据布罗德斯和康娜在2015年提供的数据，成本支出可占银行净利润的30%。现有银行可以把这部分钱节省下来，或者回馈客户。这样，客户将以较低价格获得更优质的服务。率先进行数字化变革的现有银行可以（至少刚开始的时候）比同行拥有更大的竞争优势。从实体银行到数字化银行，银行需要花时间去再造流程，但这项工作会给银行带来真正的实惠。

- **提升销售额**

通过互联网销售银行产品，这是适应阶段的另一项工作。数字化销售无须对核心系统的产品设计方式做出改变，而是以一种快速有效的方式从数字化变革中盈利。这里论述的互联网销售仅限于将银行当前销售的产品放到线上加以推广和销售。据麦肯锡估计，新渠道和新产品的潜在优势在于，它们能够将净利润提升15%左右。

利用新的数字化技术交付引人注目的新渠道和新产品，从设计、商业、营销、监管、安全和技术等角度来看，这非同寻常。但总的来说，银行体系中的其他参与者更容易理解和接受这种创新的潜力。绝大多数人知道，让客户用手机在网上开设新的活期账户或申请个人贷款，这是有可能做到的。

数字化销售对银行的影响在很多方面类似于削减成本。然而，新的销售方式和削减成本在给银行带来好处的同时，也会产生阵痛。数字化销售为网络罪犯创造了入口，导致系统超载，可能遭遇内部文化敌意，并且面临缺乏相应技能的问题。

实现数字化的过程中，银行开发出能够进入其核心平台的直接入口，为客户提供更好的用户体验。但是，这也相当于开了一扇危险的后门，让那些不怀好意的犯罪分子有机会攻击银行及其客户。按埃森哲咨询公司的说法，网络犯罪的最大目标就是银行业。2017年至2018年，银行业用于预防网络犯罪的成本增长了近10%。

信息技术平台也是一个历史遗留难题。很多银行都拥有核心系统，这些系统如今都过时了。绝大多数银行设计核心平台的初衷是检索分行客户的信息。过去，客户会每周去一趟分行，查询自己的银行存款；如今有了手机银行之后，人们往往会每周查询好几次账户。这种新的互动模式会产生严重的数据处理能力问题，因为银行系统设计之初并没有考虑到数据高度密集的环境。某些高频率的点击操作会导致银行的数据端负载过高，从而对整体业务造成影响。

此外，我们不能低估数字化创新对人的影响。数字化战略一旦展开，银行不同部门的员工都要执行该战略。也就是说，银行要关闭分行和客服中心，并裁减为遗留平台服务的信息技术团队，这可能会对公关、士气和企业文化造成影响。

数字化导致员工数量减少，但人们很少讨论由此所造成的影响。在银行里，高管的权力和报酬通常与团队规模、支出和预算成正比。

当数字化创新导致团队规模、支出和预算缩水时，即使是最善意的高管也可能对变革产生敌意，因为他们发现自己的权限、预算和潜在的奖金都被大打折扣。在一些银行，保守主义和保护自家地盘的做法已然成为变革的巨大障碍。此外，由于分行和客服中心关闭，大量员工下岗，对社会和银行公共关系造成不良影响；如果再把这点考虑在内，那么提升数字化效率的真正挑战就不仅仅在于实施变革这个环节了。

尽管如履薄冰，银行还是进入了数字化变革领域，这正是适应阶段的显著成果之一。随着适应阶段的深入，越来越多的产品和服务实现了数字化。由于这些产品和服务为客户提供了价值，员工也因交付产品和价值而得到了适当的奖励，所以银行开始越来越接受甚至支持数字化变革。慢慢地，数字化创新的第二个阶段随之到来。

虽然变革已初见成效，但仍会遭遇一些阻力，因为它会导致分行对销售人员的需求减少，并导致裁员和分行关闭。事实上，后者常被认为是全球许多规模较小的城镇和市中心商业衰落的关键因素。

第二阶段：进化

从这一阶段开始，事情变得有趣了。银行向变革大步迈进，优化了后端流程并创建了新的数字化渠道，从而拥有了新的能力，可以用来创造新的产品和服务。

这些新产品和服务，是银行为互联网创造出来的、主要通过数字化渠道交付的第一代创新成果。银行根据自身在适应阶段达到的能力和服务水准，对产品的配置方式、定价方式和销售方式加以调整。对于现有银行来说，这些新产品带来了一系列有趣的挑战。

- 渠道冲突

第一个挑战是全渠道交付模式。目前，大部分现有银行都向客户做出了全渠道交付承诺，即客户可以通过自己认为合适的任何渠道来获取银行的服务，包括分行、电话、数字设备以及他们选择的任何其他设备。该承诺的目的是确保客户不会因无法使用某种渠道而处于不利的境地。在适应阶段，随着数字化银行业务的启动，银行对实体渠道的产品和服务做了更改，以便于在数字化渠道上交付这些产品和服务。最初，数字化渠道被视为次要渠道，银行提供的一些功能无法在线上实现，但人们并未把这视为亟待解决的问题。毕竟，如果有些事情不能在网上做，银行还可以引导客户去分行办理。分行是默认渠道，数字渠道则扮演辅助角色，因此，如果在线产品和服务少于分行，银行、客户或监管机构并不认为这是一个问题。

这事如果反过来讲，那就不成立了。大多数现有银行发现，银行提供只满足数字化渠道的金融产品是存在问题的。道理很简单，如果客户想要一款数字化产品，而银行无法在网上提供，他们可以去分行获取；但如果反过来，分行没有某款产品，银行并不希望分行客户在网上获取该产品——那样通常令人无法接受。人们认为分行就代表着“银行”，而网上银行通常被当作分行的子公司。传统观念认为，所有客户都拥有“在分行办理业务的技能”，而只有少部分客户拥有“通过数字化渠道办理业务的技能”。

现有银行与绝大多数挑战者银行的竞争，有可能会成为一个实实在在的难题。挑战者银行更清楚地了解自己的客户，它们的产品也只能通过数字化渠道获得。无论是由上至下，还是由下至上，这些都是纯粹的数字化产品，因而不受实体和数字化混合产品的束缚。最重要的是，这给了许多挑战者银行一个明显的成本优势，因为它们无须管理成本高昂（和没有收益）的实体渠道。在全球范围内，一些现有银行正通过创建仅限于数字化渠道的子品牌来解决这一问题。有了这些子品牌，银行就可以提供分行无法提供的产品，而不必担心客户或监管机构的强烈反对。

- **现有银行开始建立挑战者银行**

表4.1列出了一些全球现有银行推出的挑战者银行。

有趣的是，与产品销售相比，账户服务带来的问题相对较少。现有银行顺利地接过了竞争的接力棒，为客户提供移动支付服务、透支提醒或个人财务管理工具（该工具可以分析客户支出情况，并创建支出图表）。分行是不会轻易提供这些服务的。

在适应阶段，现有银行往往想复制挑战者银行提供的许多产品。它们有能力提供与金融科技公司相媲美的终端用户体验，但与金融科技公司相比，它们还有另外一项能力，那就是在分行解决数字化界面无法解决的问题（至少从概念上讲，现有银行具备该能力）。此外，现有银行的品牌认知度更高，客户认为它们更加可靠。因此，适应阶段应该是现有银行打击挑战者的阶段。

遗憾的是，对现有银行来说，实际情况未必如此，主要原因在于历史遗留问题。过去，银行依靠一系列前人尝试过或测试过的流程、平台和做法，取得了不少成就。在数字化时代，许多历史遗留下来的东西已经不再适用，有些甚至成为一种累赘。

表4.1 全球现有银行推出的挑战者银行

选择现有银行推出的挑战者银行		
地区	银行	电子银行
美洲	富国银行	Greenhouse
	绿点银行	GoBank
	高盛	Marcus
	加拿大帝国商业银行	Simplii Financial
	第一资本银行	Capital 360
	丰业银行	Tangerine
亚太	阿德莱德银行	Up
	澳大利亚国民银行	Ubank
	星展银行	Digibank
	印度国家银行	Yono
	科塔克银行	Kotak 811
	百信银行	aiBank
	哈萨克人民储蓄银行	Altyn-i
	渣打银行	SC Virtual Bank
欧洲	法国巴黎银行	Hello bank!
	裕信银行	buddybank
	西班牙国际银行	Openbank
	克莱兹代尔和约克郡银行	B
	荷兰银行	Moneyou
	凯克萨银行	imaginBank
	匈牙利储蓄商业银行	Touch Bank

（续表）

选择现有银行推出的挑战者银行		
地区	银行	电子银行
中东和非洲	威玛银行	ALAT
	马仕礼格银行	Mashreq Neo
	酋长国迪拜国民银行	Liv
	以色列国民银行	Pepper
	海湾国际银行	meem
	迪拜商业银行	CBD Now

本表格经领跑者公司许可后转载

许多信息技术银行的服务平台创建于多年以前，它们所服务的市场与如今截然不同，且采用的技术往往已经过时。很多现有银行都有一个“孤岛式”架构，该架构由大型计算机构成，使用着像COBOL这样的编程语言，而这种语言面世的时间是1959年。然而，与无所不在和影响深远的历史遗留问题相比，技术更新要简单得多。全球各地的银行都在全面改革自己的信息技术平台，重新设计流程和更换硬件。过去十年里，大量资金被用于解决信息技术遗留问题，这反映在银行的大部分信息技术支出都用于维护服务。按照从事信息技术研究的赛讯公司提供的数据，平均而言，银行将70%以上的信息技术预算用于系统维护。

事实上，英国一家挑战者银行斯塔林银行的创始人兼首席执行官安妮·博登也曾经强调了这一点。博登说，不出两年时间，银行业“将会复制我们所做的一切”。但她说，打赢这场大战役要付出代价。“大型银行一直在增加成本，它们将无法与我们竞争，因为我们这里的交付成本很低。”

● 历史遗留问题带来的挑战

但是，当你进行更深入的研究并探寻现有银行业的发展动力时，就会发现信息技术并非仅存的历史遗留问题。现有银行流程的设计方式往往存在更大的问题。现有银行不仅在现代科技出现之前就设计出许多流程，有时候，为了满足数据、风险、欺诈和监管方面的要求，还专门设计了流程，而这些要求如今已经过时。小企业新客户的开户方式就是一个很好的例子。

我们对小企业银行账户提供商进行了一次快速调查，发现不同银行所需要的开户文件各不相同。有些银行（主要是现有银行）要求客户将纸质文件带去分行开户，另一些银行（主要是挑战者银行）则要求客户提供可在线采集和核实的信息。这两类银行都在相同的成本、规则和客户需求范围内运作。然而，有些银行认为，低成本的数字化开户方式所带来的风险是可接受的，并且符合监管规定；而另一些银行则认为数字化开户方式不够合理，并选择通过传统流程来吸纳线上的潜在客户，要求线上客户前往分行办理开户，这种做法不仅成本高、效率低，还会给客户造成不便。这个例子表明，解决企业文化带来的历史遗留问题比改变银行信息技术平台要困难得多。“我们一直都是这样做的”，类似心态恰恰是变革的最大挑战。不过，这种心态正在缓慢但有条不紊地发生变化。

第三阶段：转型

这是创新的深度进化阶段。当银行将分行的大部分功能数字化，并且扩大仅通过数字化渠道提供的产品和服务的范围时，转型就开始了。在此阶段，银行可以依赖关系更密切的客户，因为他们更愿意接受新的银行业务方式，并对自身期望有更深刻的理解。在转型阶段，银行打造了更先进的产品交付功能，而借助这种功能，银行终于可以自我“反思”，成为更完美的新事物。当一家银行达到这个阶段时，其内部文化和人才库往往已经经历了重大变化。

在转型阶段，银行能够设计和采用新的产品和服务，这些产品和服务超出其原本的核心功能范畴。银行可以重新思考与客户的关系，创造出全新的业务模式，对传统业务加以完善，甚至有可能颠覆传统业务。

- **反思业务**

进入转型阶段后，银行能够更好地经受住金融科技公司（即提供数字金融服务的挑战者银行）和大型科技巨头的挑战。在中国，百度、腾讯和阿里巴巴等科技巨头主导了金融服务行业。谷歌、苹果、脸书和亚马逊等公司也有着根据自身需求改造金融服务业的强烈愿望，这对现有银行的运营方式构成了极大威胁。

在转型阶段，不断进化的挑战者银行开始探索人工智能、机器人流程自动化、分布式分类账和加密货币等领域。现有银行的团队无论多么富有创新精神，在这些创新领域中都相对缺乏专业技能。因此，它们开始寻求其他机构的帮助，而与创新企业之间的合作便成为最明智的做法。

一些更具创新精神的银行正对人工智能、自动化咨询、区块链和加密货币进行实验，这些实验正是颠覆性新主张的很好的例子。或许令人感到惊讶的是，这种新型关系中的合作伙伴或合作企业未必是新崛起的金融科技公司，但有趣之处也在于此——恰恰从此刻开始，银行寻求与大型科技公司展开合作。2018年，摩根大通为亚马逊客户开通了活期账户（该项目现已搁置）；而2019年，苹果公司与高盛旗下的零售银行Marcus合作推出苹果卡，这些都是近年来发生的事情。

经过上述三个阶段的逐步演变，银行的数字化形成了一个重要结果：它从内部一步步地改变银行，使银行的内核发生了真正的变化，在可靠性、稳定性和可信度等银行的高价值核心资产基础上融入了“以客户为中心”的理念和创造力，这样的结合为银行带来了强有力的竞争优势。

创新策略

显而易见的是，数字化变革的三个阶段都要求现有银行以不同的方式行事。数字化创新要求知名大企业（这些企业目前往往仍然是成功的）作出改变。事实上，绝大多数大企业在定义“创新”时都能回答“为何创新”“何时创新”或“在哪方面创新”等问题。但到底该如何创新？恐怕很多银行都无法给出答案，因为形成想法往往较为容易，但带着真正意图去实现想法却很难。

说到创新，企业可以通过三条基本路径实施全新的数字化变革。它们既可以内部创新，也可以收购具备创新能力的企业或组织，或者与合作伙伴进行合作，共同创新（见图4.2）。每种选择都有一系列相关含义和挑战。接下来，让我们深入研究“如何创新”。

1. 内部创新

无论是大企业还是小公司，它们的第一选择通常是内部创新。从理论上讲，如果进展顺利，内部创新可以带来完全符合组织需求的产品和服务；而与其他选择相比，内部创新的交付成本更低，交付速度也更快。最重要的是，企业可以通过内部创新赢得竞争优势（至少大部分如此），因为竞争对手无法提出相同的价值主张。但是，内部创新也会造成企业开支迅速增加，并造成创新延期，尤其在内部创新难度较大或银行不熟悉内部创新流程的情况下。

适应阶段的内部创新相对简单。在这个阶段，企业的任务通常是通过数字化渠道使客户和同行参与到现有业务当中，一般不需要改变核心业务和核心交付能力。

在内部创新阶段，成功的主要驱动因素有以下几个方面。

- 目标：企业是否知道它需要做些什么？而它要做的事情是否与组织的总体战略目标相一致？这个问题的答案似乎显而易见，但在很多时候，现有银行开启数字化创新时，对创新的方向并没有清晰的理解，或者缺乏蓝图，不知道如何实现目标。第一步，企业最好打造一种简单但完善的功能（例如让用户可以在网上开立账户），而不是启动一个雄心勃勃但目标模糊的变革项目（例如“我们希望使银行实现数字化”）。

- 人才：企业的人才是否具备相应的技能？缺乏数字化技术人才是金融服务业所面临的真正难题。大企业可能更难以吸引和留住知识渊博的人才，因为较优秀的人才往往不想为知名的“传统”企业效力。

确保拥有合适的人才是第一步，很多企业对自身需要哪种类型的人才抱有不切实际的观念，而这往往是内部创新失败的常见原因。除了金融服务业，各行各业都认识到了数字化变革的潜力，具备合适技能的人才也变得越来越稀缺。这种争夺人才的环境对薪酬的影响极大，因为世界各地都需要出类拔萃的人才。因此，企业实施数字化变革的一大障碍便是无法找到能够真正推动变革的人。

• 时机：除非企业对自己正在做的事有把握，否则内部创新不太可能成为最快捷的选项。因此，在选择正确的方法时，若时间过于紧迫，内部创新就有可能存在较大的风险。

• 文化：许多知名企业为自身强大的企业文化感到自豪，这些企业文化是它们过去取得成功的核心所在。企业文化是否允许新事物在企业内部发展而不会产生任何“抗体”来慢慢破坏它？咨询公司普华永道（PwC）在一项调查中发现，绝大多数企业认为，拥有支持创新的企业文化才是创新得以成功的关键因素。

• 成本：顾名思义，创新是一种新事物。预测创新的成本也许会很难，因为以前没有任何企业做过类似的事情，这往往会导致创新项目超出预算并落后于计划进度。在内部创新过程中，逐渐增加的成本是一种切实存在的风险。相比于与专业公司合作时的端对端成本，内部创新的成本可能会很高。

• 可选性：如果企业决定改弦更张，解散新部门及其团队或赋予其新使命的难度有多大？ 这样做要花多少钱？倘若内部创新半途而废，企业可能要付出高昂的代价，并给企业财务状况带来严重影响。当企业已经在创新项目上投入大量资金、名誉、智力和情感时，对任何企业来说，取消这些项目是极其痛苦的。创建一项可以轻易改变方向的新价值主张是件非常困难的事情。

内部创新固然有好处，但这需要经过一系列审慎的思考。毕竟，如果一家企业正在寻求创新，并采用与众不同的行事方式，那么在没有外部投入的情况下，仅靠内部资源进行创新的做法是否现实？

2. 收购

数字化创新的另一种常见方式就是收购或投资一家具备适当能力、可交付客户所需产品的公司。收购活动最常见的结果就是双方合并，或者被收购方成为收购方的附属公司。

- **合并**

合并是最极端的收购形式。被收购的企业与收购方合为一体，其业务也整合到收购方的业务中。进行合并交易时，收购方要清楚地认识到一点：金融科技公司将被整合到银行内部，而且要重新加以包装。这样做的好处在于，银行可以用自有品牌进行创新，从而增加客户的好感和黏度。

这方面的一个案例就是高盛集团旗下的消费者银行Marcus收购了总部位于加利福尼亚州的数字信用卡品牌Final。该品牌如今已经消失，其团队和客户群已经转移到了Marcus。事实上，通过收购Final这家初创公司，并将它整合到旗下的挑战者银行当中，Marcus大大加速了内部团队的构建过程。

- **附属公司**

收购的另一种模式就是成为收购方的附属公司。在这种情况下，银行决定收购一家金融科技公司，但收购成功后，让它相对独立地运营。被收购的金融科技公司接受银行注入的资金，并通过银行投资间接证明了自身的经营模式，甚至还可能接触到银行的客户。银行可以将这种投资视为在特定业务领域进行实验但又不影响其现有业务的手段。通过这种模式，银行获得了丰富的市场信息，并确保某项新价值主张的排他性和控制权。

通过将金融科技业务与银行业务分开经营，银行还能避免其经营方式与初创公司需求之间的不匹配所产生的不利影响。此外，若这种模式运作良好，银行更容易挽留优秀人才。金融科技公司中很多才华横溢的员工可能不想加入银行这种体系繁杂、历史遗留问题众多的大型组织，却愿意为一家附属于银行的金融科技公司工作。这种方法还使具有创新精神的公司免受收购方银行的企业文化和经营遗留问题的影响。

西班牙毕尔巴鄂比斯开银行收购数字银行Simple Bank就是这种模式的一个很好的案例。Simple的经营模式相对保持原样，客户很难意识到Simple实际上隶属毕尔巴鄂比斯开银行。2017年，法国巴黎银行收购了Nickel，这是“一家企业、两个品牌”的另一个例子。

与内部创新一样，收购需要谨慎，且需要仔细考虑以下几个因素。

• 速度：收购的速度可能非常快。收购完成后，企业可能很快就会拥有一个功能完备、具有创新精神的部门。选择正确的收购方式是将创新引入公司的最快途径。

• 成本：收购另一家公司往往需要大量的前期支出，这笔钱往往大于内部创新或合作所需的资金，可能会引发许多复杂的问题或管理层的焦虑，而在老牌企业试图创新时，焦虑感往往是不受欢迎的因素。尽管如此，从长远来看，收购盈利的成功企业其实是一桩非常划算的交易。

• 匹配度：将一家架构相对完整、拥有自身企业文化和做事方式的公司整合到另一家公司中，这个过程并不简单。小公司往往没那么复杂，层级较少，历史遗留问题也较少。大公司尤其是成功的公司则层级较多，具有复杂的治理结构以及根深蒂固的运营模式，注重稳定、可预测性和可控制性。收购方和被收购方都认为自己的方法是最好的，若想调和双方的心态，两者需要付出真正的努力。在收购活动中，被收购的公司通常处于弱势地位，因此，收购方首先应注重保护小公司的独特之处，因为正是这些独特之处，使其成为具有吸引力的收购目标。众所周知，大公司会以“慢刀割肉”的方式从内部消灭被收购的企业，因此，现有银行的领导层要有意识地确保这种情况不会发生。

• 人员：如前所述，在一家具有创新精神的小公司里，人才通常不喜欢为一家组织架构更复杂的大公司工作。在收购一家新公司时，为了挽留高管人才，收购方通常会制定相关条款。挽留基层人才则困难得多，而且这项工作往往被忽视。收购方必须确保被收购企业员工的需求得到满足。小公司员工和知名企业员工看重的东西通常不一样，对小公司员工来说，从事有意思的项目或获得新技能往往比升职加薪更具有激励作用。此外，若收购方区别对待被收购方的团队，则可能会在收购方内部产生抵制情绪；若公司向新同事提供一系列与现有员工截然不同的条件和机会，现有员工会对此感到不满。人员管理问题是收购活动中最重要的问题之一，许多不成功的收购案例的核心问题往往是人员问题。

- 选择：尽管收购一家企业可能是很迅速的，但如果进展不顺，收购方可能很难撤资，而且这样做的成本极其高昂。此外，收购一旦失败，企业估值难免受到影响。有时候，一桩错误的收购会导致被收购方资产被注销，员工可能会下岗。要为老牌企业注入创新元素，收购可能是一种快速（甚至节省成本）的方式，但要取消一桩错误的收购，代价会很昂贵，且整个过程会很困难，甚至非常痛苦。

3. 合伙

产业碎片化是数字化时代影响最深远的结果之一。越来越多的人才愿意并且有能力创立小公司，他们提供的产品和服务质量与大公司旗鼓相当，甚至优于竞争对手。这些小公司把创始人的创业技能和科技巧妙结合起来，极富创造力。对于寻求数字化创新的大型企业而言，这些小公司是不可多得的合作伙伴。

合伙是一种非常有效的方式，它可以为大公司注入数字化创新能力，使其从碎片化（或所谓“优步化”）的数字服务中受益，为客户提供分散的按需服务。合伙有两种基本模式，在实际运用中，绝大多数合作伙伴关系是这两种模式的混合体。

- **分销渠道**

第一种模式是分销渠道关系，即在银行的帮助下，金融科技公司向银行客户兜售产品。银行也能从中得到好处，它为本行客户提供了一种新的产品或服务，却不用花费太多时间、精力和资金去研发该产品或服务。此外，银行还能深入了解客户是否喜欢该产品或服务，以便决定下一步该做什么，既可以结束合作关系，也可以进行内部创新或深化与金融科技公司的合作关系。

金融科技公司得到的好处则是接触新客户，实现销售额的增长；通过与受人尊敬的（理想情况下如此）银行打交道，金融科技公司还可以提升自身品牌影响力，并对市场有更深入的了解，从而改进产品。客户从银行那里得到了一款新产品，他们可能会觉得这款产品很有趣。而银行还向他们保证，他们可以放心购买金融科技公司的产品。

理想情况下，银行可以学习金融科技公司的运营模式，但如果管理不善，也有可能以培育竞争对手为代价换取市场信息。有个问题同样值得思考，如果客户受到金融科技公司负面新闻的影响，谁该为此负责？即使银行拿起法律武器，使自己免受金融科技公司暴雷所带来的影响，但迫于公共关系甚至监管压力，它可能仍然要承担责任。

这种合作模式的例子不少，比如，苏格兰皇家银行和Funding Circle进行合作，向中小企业发放贷款；此外，摩根大通和OnDeck也建立了合作伙伴关系。

- 供应商

在供应商模式中，银行与金融科技公司进行合作，后者扮演第三方服务提供商的角色。金融科技公司的实力与银行的产品结合在一起，形成新的价值主张。尽管产品的某些条款是金融科技公司拟定的，但在客户看来，这完全是银行提供的服务。

对于银行来说，这是与客户探讨新价值主张的好方法。如果适用的话，它将会改善银行与客户之间的关系，并让银行清楚地了解客户接下来最需要什么。对于金融科技公司来说，由于与第三方合作，其品牌几乎没有受到损害。这种模式还提供了一定的灵活性，因为银行能以相对较低的代价终止合作。我们还可以看到，银行对金融科技公司只投入了少量资金。值得注意的是，这种模式通常不具有排他性，因为金融科技公司还可以跟其他银行合作。

这种合作伙伴关系模式的例子有很多，例如，欧洲两家专注于个人财务管理的金融科技公司Bud和First Direct（汇丰银行的子公司）合作，推出了一款应用程序软件First Direct Artha；瑞典企业Tink则与瑞典北欧斯安银行、荷兰银行和法国富通银行等建立了伙伴关系。

总之，在成立合伙企业时，应该考虑以下几点。

• 速度：合作伙伴关系的形成速度可以很快。通过与合适的组织合作，企业可以更快地提供新的数字化主张。若企业想通过合资、合作或供应商等合作关系把新的价值主张推向市场，或者开发新的能力，那么最快捷的方式就是与合作伙伴共同制定解决方案。

• 成本：与内部创新和收购相比，合伙模式往往只需要较少资金投入就能产生同样的影响。

• 选择：良好的合作伙伴关系可以成为敲门砖。成功的伙伴关系可能是内部创新成功的第一步，也可能是确定正确收购目标时最安全的办法。此外，面对失败时，合作伙伴相互扶持，困难也变得小了许多。大型组织会发现，与其他创新模式相比，与第三方共同提出的价值主张能够更迅速地付诸实施，而且成本较低。与放弃一桩收购或解散内部团队相比，更换供应商或合作伙伴也更容易一些。

• 合同：与内部创新或收购相比，合作双方需要签订的合同条款可能较为复杂。在探讨一些关键条款时，双方都要确保所有人的目标一致，明确划分知识产权归属以及明确合作失败时要遵循哪些善后流程。

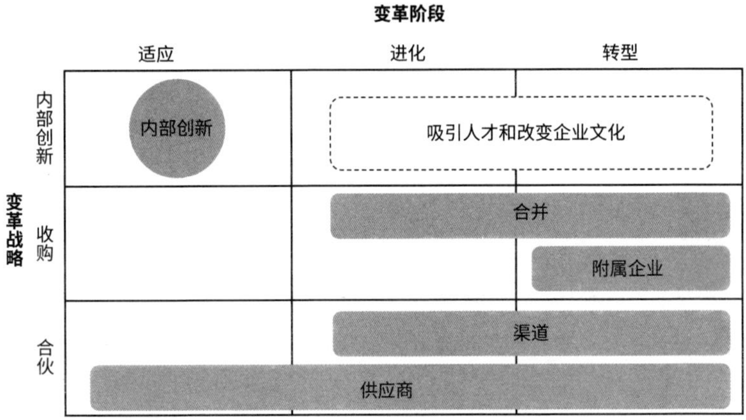

图4.2 数字化变革战略与合作伙伴关系模式

在未来的岁月里，我们将看到越来越多的银行与金融科技公司合作，这一趋势逐渐明显。唯有选择最佳前进路线，现有银行和挑战者银行才能取得成功，甚至确保自身生存，尤其是在大型科技公司即将加入竞争的时候。

重大技术挑战

如今，谷歌、苹果、脸书和亚马逊这四大科技巨头正在金融服务领域各显神通。苹果公司首先推出了Apple Pay，后来又推出了苹果实体卡，这些都是很棒的产品，但由于目前只针对其利基市场，因此还没有被用户广泛接受。谷歌仍然在推广Google Pay和Android Pay，但其所做的努力并不足以令银行业担心。脸书正在P2P支付领域做尝试，但收效不大，不过，它于2019年发布了雄心勃勃的Libra项目，旨在用全球性的加密货币取代法定货币。Libra还处于早期发展阶段，但这是一个值得期待的大型科技项目。亚马逊即将推出US活期账户服务（由摩根大通提供支持），这预示着未来即将出现新的事物。如果它们效仿百度、阿里巴巴和腾讯在中国的做法，那么，争夺金融服务领域未来的战斗尚未真正开始。

如今，零售业、旅游业和娱乐业曾经历的事情似乎正不可避免地发生在银行业当中。作为用户，我们都将从这种发展中受益，但银行家们需要接受变革，抛弃“一切照常”的思维模式。自21世纪初以来，许多银行已经成功地适应了数字化时代的需求，培养出转型所需的技能、运营模式、技术平台和企业文化。与人类历史上的其他时代一样，数字化时代正在改变我们的社会。回首石器时代、古典时代或蒸汽时代，技术变革不断加速和改变我们交流和互动的方式。每一个时代都要求人们改变和适应新的现实。过去，绝大多数人可以用新的知识装备自己，或者进行自我再教育，从一个时代走向另一个时代，并最终生存下来，甚至茁壮成长。数字化时代与其他时代没有什么不同，它也要求我们适应时代的变迁。唯一的不同之处在于，数字化时代留给我们进行自我充实和再教育的时间很短，无论是个人还是组织，都难免会落后于时代。

遵守科技行业的规则

与过去的科技革命相比，数字化革命的不同之处在于速度。今天的数字化革命正以前所未有的速度促使银行业发生变化。我们看看银行业发展的其他阶段，就会发现一个规律：关系型银行大约持续了400年，工业银行持续了不到150年，信息技术银行则持续了大约60年。种种迹象表明，数字化银行的变革速度要比其前身快得多（见图4.3）。

在这样一个生态系统中，关键的输入信息不断变化，因此，描述未来是件徒劳无功的事情，我们只能从那些数字化变革的先锋行业中窥探未来的样子。借助这种方法，我们或许可以对未来几年银行和金融服务业的形态作出一些有根据的推测。

首先，我们知道，成功的金融服务提供商将更加以客户为中心，而“客户至上”不再仅仅是一句公关口号。对未来的银行而言，真正的“客户至上”意味着银行要以驱动客户实际需求的指标和结果为依据，明确界定自己的职责。

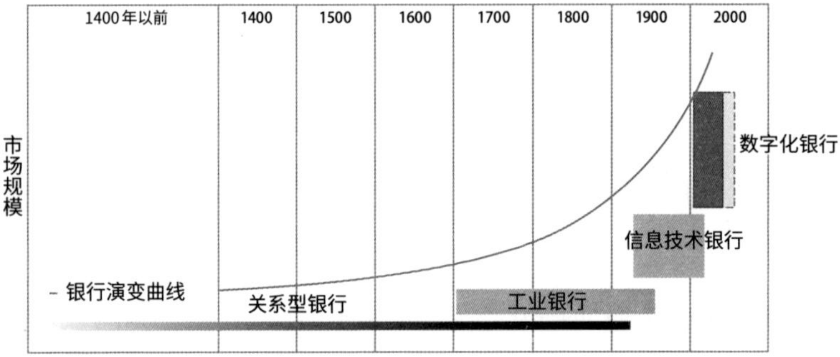

图4.3 银行业演变曲线图

GAFA和客户需求

如今，绝大多数现有银行仍以“孤岛模式”经营产品，产品按类别单独计算损益。正如前文所述，客户不需要金融产品，他们需要的是支持，以实现自己的目标。一家银行如果将发放多少贷款或售出多少信用卡作为衡量成功的标准，那就不会关注客户需求和最终的结果。组织必须确立指标和绩效目标，这些指标不仅能最大限度地提高客户福祉，同时还要在合规的前提下保证银行盈利。在当前的市场中，技术能让客户很容易量化和对比任何机构提供的产品，并且能毫不费力地从一家风评不佳的提供商转移到另一家更适合他们需求的提供商。与现在相比，未来的银行如果既想保持高盈利水平，又想挽留客户，恐怕是件很难的事情。

对金融机构而言，去中介化将成为一个日益严重的问题。许多挑战者银行已经把自己定位为“平台”，专门为客户提供获取各类金融主张的工具，而这些主张并不一定由他们的银行“制造”。此外，我们还看到，大型科技公司创建平台的力度越来越大。

Apple Pay和苹果实体卡就是最明显的例子。客户可以通过苹果公司提供的界面使用多家银行提供的多张银行卡（和银行账户）。如果说苹果是得到客户授权的支付平台，客户可以通过苹果软件查看个人所有信用卡和银行账户上的支出，那么这些账户的提供者是否已经去中介化了？当客户在苹果软件上使用花旗银行卡时，他们是在使用花旗的银行服务还是苹果的银行服务？如果去中介化是未来的发展趋势，那么，我们在“反思”阶段能获得哪些启示？一些银行会试图加深与客户的关系，使其他平台无法复制它们与客户之间的紧密联系。有些银行则会接受去中介化，选择平台作为它们与客户接触的界面。

监管将成为一件更加复杂的事情。监管机构将意识到，数字化技术使银行变得比以前更加复杂。除了旨在保持金融稳定和给予客户公平待遇的传统指标，监管机构将越来越关注那些它们如今没有直接监管的领域。金融监管机构必定会在数据管理、技术弹性，甚至可能在可持续性和道德等领域加大监督力度。

未来是未知的，但有一点可以肯定，现有银行必须浴血奋战，才不会被时代淘汰。

05

金融科技中心

按照定义，互联网是全球性的，但至少在发展阶段初期，金融科技初创公司的地方色彩是非常浓厚的。金融科技公司是由它们所服务的市场塑造和定义的，顶尖的金融科技公司善于利用当地的条件建立牢固的业务；当它们意识到自己有能力扩大规模时，便向海外市场进行扩张。类似贝宝、阿里巴巴、Klarna和N26这样的公司都是为了满足本土市场需求而创立的。它们一旦有能力充分利用本土市场的条件，就会扩张到其他市场。

每个市场的独特条件使其创造出属于它们的金融科技生态系统或中心。只要仔细研究这些驱动因素，我们就能更好地理解全球金融科技的演变历程。

金融科技中心的涌现，离不开以下四个基本驱动因素的相互作用

（见图5.1）：

- 人才；
- 资金；
- 创新；
- 监管。

让我们逐一了解这四个因素。

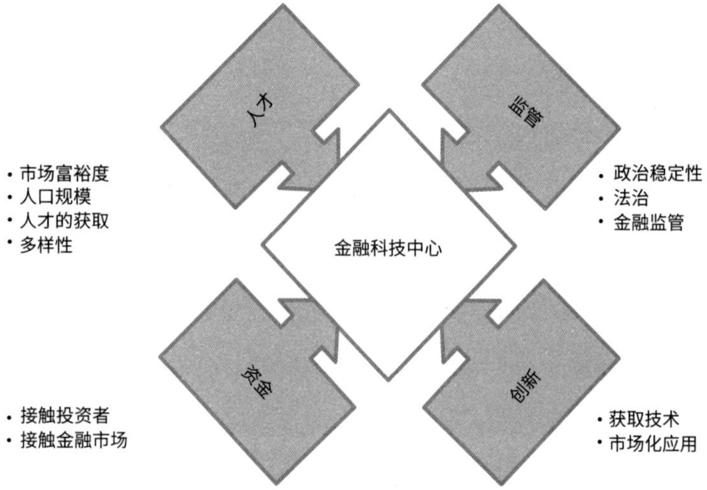

图5.1 形成金融科技中心的驱动因素

人　才

金融科技中心能够提供什么样的潜在机会？市场规模是最基础的衡量指标。市场规模主要从两个维度进行衡量，首先是市场的富裕程度或市场的货币价值，其次是潜在客户的数量。任何新企业的首要目标都是生存。只要企业提出一项主张，表明它能以相对较快的速度成长和创造利润，那它成功的概率就会大大增加。若企业能让人们相信它可以在一个幅员辽阔的地区取得成功，就可以更轻易地吸引资本、关注度、人才以及企业蓬勃发展所需的一切条件。金融科技公司要想活下去，不外以下两种方式：要么向规模较小的发达市场提供高利润产品，要么向规模较大的欠发达市场提供低利润产品。

市场富裕度

与在欠发达市场中获得的利润相比，进入一个发达的目标市场意味着新服务提供商可以预期获得更多的利润。在早期，成熟的挑战者银行的业务主张主要针对发达市场。事实上，第一批挑战者银行出现在西欧（Klarna和Zopa都成立于2005年）和北美（Simple成立于2009年）。它们所服务的市场经济发达，这让它们能够从一开始就产生收益。可以说，正是因为客户足够富裕，才使挑战者银行不那么排斥风险。

2005年，英国首屈一指的P2P贷款公司Zopa（现在已成为一家银行）在英国成立，其目标是利用存款利率和借款利率之间的差额赚取利润。Zopa的首席执行官贾尔斯·安德鲁斯说，公司的经营理念是在有钱人和需要钱的人之间建立更有效的联系，从而为消费者提供更高的价值。从根本上说，Zopa希望通过提供比银行更高的利率，鼓励“有钱人”把业务转移到Zopa，然后向“需要钱的人”提供较低利率，从而为其客户提供更好的体验。Zopa有这样做的经济实力，因为它的成本基础比银行低得多。Zopa的产品和服务之所以成功，关键在于它能接触到富裕的客户群体，这些富人认为自己有足够的经济实力把钱借出去，以获取更高回报，并承担由此产生的风险。事实上，英国有很多这样的富人，而这正是Zopa取得成功的关键因素。Zopa虽然提出了一个能与银行产品相匹敌的价值主张，但这并不足以确保其获得成功，它还需要一个拥有足够多富裕人口的市场，这些富人敢把辛苦挣来的现金交给当时的初创公司，只为了一个高回报的承诺。这样的市场是Zopa获得成功的关键因素。

同样地，Simple（曾用名为BankSimple）也是解决发达市场难题的方案之一。众所周知，Simple的宗旨就是成为一家"不太差"的银行。乔尔·莱克和沙米尔·卡卡尔决定成立Simple，是因为他们对现有银行业务感到不满。他们定下目标，要为已拥有银行账户和融资渠道的客户提供服务。现有的美国银行系统信誉卓越，而Simple要为该行业创造一个更好的接口。他们把公司总部设在纽约布鲁克林区，希望能帮助那些无银行账户的民众；同时，他们也想帮助有银行账户的人享受"更优质的银行服务"。Simple的产品获得了众多富有的千禧一代的客户的支持。2013年，Simple被卖给欧洲最大的银行之一——西班牙毕尔巴鄂比斯开银行，此时它的客户数量已接近10万。

瑞典金融科技公司Klarna（现已成为一家银行）的创立宗旨是为客户提供一种创新解决方案。客户在网上结账时，可以使用Klarna的无息贷款，以便于购买更多商品。该公司成立后，首先简化了销售融资流程，将购买商品与付款分开，使结账过程变得更加顺畅。针对有购物欲望且信用评级达到借款水平的在线客户，Klarna设计了一套行之有效的解决方案，满足了全球金融金字塔最顶层用户的需求。2019年8月，凭借这套解决方案，Klarna成为欧洲最有价值的金融科技公司。

人口规模

许多成功的金融科技公司是在发达国家创立的，目的是为相对富裕的人群提供服务，可这并不意味着欠发达国家中不存在自己的金融科技公司。虽然Zopa、Klarna和Simple等公司满足了发达国家的需求，但发展中国家的创业者们正寻找方法，借助科技帮助无银行账户的民众。这是从另一种角度定义市场规模，即市场规模不是从经济角度衡量的，而是以潜在客户数量加以衡量。通过解决庞大人群面临的问题，金融科技公司可以变得非常成功——尽管按绝对价值计算，它获得的利润很少。

科技撼动银行业的很好的案例发生在肯尼亚和坦桑尼亚。变革的推动者并非初创公司，而是一家电信企业。没错，我们要探讨的正是M-Pesa公司。M-Pesa虽然是一家金融科技公司，但从很多方面来讲，它算不上真正的金融科技公司。M-Pesa发迹于那些无银行账户人群。这类用户几乎没有选择，只能借助原本用来分享手机通话时长的软件进行转账，而这并非位于肯尼亚和坦桑尼亚的沃达丰子公司推出M-Pesa时的初衷。起初，大城市的一些M-Pesa用户开始向他们在农村的朋友和亲戚发送“通话时长”，即手机的计费通话时间。然后，这些朋友和亲戚在当地出售通话时长，兑换成现金。事实上，除了购买通话时长要付出极少的操作成本，大城市居民相当于不花一分钱就把现金寄回了家里。这种方式取得了巨大的成功。2015年至2016年，

M-Pesa的营业收入约占肯尼亚商业银行总收入的10%；2011年至2016年，M-Pesa的营收每年增长29%，高于商业银行的增长速度。2008年至2016年，肯尼亚手机转账系统M-Pesa的普及提高了该国人均消费水平，使19.4万个家庭脱贫，占肯尼亚家庭数量的2%。

类似的故事也发生在阿富汗。当地的电信公司Roshan实施了一个项目，用m-Paisa（阿富汗版的M-Pesa）代替现金给警察付工资。在m-Paisa出现之前，政府把现金交给警方负责人，再由这些负责人向警员发工资。许多阿富汗警察在第一次用m-Paisa领取薪水时，还以为警局给自己加薪了。事实上，他们只是第一次收到了全额工资。在一次采访中，阿富汗电信运营商Roshan的首席执行官卡里姆·霍加说，当他们实施这项服务时：

> 250名警察来亲吻我的脸颊，我问他们为什么这样做，他们说："谢谢你给我们加薪。"五年来，他们一直没有拿到全额工资，因为经过层层剥削，到他们手里的钱已经大幅缩水了。

随着中国社会无现金化进程加快，乞丐们已经很难讨到钱，但这种局面正在发生变化。在中国的火车站和旅游景点等人流量密集地段，越来越多游客发现，一些乞丐在行乞的碗中添加了二维码（二维码是一种由黑白方块组成的图像或图案，可用智能手机进行读取，让手机用户获得更多关于某件物品的信息，常用于提供支付信息）。任何人只要有手机，都可以扫描乞丐的二维码，通过微信钱包或支付宝付一小笔钱给乞丐。由于大多数乞丐没有智能手机，当地热心的商家会帮助其把通过二维码收到的钱兑换成现金。

上述三个例子表明，在欠发达、人口众多的国家，金融科技可能会产生巨大影响。金融科技对发展中国家的影响可能非常深远。在较为发达的国家，金融科技能帮助客户更好地管理他们的财务；而在相对贫穷的国家，金融科技可以改变人们的生活。

人才的获取

金融科技生态系统也受到其他人为因素影响，其中一个非常重要的因素就是人才的获取。金融科技企业需要熟练、有能力和持开放心态的员工。而唯有高质量的教育、有吸引力的生活场所和开放的文化环境，才会培养出这样的劳动力。

只要研究全球各地的金融科技中心，我们就可以清楚地发现，一项重要的衡量指标就是它们可以获取优质的教育资源。看看全球顶尖的金融科技中心，例如大伦敦地区、北加利福尼亚州、美国东海岸和印度，这些国家和地区都拥有世界上顶尖的高等学府，比如剑桥大学、斯坦福大学、麻省理工学院、欧洲工商管理学院和印度理工学院。金融科技企业能够取得成功，这与它们能获取受过高等教育的人才有着莫大关系。从创始人团队到新进员工，金融科技公司能招聘到各种受过高等教育的人才，这是它的一个关键优势。

顶尖教育机构的存在并非理所当然，它们只是一套成熟教育体系的冰山一角，而正是这套教育体系，培养了大量的人才。社会是这套教育体系的基础，它支持学生读完从学前班到博士的所有课程，为人才进入合适教育机构学习提供了途径。根据经济合作与发展组织公布的数据，按人均教育支出计算，美国、英国和瑞典这三大金融科技中心在全球排名前五。

不过，正规教育并非促进金融科技取得成功的唯一教育形式。全球金融科技中心通常与主要商业中心同处一地。在这些商业中心，大型公司、跨国公司、咨询公司和为它们服务的许多小型公司如磁铁般吸引着大量人才。伦敦、香港、新加坡和纽约等城市既是全球金融中心，也是众多金融科技初创公司的所在地。这些金融科技公司多数由一些才华出众的人经营，他们起初被吸引到金融中心，在大型企业中从事高薪工作，然后自己创业。例如，英国挑战者银行OakNorth的联合创始人里希·科斯拉和美国投资中心Betterment的联合创始人伊莱·布罗弗曼都是先在伦敦和纽约的公司里工作，后来自己创立了成功的金融科技公司。我们对这些成功的金融科技公司做过一番研究，发现它们的普通员工改变职业生涯之前也多数在大企业里工作过，而且是各自领域中的专业人士。

同样地，像波士顿和硅谷这样的科技中心也为成功的金融科技公司人才提供了工作经验。许多人才在美国西海岸的企业学习技能，然后创立了一些成功的金融科技公司。事实上，西海岸几家金融科技公司的创始人曾是贝宝、亚马逊、谷歌和脸书等公司的资深员工，例如，Square的创始人杰克·多尔西曾是推特的创始人，而美国贷款公司Affirm的创始人麦克斯·拉夫琴曾是贝宝的联合创始人。

多样性

社会越富裕、规模越庞大、民众受教育程度越高，就会产生一种连带作用，即社会变得更加多样化。世界各地的人才都对富裕社会心往神驰，这样的环境吸引了最具创造力、受教育程度最高和能力最强的人才，而他们也因自身的才华得到了经济上或其他方面的回报。

当才华成为衡量个人价值的唯一标准时，最优秀的人，无论性别、种族、宗教、性取向或社会背景如何，都会被这样的市场所吸引。相应地，人才不仅使市场变得越来越富裕、规模越来越大、越来越智能，也使市场变得更加多样化。这样的社会是引入创新商业主张的理想市场。

这种多样性使人们的心态变得开放，用户则表现出对新事物的喜爱。所有大型金融技术中心都是民众受教育程度高、多样化的富裕社会所在地。具备这些特点的市场往往是提出新主张的最佳场所，因为那里的人往往更愿意接受创新。从历史上看，财富、规模、教育和多样性是创新倾向的重要指标，从发明第一张纸币的中国，到发明手机的美国和西欧国家，一个社会接受新事物的能力正是由这些指标所决定的。

资　金

市场的经济结构是金融科技中心取得成功的另一个基本驱动因素。

接触投资者

融资渠道是金融科技公司取得成功的另一个重要因素。金融科技公司要获得资金，不仅需要一群做过投行专家和投资顾问的人发现某个有吸引力的行业，然后从机构投资者那里获得资金，投资于该行业的早期成长型企业，还要求投资者有足够的远见和勇气，敢于投资拥有智慧、才华、动力和梦想的小型团队。创新背后的首要（可能也是最重要的）驱动因素就是创业者获得早期投资者的支持。伦敦、纽约、香港、新加坡和硅谷等市场之所以成为创新中心，正是因为那里的一部分人有投资初创公司的勇气。

这些投资者在全球各地的形象非常相似。他们通常是单独的个体，在其他行业工作过，并积累了一定数量的资本。就纽约和伦敦而言，所谓“其他行业”往往就是银行。以硅谷为例，资本的来源通常是20世纪80年代和20世纪90年代第一波数字化变革所产生的收益。金融科技行业中龙头企业的投资者大多是勇敢的天使投资人。用“勇敢”来形容他们一点都不夸张。事实上，根据研究公司CB Insights提供的数据，大约70%的初创公司会在成立的第一年倒闭。对任何投资者来说，初创公司成功的概率实在不高。

公司规模扩大之后，寻找后期投资成为金融科技公司的重点工作。在全球范围内，后期投资者往往来自成功的金融科技中心，那里既有风险投资人，也有私募股权投资人和上市投资人。金融科技中心之所以取得成功，关键在于它让金融科技公司在不同发展阶段都能够获得投资，包括公司初创阶段，再到IPO或出售阶段。

初创公司和投资者共存于同一地理空间，这是此类合作取得成功的一项基本因素。这种物理形式的共存使投资者和被投资者能够在讨论任何交易之前建立非正式的接触点。一方面，非正式的联系往往是创业者寻找和评估潜在投资者是否适合本公司的一种有效方式；另一方面，投资者也可以借助社交关系来寻找交易机会，并考察初创公司

（验证初创公司的主张是否有价值以及创业团队的质量等各方面要素）。

接触金融市场

随着金融科技公司的创立，它们往往需要与现有银行进行接触和互动。P2P贷款平台需要接入银行网络，使资金从贷款人流向借款人。跨境支付平台需要进入由现有银行连接和运营的支付网络，为客户提供服务。此外，挑战者银行和金融科技公司通常需要获得额外的流动性来刺激它们的借贷活动。

金融科技公司与传统金融中心同处一地，或者靠近金融中心，可大大减少其与现有银行和客户之间因互动而产生的摩擦。这种合作往往是现有银行的收入来源，也是金融科技公司加速成长的手段。塔维特·辛里库斯曾是Skype数字电信团队的一员，他被公司调往伦敦工作时，想从英国汇款到他的祖国爱沙尼亚，却发现银行的工作效率非常低下，这让他感到很沮丧。因此，作为Skype的创始团队成员，他利用自己学到的P2P运作原理建立了一套汇款系统，该系统借助现有银行系统，为客户提供一种比银行服务更便宜、更快捷的解决方案，能更好地满足客户需求。为了提供有竞争力的国际汇款服务，他成立了TransferWise，在其经营的所有市场与现有银行进行接触。这种合作正是他的公司取得成功的精髓所在。

将总部设在现有的金融中心，金融科技公司还能提高竞争力。在一个竞争激烈的市场中，很多公司要抢夺客户和资本，此举会产生两种影响：第一，它提高了客户的期望；第二，它使客户考虑更换较合适的提供商变得更容易了。如果一家初创公司能够在竞争激烈的市场中生存下来（甚至蓬勃发展），那么，随着在国际市场上不断扩张，它在竞争对手较弱的市场上可能会做得更好。而在缺乏竞争的市场中，客户所需的金融产品供应不足，并且只集中于少数企业，客户可能不太想光顾新型银行。在竞争激烈的市场中，客户则习惯于转到较优质的提供商。

创　新

我们都知道，数字化技术创新让客户能够随时登录他们的银行账户，获取他们所需的数据，并安全地管理自己的资金。有一种观点认为，一旦新技术实现突破，而且企业和消费者能够接触到这种新技术，那么，即使它在全球范围的推广和使用可能需要一点时间，但迟早会覆盖到世界各地。然而，实际情况不一定如此。在很大程度上，全球金融科技中心的成功是由技术的可用性和市场化应用决定的。

获取技术

首先，初创公司需获得可支持企业发展的基础设施，这一点很重要。假设在一个市场中，人们用手机获取数据时信号断断续续，或者只有少数人可以使用智能手机办理银行业务，那么，即使初创公司能充分利用智能手机的最新功能提出一项全新的金融科技主张，也只能算作大材小用之举。

全球金融科技中心所在的国家几乎不对技术的应用设置任何障

碍。绝大多数金融科技公司需要与客户、技术提供商和金融参与者进行互动。如果某个地区与科技绝缘，它就无法发展起来。举个例子，跨境支付提供商需要借助科技接触客户，获取客户的银行账户信息和技术提供商信息（包括智能手机、4G网络、云计算提供商等）。英国和爱沙尼亚两国都拥有先进科技，而毫无疑问，辛里库斯之所以创立TransferWise，就是为了让这两个市场的用户以更轻松的方式汇款。同样地，像美国支付软件公司Stripe、德国金融科技公司N26和SoFi这样的公司均通过广泛的渠道获取技术，包括客户、供应商、合作伙伴和竞争对手。

论及获取技术的渠道对金融科技的影响，伊朗是另一个很好的例子，这点也许会令人感到意外。根据世界银行发布的数据，在伊朗，95%的人能够使用移动服务，70%的人定期使用互联网，90%的人拥有支付卡，且可以用这些卡进行交易。伊朗中央银行制订了一项国家支付方式计划作为维萨卡和万事达卡的替代方案，因为后两者没有完全打开伊朗市场。伊朗中央银行推出了移动支付服务，而根据世界经济论坛（WEF）的说法，伊朗即将推出e-Rial，这是一种得到国家支持的加密货币。但是，伊朗获取技术的步伐受到了一系列全球制裁的影响。这种制裁使伊朗脱离了全球金融科技生态系统。

伊朗凭借创造力、技术渗透率和超过7000万的人口，很可能会成为一个新的金融科技中心。但事实并非如此，因为伊朗不能公开连接全球科技平台，其金融机构被禁止接触世界其他合作伙伴和金融机构。由于缺少接触机会，它无法发展成为像近邻迪拜那样的金融科技中心。与伊朗相比，迪拜人口较少，经济规模却差不多。这种现状对伊朗人民造成了实实在在的影响。

市场化应用

决定科技影响力的另一个因素就是科技的市场化应用。根据供求关系的经济原理，如果说市场准入定义了技术的供应量，那么市场化应用则定义了技术的需求度。如前所述，很少有金融科技公司会考虑在技术不发达的市场开展业务。如果客户无法使用技术，市场就无法发挥其金融科技的潜力。技术应用最常见的潜在障碍就是成本。许多发展中国家将受益于金融科技，但如果客户负担不起互联网接入费用，他们就无法使用这些服务。在某些情况下，当地市场的创造力战胜了这一障碍，M–Pesa的故事就说明了这点，在这个故事中，人们用普通手机进行移动支付，创造出全球最成功的支付方式之一。遗憾的是，有时候，在缺少适当方法和途径的情况下，人类的聪明才智并不一定能够发挥作用。

缺乏市场化应用还会产生另一种负面影响：市场的劳动力无法培养技术能力，而拥有少量技术用户的市场自然也无法培养其劳动力的技术服务能力。因此，金融科技公司很难有机会获得技术熟练的劳动力。有意思的是，跨境外包服务缓解了这一趋势。在21世纪初，许多跨国组织开始将客户服务外包给价格较低的市场。

印度就是一个很好的例子。由于当地员工接受了关于如何服务欧美客户的培训，所以能够回答与金融产品售后服务相关的问题，这些产品有时是在互联网或移动端开发的。印度之所以成为全球金融科技中心，原因之一就是该国拥有接受过培训的技术人员，他们能够为购买金融产品的海外客户提供服务，而此类产品并不在印度国内发售。

监 管

金融技术中心取得成功的最后一个要素是监督市场运营的法律法规的有效性。这种有效性不局限于金融监管，还涉及市场不同成员之间的所有互动方式。绝大多数金融科技中心都有明确、强大和强制执行的规则和条例，它们确保了稳定的政治局面以及严明的法治和金融监管。

1. 政治稳定性

金融科技中心取得成功的首要条件是其开展业务的市场相对稳定。市场要让消费者和企业感到自身生命和安全受到保护，这是任何金融中心得以生存的关键属性，因此，任何金融科技中心都要满足这一要求。市场稳定的核心在于国家制定了一套明确的法律法规，并且公平公正地实施。这些法律法规往往超出了金融范畴，延伸到社会和政治领域。

言论自由、新闻自由和政治多元化通常也是这种稳定性的组成部分。显然，法律制度的有效性还与执法的有效性有关。因此，许多金融中心都由政府亲自管理，而政府参与管理带来的是公平。伊朗金融科技产业的命运清楚地表明，对于金融科技中心而言，稳定的政治局面至关重要。

2. 法治

任何金融科技中心的参与者都知道，如果违反金融科技中心所在国家的法规，将会受到明确的制裁。了解这点之后，他们就会信任和遵守该国的法规。有法必依，违法必究，这是成功的金融科技中心必须满足的基本要求。最早出现的全球金融科技中心诞生于美国和英国，而这两个市场恰恰以积极制定和实施本国法律而著称。

举个例子，金融科技中心必须让人们相信，它可以提供一个相对安全的环境（之所以说“相对”，是因为没有100%安全的市场）。这种信任感会产生一定的效果，欧联制定的《支付服务指令第二版》就是很有说服力的例子。该法案影响了近5亿人口，它授权所有欧盟银行为客户提供安全的接入点，并允许第三方访问自己的银行数据。客户和金融科技公司均盛赞《支付服务指令第二版》，称它在欧盟内部创造了公平的竞争环境，并改善了竞争状况。这一针对“开放式银行业”的监管新规正逐渐使金融科技公司能够提供它们原本无法提供的服务。

这一新法规将为欧盟银行的核心银行业务系统创造出数以千计的新入口，使各成员国银行系统很容易遭受恶意攻击。欧盟的监管机构深知，这相当于为黑客攻击银行打开了方便之门，但欧盟希望开放客户数据所带来的好处远超过任何网络犯罪所造成的损害。这种信心来自欧盟委员会和成员国的一种坚定看法。他们认为，本国的法律和执法机构能够应对这项挑战。欧盟很多民众希望政府的看法是正确的。

3. 金融监管

政府所制定的金融交易法规会直接影响金融科技中心的成功。所有金融监管机构都有一个主要目标，即保护金融产品的消费者（包括个人或企业）免受金融服务机构的潜在伤害。过去，监管机构认为，保护客户的最佳方式就是维持现状，因为维持现状曾经带来了稳定性，未来也会如此。可问题在于，近年来，“维持现状”的做法引发了一些严重的金融危机，促使许多监管机构改变了它们的做法。全球各地的金融监管机构变得更加事必躬亲，并大大增加了审查力度。根据《经济学人》杂志公布的数据，在规模较大的金融机构，10%以上的员工从事合规方面的工作，这几乎是2005年左右同类员工人数的两倍。

不过，某些监管机构已经开始相信（或至少在一定程度上相信），不恰当的金融行为源自缺乏竞争。监管机构要让现有银行知道，金融科技公司将对它们发起挑战，为用户提供更好的结果、更快的速度和更高的透明度，这似乎是当前形势下的最佳选择。因此，一些监管机构开始以谨慎的态度支持金融创新。例如，自2010年初开始，英国金融监管机构金融行为监管局积极地与金融科技公司进行互动。对英国零售金融服务市场进行的反思使它们认识到加强竞争才是一剂灵丹妙药，可用来抗衡那些垄断市场的少数大型金融机构。为此，它们开始主动接触初创公司，并于2016年推出了有利于金融创新的“监管沙盒”。这种机制允许约25家公司每年两次就新产品或新的运营模式与客户签订合同，并充分披露财务事项。金融行为监管局还向初创公司保证，企业若发生财务问题，不必担心会有倒闭的风险。企业必须遵守所有常规的审慎监管措施和配合对洗钱、欺诈等涉及犯罪行为的检查活动，但它们获准在合规范围内进行创新。全球多个国家和地区的市场监管机构都借鉴了这一模式，包括美国消费者金融保护局、新加坡金融管理局以及香港金融管理局。如今，越来越多的政府采用智慧监管手段管理其金融科技中心，使市场变得更具吸引力，并且更好地为市场服务，吸引投资者和人才。

金融科技中心与部落

新的参与者正在进入金融服务市场，旧的参与者正在作出改变，而大型科技公司也开始参与竞争。我们看到，全球各地涌现了很多新产品、更优质的服务和更多的选择。几年之后，金融服务业、银行业和支付行业将会发生翻天覆地的变化。

全球人才、资本、创新和监管之间的相互作用，塑造出截然不同的金融科技中心。每一个金融科技中心都拥有极具创造性的初创公司，它们善于抓住机遇、解决问题，甚至听从市场召唤。这些初创公司牢牢地立足于金融科技中心，也想在金融科技中心之外实现自己的目标。因此，我们也可以根据金融科技公司的企业愿景加以分类，比如提供比现有银行更好的服务、颠覆全球金融业的运作方式等。这些不同类别的企业有时被称为“金融科技部落”。

在接下来的章节中，我们将更深入地探索一些金融科技中心，更全面地了解世界各地的金融科技中心是如何改变金融服务业的。

06

金融科技部落

在第5章，我们阐述了不同市场的当地环境如何决定金融科技的发展。要理解全球金融科技生态系统，还可以采用另一种方法，那就是研究它们的使命或目标。当地环境是影响金融科技公司发展的一大因素，除此以外，还可以按照金融科技公司想要实现的目标和使命对其进行分类。

从这种以结果为导向的视角，我们看到一些金融科技公司是如何超越地域的限制，从而面对复杂问题的。它们不仅要解决贫穷和金融排斥等问题，还要勇于面对寡头垄断和应对网络犯罪。

这些金融科技公司聚集在一起，在不同的地理中心以全球化社区的模式运作。以下是一些最重要、最高效的金融科技部落（见图6.1）：

- 挑战者银行：此类金融科技公司致力取代市场中现有的银行基

础设施；

- 支付方式创新企业：现有金融服务业已落后于其他数字经济行业，此类金融科技公司致力解决这一难题；
- 无银行账户人群的支持者：此类金融科技公司希望借助科技减少全球无银行账户人群的数量；
- 社交银行：此类金融科技公司借力社交媒体，重新设计我们办理银行业务的方式；
- 基础设施建设者：此类金融科技公司致力利用科技从内部改变银行。

下面，让我们深入研究这些部落。

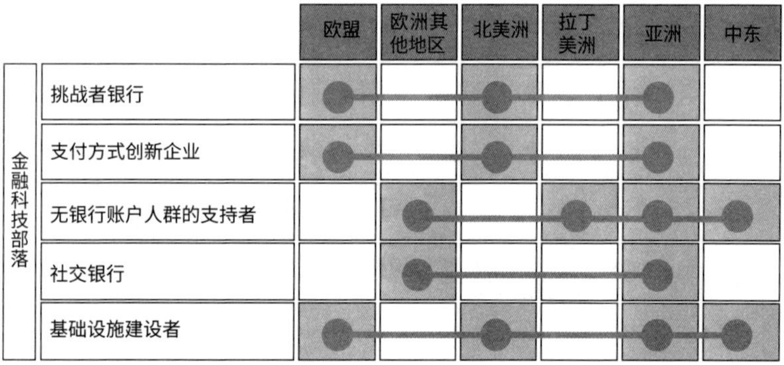

图6.1 按地区划分全球金融科技部落

挑战者银行

某些市场的银行业缺乏创新，这实在是件令人懊恼的事情，而此类金融科技部落的存在，恰好解决了这一难题。挑战者银行往往出现在较发达的市场，它们的创立并不是因为其所在市场无法为用户提供银行服务，而是因为其创始人认为银行业尚有改进的空间。

动机

挑战者银行的创始人通常不是银行业的新进入者，许多创始人当过银行家、管理顾问或会计师，因而对该行业非常熟悉。英国斯塔林银行的首席执行官安妮·博登、德国数字化银行Fidor的前首席执行官马蒂亚斯·克罗纳和美国Chime银行的克里斯·布里特都在金融服务业工作过，后来才创立了自己的挑战者银行。这些创始人发现，只要利用好两大因素，就有机会颠覆银行业，即他们自身对金融机构运作方式的深刻理解和他们对自己能够借助市场中现有资源做得更好的信念。

这些专业人士发现，他们所熟悉的市场是由那些“厚颜无耻”的银行主导的，之所以这样说，是因为这些银行提供的服务完全不符合时代潮流。他们痛苦地意识到，现有银行的产品和服务并未反映其所在市场新的监管变革、社会变革和技术变革所带来的可能性。他们也清楚地认识到，现有银行基本过时了。

挑战者银行发现，市场中的银行业务被少数几家大型银行垄断着，几乎没有新鲜血液注入。例如，在2010年前后，城市银行成为英国第一家开业超过150年的新型商业银行。有人认为，缺乏创新恰恰确保了银行业的可靠性和可信赖度。2008年，当世界金融危机袭来时，这种看法受到了质疑。重要的是，公众开始质疑“银行在创新方面的惰性是为了保护客户”这一说法。从那时候开始，全球各地一群创业者乘着这股时代思潮，率先提出了挑战现有银行的主张。

方法

从N26到Monzo，再到Simple，这些金融科技参与者都有一个共同点，那就是它们希望能比现有银行更优秀。它们不露锋芒地与银行竞争。绝大多数挑战者银行刚开始与大银行竞争时，都会提供一款较为出色的小众产品。N26于2013年在柏林成立，它起初并不是一家银行。该公司开发了一款应用程序，使用所谓“电子货币许可证”，为用户提供一个简单的活期账户，其性能和功能均优于银行产品。这是一张简单的预付卡，但它提供的活期账户比德国的所有银行都好用。有趣的是，虽然N26不是一家真正的银行，但它的客户根本不在乎这点。正如比尔·盖茨在20世纪90年代中期所说的那样，客户认为银行业务是必要的，但银行不是必要的。2016年，N26最终成为一家银行，而且目前正在德国以外的其他地方开拓业务，为客户提供“更好的银行服务”。

法国的Nickel和英国的Monzo也走了类似的发展道路。2014年，一家科技公司推出了一款支付卡，并命名为Nickel。它的独特的销售主张在于，客户可以在几分钟内开户，而不必前往分行办理业务。这个账户与提供全方位服务的银行账户不同，但对于在Nickel开户的63万客户而言，它的服务已经够用了。后来，Nickel被法国最大的银行之一——法国巴黎银行收购。

Monzo是英国金融科技行业的典范之一。Monzo于2015年以预付卡的形式面世，并于2017年成为一家银行。2019年9月，该银行宣布其客户数量已达到300万。Monzo的原名为Mondo，即意大利语中的

“世界”之意，这一名字也暴露了它雄心勃勃想成为一家全球性企业的意图。经过几轮融资之后，Monzo募集到了3亿美元，宣布即将在美国大展拳脚。Monzo也是英国金融科技界的“独角兽”企业之一（“独角兽”企业是指市值超过10亿美元的私营初创公司）。

结果

挑战者银行对其开展业务的市场影响深远。如今，英国、德国、斯堪的纳维亚半岛和美国拥有更具竞争力的银行业。在这些市场中，我们看到挑战者银行已然成为主流。我们还看到，现有银行正投资金融科技领域，这实际上是在资助其未来的竞争对手。几家挑战者银行已经被现有银行收购，这更加快了挑战者银行的进化速度。几家挑战者银行则吸引了大量投资，实现了快速成长，并成为本国金融市场的重要参与者。最重要的是，客户已经学会了对他们的银行抱有更高期望。

支付方式创新企业

美国西海岸是20世纪90年代末互联网革命的摇篮。当时，小型科技公司颠覆了所有行业，旅游、音乐、零售等行业都发生了翻天覆地的变化。短短几年内，从未受过撼动的书店、音乐零售商、友善的本地旅行社等实体店纷纷消失了。这些小型科技公司都有一个共同点，那就是它们对支付方式有需求。

由于支付行业无法为这些新公司提供它们所需的支付解决方案，

创业者们只能自己想办法。很多市场成为孕育支付企业的温床，它们帮助这些新兴的、快速成长的互联网公司赚取服务报酬。这些公司聚集了一批不仅懂技术，而且认为金融业需要改变的人。

支付行业创新者部落的创始成员贝宝便是数字支付方式的先驱。

贝宝脱颖而出

贝宝主要由埃隆·马斯克和彼得·蒂尔（硅谷科技界的两位教父级人物）创立，我们（此处指本书的两位作者。——编者注）都在贝宝工作过。马斯克和蒂尔还创立或投资了其他企业，包括特斯拉、SpaceX、脸书和创业加速器Ycombinator等。两人之所以创立贝宝，是因为他们意识到现有的支付基础设施无法为快速增长的网络经济服务。那时候，支付方式提供商允许在线交易，但成为“商家”（即被允许接受信用卡支付的实体）是一种痛苦的经历。更重要的是，当时的P2P支付方式实际上是不可能在线完成的。对于eBay这样的平台来说，这是一个严重的问题。

eBay由科技创业者皮埃尔·奥米德亚创立。“拍卖网”只是奥米德亚eBay互联网公司旗下四个网站之一。另外三个网站中，有一个网站是关于埃博拉病毒的。“拍卖网”上卖出去的首款物品是一台破碎的激光打印机，而传说中的佩兹糖果盒只不过是一种营销手段罢了。刚开始的时候，卖家在eBay上收款是一个大难题。贝宝意识到了这点，于是制定了一项非常积极的营销策略，获得了足够大的eBay交易份额，并说服eBay收购它，取代以前的支付平台Billpoint。

贝宝在eBay内部快速成长。最终，除了eBay，许多企业也开始使用贝宝。贝宝之所以取得成功，是因为专注于简化付款方式。贝宝运用科技，创造性地发明了一套支付解决方案。该解决方案易于注册，易于在零售网站上安装，且易于付款。以客户为导向的贝宝最终成为业界领先的在线支付平台。

接着，贝宝继续培育自己的金融科技生态系统，创造出其他支付方式创新企业部落。为此，贝宝做了以下几个方面的工作。

1. 制定标准

贝宝成为其他企业效仿的对象。贝宝的成功验证了一个此前充满争议的观点：金融和互联网是可以成功融合的。成熟企业和初创公司都受到启发，寻求将数字化科技和金融结合在一起的新方法。

维萨和万事达推出的支付方案就是很好的例子。它们意识到自己错过了在线支付的发展良机，贝宝上的大部分交易都不是通过信用卡支付的，所以它们没有赚取任何收入。如果它们适时采取更加积极主动的措施，本来是可以挽回这种损失的。维萨的VPay和万事达的eMaestro两款产品如果早10年出现，可能会更加成功。

不久以后，科技巨头们就发现贝宝的模式潜力巨大。可以说，谷歌推出的Checkout和Wallet都受到了贝宝的快速支付功能的启发。如今，Checkout和Wallet都合并到Google Pay了。随后，亚马逊和苹果分别推出了各自的支付方案Amazon Pay和Apple Pay，两者都比谷歌更成功，这两家公司也因此受益匪浅。像Stripe和Square这样的支付处理软件在开发阶段也一直以贝宝为榜样。全球各地涌现的Moneybookers和Neteller等数字支付钱包正在与贝宝竞争，它们的目标是那些贝宝基本上没有服务好的市场，比如游戏和博彩市场。Stripe和Adyen等支付平台解决了贝宝的遗留问题，集成化程度有所提升。

实际上，贝宝最重要的“追随者”在中国。中国科技巨头阿里巴巴集团推出支付宝的初衷是把它作为贝宝的替代性选择，为阿里巴巴的全球交易平台服务。事实上，由于支付宝的存在，贝宝在中国无法占有领先的地位。支付宝于2004年面世，并在2013年打败了贝宝，成为世界上最大的移动支付平台。

2. 投资创新活动

贝宝不断对支付领域进行投资。通过收购有前景的企业，贝宝增加了许多新的功能。多年来，贝宝收购了Billmelater、iZettle和Braintree等公司，增加了销售终端融资、实物支付承兑以及更优质的商家服务，从而强化了自身的核心业务。

与此同时，贝宝还通过其投资部门贝宝风投公司对金融科技企业进行少数股权投资。贝宝风投公司投资了全球许多令人兴奋的金融科技企业，其投资组合包括Raisin、Ellevest、Tink、Acorns和Tala等公司。有趣的是，从贝宝出来的员工还创办了许多有远见的风投基金。例如，几位贝宝老员工成立了创业家论坛（这是一家硅谷风投公司），并投资了脸书、爱彼迎和Spotify等成功的大型科技公司。此外，他们也投资过Stripe、Affirm、Credit Karma和Nubank等金融科技公司。

3. 人才迁移

贝宝为支付行业培养了所谓“贝宝黑手党”（“贝宝黑手党”指的

是贝宝早期高管，后来离开贝宝，创立了许多著名企业。——译者注）。这些人对数字金融有着深刻的理解，离开贝宝后，他们帮助推动了其他金融科技公司的发展。我们此前提到过的埃隆·马斯克就是其中一员，但我们还可以引用其他几个例子说明这种人才的迁移。例如YouTube的联合创始人陈士骏、查德·赫利和贾德·卡林姆，数字消费信贷公司Affirm的创始人麦克斯·拉夫琴，支付处理软件Poynt的创始人奥萨马·贝迪尔，商业加速器500强初创公司的创始人戴夫·麦克卢尔，数据分析公司Palantir的联合创始人乔·朗斯代尔，非营利小额贷款公司Kiva.org的联合创始人普拉美·沙，全球数字支付和信贷公司PayU的首席执行官劳伦·勒·摩尔，以及在线汇款公司Azimo的首席执行官理查德·安布罗斯。此外，全球各地的大型银行、大型科技公司和初创公司的许多高管也在金融科技和银行业创新过程中留下了自己的印记。

贝宝是金融科技公司的先驱，它借助自身成就和对科技潜力的深刻理解来改变金融服务业，从而彻底改革了支付系统。贝宝堪称“金融科技界的高等学府”。

无银行账户人群的支持者

巴西、印度、东非或非洲南部等大国或地区拥有庞大的人口，这些人很年轻，相对精通技术，却无法享受到现有银行的优质服务。这些国家和地区的现有银行只服务一小部分人口，而没有能力（或不愿意）调整自身的商业模式来服务社会中的其他群体。

无银行账户人群的支持者往往依靠社交媒体来吸引和服务它们的客户。部分公司起初采用不适合金融服务业的技术来满足客户的金融需求，而与美国和欧洲同行相比，这些具有创造性的解决方案不需要太多“先进”科技。

这些金融科技公司意识到，全球数百万人没有银行账户，无法享受到金融给他们生活所带来的好处，他们的利益受到了损害，即使这数百万人最终拥有了银行账户，他们还会使用手机登录账户。因此，它们着手开发手机银行业务。

M-Pesa

我们先前提到，M-Pesa在肯尼亚、坦桑尼亚和南非都取得了成功（南非市场的成就没那么大）。Safaricom（沃达丰的子公司）的客户创造性地运用了移动技术，使M-Pesa横空出世。20世纪初，大城市的客户意识到，他们能够把“通话时长”发送到农村内陆的朋友和亲戚的电话上。由于农村没有银行，亲朋好友就把接收到的通话时长转卖给当地有意向的买家，以换取现金，手机顿时具备了钱包的功能。Safaricom注意到，这种转让通话时长的活动呈上升趋势，于是决定充分利用这个商机。2007年，Safaricom推出了M-Pesa，让客户能够用手机存钱。事实上，它绕过了银行系统，向肯尼亚各地的无银行客户提供了一套银行解决方案。慢慢地，Airtel Money、Equitel、MobiKash等新兴的竞争对手也开始推出手机钱包。2018年，肯尼亚人通过M-Pesa等手机钱包转账的金额相当于该国GDP的一半。

Nubank

巴西的Nubank选择了相同的目标市场，但走了一条截然不同的发展路线。2013年，Nubank推出了一款免费信用卡，用户可以通过应用程序订购和管理信用卡。在巴西，实体银行的分行占据主流，而Nubank是巴西银行市场的第一款银行应用程序。事实证明，这款产品非常成功。于是，Nubank开始将巴西的6000万无银行账户民众作为目标客户。Nuconto（“nu”在葡萄牙语中意为“赤裸”）是一款类似于活期账户的简易软件，易于开户，可帮助那些没有融资渠道的人获得银行服务。如今，Nubank是世界上最大的挑战者银行之一，拥有超过1400万用户。

Paytm

印度的Paytm是一家领先的挑战者银行，它把手机变成了电子钱包，其客户群涵盖了有银行账户和无银行账户的客户。有银行账户的客户之所以使用Paytm，是因为它简便易用，可用作日常简单交易的支付方式，比如付车费等。“我们采用的方法是先找出客户的痛点，然后真正地解决这些痛点，还要做得比任何竞争对手都好。”印度Paytm前首席执行官哈林德·塔哈尔说。

无银行账户者用Paytm来替代银行账户，妥善地存储和支出现金。Paytm在印度有4亿多个活跃账户，印度各地700多万商家都接受了这种付款方式。

过去十年里，阿里巴巴集团和软银集团都对Paytm进行了大量投资，蓝宝石风险投资公司和伯克希尔·哈撒韦这样的金融投资企业也是如此。截至2018年初，Paytm公司估值超过了100亿美元。

无银行账户人群的支持者手中掌握的移动技术，正在成为金融民主化的一股强大力量。

社交银行

事实证明，用社交网络接触新的银行客户是一种聪明的方法。在好几个市场中，我们看到大型社交网络在其平台上发展为成功的金融科技公司。多数情况下，社交网络首先发展支付能力，然后迅速将其转化为各种产品。

中国的支付宝和韩国的Kakao的发展道路就是这种模式的一个很好的例子。在这两个国家，社交网络组织（即微信和Kakao建立起来的个人社交网络以及阿里巴巴建立的企业社交网络）发展成为成功的大型金融组织。西方的大型社交机构也在走同样的道路，比如亚马逊和苹果都大肆投资金融服务领域。

为社交网络的成员谋福利（包括实际的福利或可感知的福利），这是所有社交银行的目标。社交网络是一种平台，志同道合的个人或企业在平台上相识，互相交换一些“东西”。平台发挥基础设施的作用，使其成员能够产生、交流和消费观点、服务或产品，但这些“东西”不是由平台制造的。平台仅提供基础设施，让成员可以根据一种明确的分类系统上传商品描述内容。社交平台提供的分类系统和一系列相关工具使这些商品能够被平台的其他成员看到，从而实现内容、服务和商品的相互交换。平台从这种“东西”的交换中获利并发展。

金融服务是确保这种交换得以顺利进行的因素之一。平台成员进行互动时，往往希望实现彼此付款或收款，以推动当下和未来的交换活动。社交平台将金融服务与其核心主张紧密地整合在一起，这是它们取得成功的因素之一。贝宝和eBay的融合是双方取得成功的关键所在。

微信

2011年，总部位于深圳的科技巨头腾讯公司推出了微信，该公司的初衷是创造一款从收发信息到玩游戏的“万能的应用程序”，让用户在这款应用程序上解决他们的大部分生活需求。随着“红包”功能的成功推出，微信得到了大规模普及。按照中国的传统，人们在春节和其他节假日用钱给彼此发红包。微信支付应运而生，并改变了人们的生活方式。用户可以借助微信完成一天所有的活动——与朋友同事交谈、打车、支付餐费（通常人们外出吃饭都是付现金，因为信用卡在中国普及程度相对不高）以及在网上和实体店购物。腾讯公司把一个古老的习俗加以数字化创新，便实现了上述所有功能。

如今，全球各地的企业已经接受了微信支付方式。作为一个平台，微信向用户提供各类金融产品。虽然部分产品由其金融分支机构微众银行提供，但它们也是腾讯与其他金融科技公司合作开发的。如今，腾讯旗下的微信是中国最大的零售银行之一，为超过1亿用户和1600万中小企业（包括个体经营者）提供银行服务。腾讯专注于打造一种优于其他竞争对手的技术能力，与传统银行相比，它只付出了很小的成本。

支付宝

阿里巴巴也有类似的故事。阿里巴巴是一家大型企业集团，旗下最著名的莫过于阿里巴巴网站，这是一个受益于中国经济快速增长的B2B市场平台。阿里巴巴成为世界进入中国这个强大制造引擎的门户，西方企业可以在阿里巴巴网站上搜索数以万计的中国制造商，寻找自己所需的商品。但是，买家需要付款给卖家，而在刚开始的时候，收付款是件很麻烦的事情。因此，阿里巴巴推出了支付宝，使买家能够轻松和安全地花钱购买他们想要的商品。支付宝在2004年问世，并于十年后更名为“蚂蚁金服”（“蚂蚁金服”于2020年7月正式更名为蚂蚁集团。——编者注）。如今，支付宝已成为世界上最大的金融科技公司之一，除了为用户提供支付处理产品，还有贷款、投资和保险等一系列产品。随着淘宝的面世，支付宝也进入了C2C市场，与eBay直接展开竞争，吸引了大批零售客户。2019年，阿里巴巴宣布设立一个10亿美元的投资基金，用于投资亚洲的金融科技公司。

Kakao银行

2017年，韩国通信服务商Kakao推出了Kakao银行，不到18个月时间，其用户数量增长到大约800万，并在2019年超过1000万。Kakao银行的产品组合以较年轻人群为目标，近50%的用户年龄在30岁以下，也有超过40%的用户年龄超过30岁。对银行来说，这些年龄段的客户尤为理想，因为他们通常是有收入的工薪阶层。随着生活变得越来越复杂，他们开始需要有价值的银行产品，比如储蓄、投资、信用卡和抵押贷款。在Kakao银行的强烈攻势下，韩国的传统银行失去了一批重要的客户。

微信、Kakao和阿里巴巴等社交平台成功地创立了金融科技业务，为它们的核心业务提供支持。这些平台已经具备了未来银行的雏形。

在西方，谷歌、苹果、脸书和亚马逊这四大企业正在创建社交银行。我们前面讨论过其中几家企业在金融领域的抱负，但它们各自的动机值得做一番深入的研究（见图6.2）。

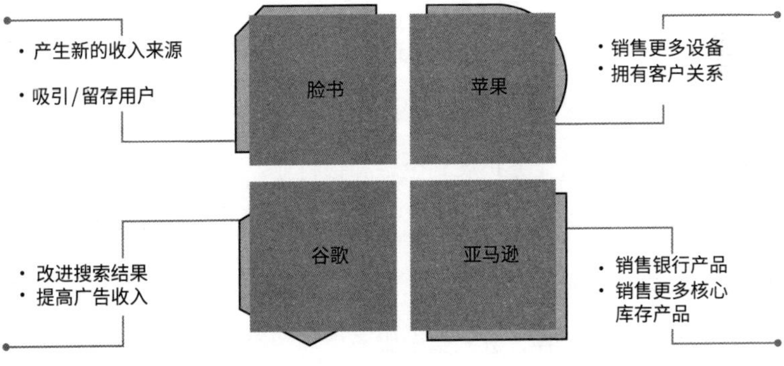

图6.2 GAFA与金融服务：主要动机

谷歌

谷歌进入金融服务业的主要动机是获取数据。通过进入金融服务领域，它将获得用户的财务信息，这套全新的数据可以使其“按点击次数收费”（CPC）广告模式的利润更加丰厚。谷歌的大部分收入来自用户搜索结果旁设置的广告。通过获取用户财务数据，谷歌可以向广告商证明，搜索结果形成了销售。与按点击次数收费相比，谷歌可以为“每行动成本”（CPA）广告模式收取更高的费用。例如，若用户点击广告后访问零售商的网站，谷歌不会对此次点击收取0.05美金费用；只有在用户点击广告后访问零售商网站并且产生了100美元的销售额之后，谷歌才会对零售商收取5美元的广告费。

苹果

首先，苹果是一家硬件制造商，但它把金融服务添加到为客户提供的一系列服务中，与用户的生活建立了另一种层面的联系，最终成为用户管理生活的数字化手段。2002年，史蒂夫·乔布斯在他关于“数字化中心”的著名演讲中就提出了这一观点。无论苹果提供何种服务，都是为了确保用户购买的下一款数字化设备仍是苹果产品。

因此，苹果将其业务扩展到金融和银行业。为了取得成功，苹果要让客户通过苹果办理银行业务比直接去银行（无论去实体银行还是通过数字化方式办理银行业务）更高效、更愉快。正如微信和阿里巴巴带给我们的启迪一样，进入金融服务市场的第一步是支付方式。苹果正在全球范围内推广Apple Pay，并大力挑战现有银行的保护性举措。2018年，苹果宣布与高盛旗下的零售银行Marcus合作，在美国和英国推出苹果卡，向银行业迈出了谨慎的第一步。

脸书

脸书的大部分营收来自广告销售。当用户在脸书公司旗下平台（即脸书、Instagram、Messenger)上浏览广告时，脸书可以分析用户偏好，然后展示符合他们偏好的广告。有人指责脸书窥探用户的数据隐私，这表明脸书需要实现收入来源的多样化。外界认为，脸书的用户分析手段侵犯个人隐私的程度愈加严重，因此，脸书必须找到更好的方法，从与用户的互动过程中实现盈利。微信和Kakao的发展模式表明，只要实现平台内的金融交易，平台即可盈利。

提供P2P支付方式就是朝这个方向迈出的第一步。2018年，脸书在印度市场推出WhatsApp Pay（脸书旗下的另一家子公司），以此作为试点，并有可能将WhatsApp Pay向全球推广。与此同时，Instagram正在慢慢进入电子商务领域，于2019年推出了“Instagram结账”功能。脸书在西班牙和爱尔兰获得了电子货币许可证，并招募了支付行业的资深专业人士，这表明脸书未来还有更多动作。

亚马逊

亚马逊已经卖掉了旗下的金融产品，比如Amazon Card（一种消费信用卡）、Amazon Lending（为亚马逊商家提供有限的周转资金）和Amazon Pay（买家能够用亚马逊账户在亚马逊网络商店付款）。如今，亚马逊的大部分金融产品都是通过合作伙伴提供的。Amazon Pay项日由几名前贝宝员工主导，并在内部完成开发。

2018年，亚马逊宣布与摩根大通银行合作推出一款活期账户产品。该项目现在已被搁置，但很可能代表着未来产品的发展方向。

作为零售商，亚马逊想销售更多产品。通过向客户提供活期账户，它可以更清楚地了解客户的财务状况，并对其进行相应的评分。提供购物分期是最好的机会，此举可提高亚马逊核心产品的销量。

但真正有价值的服务是客户认证和评级。获得认证和评级的客户，只需点击按钮，就可以购买相关金融产品，比如贷款、抵押贷款、储蓄账户和养老金等，就像他们在亚马逊网站上购买任何产品一样便捷。亚马逊将只展示客户事先得到第三方金融服务企业和银行许可的产品，这让客户在购买金融产品时有着前所未有的选择范围，而且整个过程极为轻松。

与摩根大通银行共同推出活期账户可能是亚马逊创建金融平台的第一步，通过该平台，亚马逊可以销售其他金融产品。在这种情况下，客户想购买新的金融产品时，首先找到的可能是亚马逊，而不是银行。

基础设施建设者

某些金融科技公司预见了它们规划未来的可能性。一些基础设施建设者正研究如何合理使用数字化技术从内部改造银行业务，他们正采用类似于人工智能这样的创新手段来实现复杂流程的自动化，比如自动化建议和自动化风险管理等。基础设施建设者们还研究如何用初始代币发行来取代IPO交易和固定收益交易、如何借助区块链彻底改变支付方式以及金融科技公司如何预防网络犯罪。

基础设施建设者部落由一批不同的公司组成，但它们都有一个共同点：有意重新思考银行业。它们是“正义的反叛者”。

银行平台

在现有大型金融机构中，每当谈及创新，历史遗留问题总是最常被提及。技术问题倒不难解决，对已经过时的技术平台进行全面改革是相对容易的事情，只要将现有流程绘制出来，并将其重新植入一个新的平台上即可（如果你在实施类似项目时遇到了困难，请原谅我这种轻松的语气）。最终，银行会拥有一个全新的平台，能让银行更快速、更高效地完成与从前同样的工作。流程才是比较难对付的历史遗留问题。判断一个重新设计的流程是否合理，要看它是否能够让人重新思考银行接触客户的方式。

如前所述，重新思考与客户互动的方式意味着真正以客户为中心，培养企业创造产品和服务的能力，以满足每个特定客户的需求。很少有平台能提供一种可满足所有客户需求的解决方案，使每个客户都能享受到专为其设计的银行业务。世界各地正涌现出许多银行业务平台，使银行能设计出一款完全符合其客户需求的产品，英国的Thought Machine和德国的Mambu就是这样的平台。

P2P平台

在金融科技领域，P2P金融是较为有趣的模式之一。这种模式重新思考了银行的角色，将它视为金融服务供需得以满足和实现的汇合点。从理论上讲，这不是一种新模式。当第一批银行家决定用客户的存款向其他客户发放贷款时，他们其实就是在经营P2P平台。两者的不同之处在于，银行将存款视为一个资金池，对大多数储户和投资者而言，银行可以确保存款的回报率。因此，在传统模式中，客户虽然拿到了回报，却往往看不到贷款投资组合的表现。银行负责寻找借款人，评估借款人的风险水平，并确定自身为了承担这种风险所要收取的相应费用。最重要的是，银行还要把风险汇聚在一起，确保贷款人获得回报。为此，银行要向客户收取一笔费用。对贷款人来说，银行的角色是向他们提供回报；而对借款人来说，银行的角色则是向他们提供贷款。这两类客户之间不存在明显的关联。

P2P贷款改变了这种关系。在P2P模式下，贷款人直接分担了借款人违约的部分风险，以换取更高的回报。该模式借助现代科技来改变银行与贷款人之间的关系。在传统模式中，银行把收益卖给贷款人；而在P2P模式中，银行只扮演风险代理人的角色。科技使这种风险代理实现了规模化。

P2P模式已经衍生出许多产品。我们看到，从消费者到大型企业，各种规模的贷款人纷纷进入市场。在借款方面，从资格最老的P2P平台Zopa推出的个人贷款，到SoFi推出的房屋抵押贷款，再到德国的Friendsurance等创新平台推出的保险服务，借贷产品的范围正在不断扩大。

众筹平台

众筹产品的核心在于人们希望简化筹资和投资过程。这个概念很简单：创建一个平台，绕过投资银行和经纪人等中介机构，让企业和投资者直接面对面。众筹的挑战在于：能否在不损害企业和投资者利益的情况下取代中间商？中介机构负责资金交易的合规性、流动性、定价和安全。股权投资是一种流行的众筹方式，英国的Seedrs、美国的Indiegogo和以色列的OurCrowd都是此类众筹平台。

有意思的是，股权众筹还可以转变成基本的融资模式，即回报型众筹。换言之，投资者提供资金不一定仅是为了获得经济利益，还可以是为某种事业做出捐赠，或者提前获得新产品。美国的Kickstarter和Kiva.org都是此类众筹平台。

分布式分类账倡导者

有一类基础设施建设者专注于分布式分类账概念。这些公司认为，社区最能确保数据的准确性。由于分类账分布在数百万个节点上，所以交易过程不容易有腐败行为发生。分布式分类账倡导者认为，他们可以为金融基础设施提供更高的安全性、速度和效率。很多公司在这一领域耕耘，但迄今为止，没有哪家公司真正实现了突破。

如今出现一个新的趋势，即不同的利益相关企业组成财团。这些财团通常由三个部分组成：一家专注于创新的分布式分类账企业，一家帮助前者将创新技术与历史遗留系统整合起来的大型科技公司，以及几家现有银行。而技术整合成功实现后，现有银行将受到巨大影响。Votron、we.trade和Komgo都是这类财团。Votron使用R3技术解决信用证市场的问题，we.trade采用超级分布式分类账技术进行交易融资，Komgo则采用Ethereum解决交易融资问题。

全球性货币

比特币的梦想是创造一种稳定的、可追溯的货币，这种货币将使支付变得更容易，而且不会被盗取。可以说，在实现这些目标方面，比特币的成就顶多算是成败参半。一直以来，比特币是一种非常不稳定的货币，除了用于投机交易和非法交易，它几乎毫无用处。它存在的不稳定性和难以追溯性使其很难被主流商家和支付平台所采用，

“易用性”这个目标根本不可能实现。还有一点，市面上既适用于比特币又安全可信的数字钱包很少，这使得比特币成为一种不太安全的支付方式。

因此，总体而言，作为一种全球性主流货币，比特币是失败的，但这并不意味着比特币是个错误的理念。有些企业针对比特币的缺点提出了几个有趣的解决方案，从而把比特币打造成一种全球性货币，使跨国支付变得更加简单，而最有代表性的解决方案无疑是脸书提出的全球性货币Libra。如今，市场上的某些解决方案可能不是未来的全球性货币，而只是某些看起来像比特币的东西。

让银行业变得更美好

以上只是列举了一些金融科技部落。在全球各地的车库和大学宿舍里，肯定有新的部落正在形成。在之后的章节中，我们将探讨位于不同地区的金融科技部落，并尝试将它们进行比较和对照。

不同的金融科技中心以不同的方式发展，且受到不同因素和市场条件的影响。然而，这些金融科技中心和部落都有一个共同点：它们希望借助数字化技术改善银行业。

07

伦　敦

背　景

历史

千百年来，作为大不列颠和北爱尔兰联合王国的首都，伦敦一直是全球主要的金融中心。从罗马帝国入侵开始，到伊丽莎白殖民地时代和维多利亚帝国时代，英国和它的首都伦敦一直站在全球化的最前沿。得益于工业革命和英国与殖民地之间贸易的增长，英国成为全球贸易和资金流动的汇聚点。为了服务于这种不断增长的贸易活动，英国各地成立了许多商业银行和贸易公司，但它们都慢慢地汇聚到了伦敦金融城。到了20世纪60年代和20世纪70年代，有“一平方英里”之称的伦敦金融城被视为全球金融中心。1973年，随着英国加入欧洲共同体，伦敦逐渐成为外国进入英国及其前殖民地市场以及欧共体成员国市场的首选入口。

来自全球的大量金融机构在伦敦落脚，与此同时，美国也将伦敦视为首选的金融中心。从某种程度上讲，这是因为两国使用同一种语言，而美英法律制度之间的相似性也是主要驱动因素。伦敦金融城仿佛变成了一家舒适的俱乐部，商业银行家们汇聚一堂，在严格监管之下，有条不紊地将资金收入囊中。

金融大爆炸

这种俱乐部式的现状持续了几十年，从未间断过。到了20世纪80年代，在玛格丽特·撒切尔的领导下，英国的政治气候发生了巨大变化，这对金融服务业形成了连锁效应。时任首相的撒切尔夫人开始放松对英国金融服务和伦敦证券交易所的管制，这个时期被后世称为“金融大爆炸”时代。变革的结果就是，伦敦证券交易所的交易大幅增加，使伦敦成为一个比过去大得多的金融市场。政府放松管制的举措吸引了世界各地的大量金融机构涌入伦敦，而这些金融机构吸引了大量的专业顾问、会计师、IT公司等来到金融城，扩大了伦敦的经济规模。金融活动和人口的增加创造出大量极具挑战性和报酬丰厚的工作，吸引了大量人才，使伦敦成为吸引英国和全球人才的城市。

与此同时，欧共体的国家继续一体化进程。1992年，随着《马斯特里赫特条约》的签署，欧共体变成了欧盟。欧盟的“流动自由”条款就此生效，伦敦的金融机构开始大量雇用欧盟公民。据英国国家统计局估计，截至2018年，有超过350万欧盟公民居住在英国；而据伦敦金融城政府估计，金融城18%的雇员出生在欧盟。

数字化革命

到了20世纪90年代末和21世纪初，互联网的传播、技术的进化和社会变革引发了数字化革命。在美国，雅虎、亚马逊和eBay等互联网公司成长为市值数千万美元的大型企业。20世纪90年代末，第一波数字化革命浪潮冲击英国，而这波浪潮的典型代表就是拍卖网站QXL。该网站创立于1997年，并在伦敦证券交易所上市，估值一度达到20亿英镑。然而，成功是短暂的，QXL受到了2000年互联网泡沫破裂的打击。2000年3月，纳斯达克证券交易市场（纳斯达克是美国的股票交易所，绝大多数新成立的数字化企业股票都在那里进行交易）崩盘，在不到一个月的时间内，近万亿美元市值蒸发殆尽。市场迅速抛弃了互联网，曾经令人艳羡的QXL最终成为“99%俱乐部”的一员。所谓“99%俱乐部”，是指那些损失了99%市值的企业。

与此同时，英国一家大型互联网服务提供商Freeserve在纳斯达克和伦敦证交所上市，估值接近20亿英镑，随后被跨国电信运营商Orange（前身是法国电信）以接近20亿英镑的价格收购。

这些企业以及全球其他公司的成功故事使一些伦敦人心向往之。雄心勃勃的创业者受到QXL和Freeserve等公司的启发，想象着创立一家价值数百万美元的公司。很多人在想：“既然他们能做到，凭什么我就不能做到呢？”

2005年左右，未来的金融科技创业者们开始意识到，金融领域将是数字化革命的下一个前沿阵地。许多人才开始利用他们在互联网时代培养起来的技能和人际关系，在金融领域创立新公司，点燃了数字化革命的星星之火，而“大火”最终蔓延到伦敦的金融科技市场。为了控制成本，这些公司将办公室搬离租金日益昂贵的金融城、梅费尔区、苏豪区和法灵顿区，来到了肖尔迪奇等费用更便宜、更生活化的街区，为后来大名鼎鼎的“硅环岛”奠定了基础。

不久，新的初创公司纷纷成立，开始挑战现有银行。2010年，城市银行获得了英国颁发的银行执照，这是过去一百年里，英国央行颁发的第一张新执照。此后，英格兰银行颁发了超过21张新的银行执照。

关键优势

在创新、人才和资本方面，伦敦也有着悠久且辉煌的历史。这些因素为伦敦成为金融科技中心奠定了良好的基础，但伦敦之所以与众不同，还有其他一些因素在起作用，这些驱动因素包括：

- 人才；
- 资本；
- 法律体系和监管机制；
- 学术环境；
- 语言和地理位置。

上述因素叠加在一起，成就了伦敦欧洲金融科技中心的地位。在当地机构和富人的扶持下，人才纷纷创业，而这些初创公司的使命就是在当地监管机构的善意监督下塑造银行业的未来。下面，让我们深入探讨这些驱动因素。

人才

金融大爆炸后，伦敦成为一座国际化都市，雄心勃勃的高学历人才纷纷汇聚于此。在这个时期，伦敦不仅吸引了银行，还吸引了大量前来为金融机构服务的企业，包括咨询公司、会计师事务所、市场营销机构和科技公司。咨询公司培养出来的人才善于制定复杂的战略；会计师事务所的员工善于制订商业计划，并知道如何与投资者交流；营销机构的员工则懂得如何与客户交流；而科技公司的员工懂得技术，这点最重要。

这些人才大多很年轻，且相对富裕，对风险持积极态度，这往往意味着他们手里掌握着最新技术，了解互联网的潜力，并对全球的趋势和创新方向了如指掌。他们当中的很多人将成为未来的科技企业家。

伦敦拥有不同层次的人才资源。

- **经验丰富的专业人才**

由于伦敦是许多跨国公司的首选之地，所以，无论是过去还是现在，它都拥有大量经验丰富的专业人才，而这些专业人才通常是创业者和金融科技公司的创始人。只要仔细研究伦敦一些最成功的金融科技公司，我们就会惊讶地发现，这些公司的创始人几乎都在大型企业工作过。例如，斯塔林银行的首席执行官安妮·博登曾供职于苏格兰皇家银行、怡安集团以及荷兰银行；TransferWise的克里斯托·卡尔曼曾供职于普华永道和德勤会计师事务所；Revolut的首席执行官尼克·斯托隆斯基则在雷曼和瑞士信贷集团工作过。

这些专业人士发现，就工作性质、企业文化、薪酬之外的待遇而言，初创公司比大型企业更有吸引力；此外，他们很欣赏初创公司的使命。正如跨国支付提供商Azimo和挑战者银行Tandem的创始人、曾是咨询顾问的瑞奇·诺克斯斯在一次采访中所说的那样：

> 银行业给人以日薄西山的感觉。这个行业在人们日常生活中起着至关重要的作用，可它并没有想办法解决客户的问题。我觉得，那些真正想为客户提供优质服务的银行应该在业内拥有一席之地。考虑到这一点，我和其他人一起创立了Tandem。

但是，经验丰富的专业人士不仅仅是公司创始人。金融科技公司还会引进专业人士，帮助创始人扩大业务规模。从初创到规模化，这段时期是金融科技公司最脆弱的阶段之一。此时，企业已经证明了自身的价值，并被很多人接受，企业所面临的复杂问题也随之激增。公司客户数量达到百万级别，这给客服、风险管理、合规、防欺诈、售后等领域带来了大量问题。传统的知名大型企业也遇到过类似难题，因此，当金融科技公司获得一定成就并到达这个阶段时，往往需要求助于以前处理过类似问题的专业人才。创始人之所以决定聘请专业人才，是为了弥补企业内部专业知识的不足；又或者，他们志向远大，不仅仅满足于经营一家成长中的企业。金融科技初创公司聘请专业人才的例子很多，例如，曾供职于TSB银行和汇丰银行的理查德·戴维斯加盟Revolut，担任该公司的首席运营官；而杰德夫·贾纳达纳从第一资本银行跳槽到Zopa，担任首席执行官。

在金融科技公司的生命周期中，聘请专业人才是关键一步。吸引这种人才可能很难，而且需要付出高昂的成本。专业人才在传统银行业中前途光明，待遇优厚，而一旦跳槽到金融科技公司，他们要冒很大的职业风险，因为初创公司的成功经验不多，前途未卜。金融科技公司创始人要给专业人才提供具有吸引力的一揽子待遇，不仅包括薪酬，还要包括股票期权、领导权和个人发展前景，这可不是一件小事。

- **经验较少的专业人才**

这类人才的来源有两个。一个是伦敦的企业界，有经验的专业人才也同样来自那里。企业员工常加入加速器项目和其他项目，扮演初创公司导师的角色，过一把创业的瘾。伦敦是全球优秀人才孜孜以求的地方。受过良好教育的专业人才怀着渴望成功的心来到伦敦，希望在当地的某些大公司找到立足之地。但是，并非所有人都喜欢自己选择的角色。这群人才可能对自己工作不满，但他们还有一线希望，因为金融科技公司非常需要他们。

另一个人才来源则是伦敦及其周边地区密集的高等教育机构。伦敦、剑桥、牛津和英国其他地区的一流大学共同形成了一个强大的高等教育中心，源源不断地培养出金融科技公司所需的创始人、基础数据科学家、计算机工程师、数量分析专家和其他关键技能领域人才。例如Zopa、OakNorth、Monzo和Funding Circle的一些创始人都是在以伦敦为中心的教育生态系统中获得学位的。

- **非英国籍人才**

伦敦一直都很欢迎外国人，这种开放的态度也是它拥有的一大资源。在伦敦金融城，人才受到重视的原因是他们所做的贡献，而非他们的背景，这使得伦敦成为一个非英国籍人才的向往之地。英国很多金融科技公司都由非英国籍专业人士创立，比如Curve、Revolut和TransferWise，这三家著名的伦敦金融科技初创公司的创始人都是非英国籍人士。

过去几十年里，欧盟开放边界的政策进一步增强了这种吸引力。拥有相应技能的欧洲公民可以很容易来到伦敦，寻找他们想要的工作或创业。英国脱欧之后，这种开放政策会受到何种影响，我们目前尚不清楚。

为了避免脱欧导致英国人才资源减少，英国政府承诺制定一套简化程序，以完善目前的工作签证方案，使外国人才能够在英国工作。为了解决这个问题，有人提出了一项创新方案，即“技术签证”方案。该方案由伦敦的“科技英国”项目主导实施，我们目前尚不清楚这些新流程的细节，但有传闻透露，欧盟专业人才供应量正在减少。

资本

在其他金融科技中心，金融科技公司获得了不同程度的投资；相比之下，伦敦在金融服务创新方面的投资处于欧洲领先水平。多年以来，伦敦被人们视为创立金融科技公司的理想城市。伦敦政府推出了有利于创业的种子计划和早期企业税收优惠计划（适用于部分投资者和某些类型的金融科技公司），而大量资本正在寻找比储蓄更高的回报，人才从世界各地蜂拥而至，创业加速器也如雨后春笋般涌现，为投资者投资那些经过审查的初创公司提供了机会。

根据咨询公司毕马威公布的数据，欧洲的金融科技投资额从2017年的122亿美元猛增至2018年的342亿美元，而在此期间，英国吸引的投资额从2017年的56亿美元上升至2018年的204亿美元。增长的主要动力来自大规模并购和收购交易，比如，WorldPay的收购金额达128亿美元。

伦敦金融城产生了大量富人，他们不畏风险，喜欢对那些被认为风险较高的初创公司进行早期天使投资。这些人往往是专业人士，大部分来自企业和金融服务机构，且受益于金融大爆炸时期所创造出来的财富。他们热衷于投资初创公司，而这些公司的创始人也在大企业工作过。投资者大多是金融界人士，与硅谷很多同行相比，他们对金融科技的投资没那么谨慎。他们了解金融的潜力和复杂性，却敢于投资那些复杂和受监管的公司。此外，时至今日，英国政府针对风险投资的税收政策在整个欧洲都独树一帜，这对英国的天使投资活动（即对初创公司的最早期投资）产生了重要影响。

伦敦金融城还拥有相当数量的风险投资家和私募股权公司，专门投资于后种子期和创业后期的金融科技公司。这些投资公司的决策者也大多在其他企业工作过，他们被初创公司潜在的财务回报所吸引，选择合适的公司进行投资。

在初创公司发展的不同阶段，需要不同类型的资本支持。下面，让我们深入分析资本的主要来源。

- **天使资金**

种子投资者和天使投资者是伦敦在金融科技领域居于领先地位的重要原因。伦敦拥有全球商业中心的地位，也是高收入者的家园。这些人往往有可支配收入，愿意投资于有发展前景的初创公司。许多金融科技初创公司都是由一些知名的投资者资助的，初创公司把这些投资者称为“朋友和家人”。把总部设在伦敦的金融科技公司创始人有一个特点，他们往往拥有在其他公司或一流大学工作时培养起来的丰富人脉，这种情况与纽约和硅谷相类似。事实证明，这些投资者是种子资本的重要来源。

在吸引投资方面，伦敦（或整个英国）给予初创公司投资者税收优惠待遇，这正是它的与众不同之处。“种子企业投资计划”和“企业投资计划”为风险资本投资者提供了税收减免。1994年，英国财政大臣肯·克拉克启动了“企业投资计划”；2012年，时任财政大臣乔治·奥斯本启动了“种子企业投资计划”。这两项计划都为个人投资者提供了实实在在的激励措施，鼓励他们支持初创公司。自1994年以来，27905家公司通过“企业投资计划”获得了超过180亿英镑的投资。

伦敦是几家天使投资者协会和种子投资者协会的所在地，这些协会为投资者和创业者提供宝贵的建议和支持。投资于金融科技公司的主要天使基金包括天使投资者网络、本地环球基金、大天使基金和春黄菊基金。

- **众筹资金**

英国的初创公司也得到了活跃的众筹平台的支持，而这些平台本身也大多是金融科技公司。这些组织大幅降低了筹款成本，从而使个人投资者能够进行小金额投资，与传统天使投资和风险投资渠道相比，个人投资者的投资金额可能非常少。风险投资的民主化使个人投资者能够携带有限的资金进入市场。据市场情报公司博赫斯特提供的数据，2017年至2019年上半年，英国共达成超过900笔众筹交易，融资额超过5亿英镑。一些最引人注目的金融科技公司通过Revolut和Monzo等平台筹集资金，而这些平台已经在Crowdcube和Seedrs上筹集到了多轮或部分资金。

英国众筹协会聚集了英国的主要众筹组织，包括Crowdcube、Seedrs、CodeInvest和Syndicate Room。

- **捐赠资金**

在英国，初创公司可获得一些捐赠资金。此类捐赠资金最大的来源之一就是英国国家科研与创新署（UK Research and Innovation，简称UKRI）推出的“创新英国”项目（前称为“技术战略委员会”）。对于那些拥有真正知识产权或颠覆性技术的企业来说，“创新英国”提供的研发或创新资金非常有吸引力。接受捐款的公司必须具备某些条件，才能获得捐赠资金。这些资金通常可以被视为赠予，企业无须向资金提供者转让股权。

其他主要资金捐赠项目与欧盟有关，包括“地平线2020”计划，这是欧盟版的科研与创新计划。然而，英国退出欧盟后，英国公司未来不太可能有资格获得该项目的赠款。

- **风险投资**

长久以来，伦敦一直是风险投资的中心。例如，1983年成立的英国风险投资协会将投资者、风险投资家和私募股权投资公司汇聚在一起。在欧洲，伦敦的风险资本数量最大。

根据毕马威发布的《2018年第四季度全球风投趋势报告》，在2018年，欧洲企业获得的风险投资额达244亿美元（合189亿英镑），超过2017年的创纪录数字。2019年1月，毕马威发现，在整个2018年，英国初创企业获得了77亿美元（合59.6亿英镑）风投金额，占风投总额的31.5%，是德国快速增长企业所获投资额的1.5倍以上，更是法国创业生态系统所获投资额的2.6倍。

投资于金融科技公司的伦敦风投资本主要来自科技投资者，这些风投资本非常关注数字金融服务业。总部设在伦敦、投资于金融科技公司的风投公司很多，因此，英国资本在欧洲处于领先地位，并且是全球三大投资中心之一。

金融科技领域一些最活跃的风投公司都在伦敦设有大型办事处，比如Index Ventures、Seedcamp、Passion Capital、Balderton、Illuminate、MMC和Accel Capital。

- 企业风投资本

金融科技业的一大独特之处在于，越来越多金融服务行业的公司加入投资者的行列中。英国的银行一直积极投资金融科技公司，成为占少数股份的股东，扮演着战略投资者的角色，或者在公司内部部署解决方案。

在英国，企业风投主要有三个目标：第一个目标是与它们认为具有战略意义的金融科技公司建立优先合作甚至独家合作关系；第二个目标是获取和整合它们认为具有战略意义的技术；第三个目标则是投资一家有前途的金融科技公司，并从公司的成长轨迹中获益。在很多情况下，除了提供财务和战略方面的优势，企业风投资本还希望为投资对象提供更好的市场洞察力和获取更多人才的机会。

英国一些最活跃的企业风投资本包括巴克莱银行、劳埃德银行集团、苏格兰皇家银行和西班牙国际银行。伦敦也吸引了来自非英国风投资本的投资，例如，西班牙的跨国银行毕尔巴鄂比斯开银行收购了英国挑战者银行Atom的大量股权。

法律体系和监管机制

作为全球金融创新和金融科技中心，伦敦最有价值的资产之一就是注重实效的英国法律体系和支撑它的金融监管机制。

法律体系

随着业务变得全球化，越来越多的公司将英国法律体系视为全球最透明、最灵活和最可靠的制度之一。英国法律、英国法院和法治化的伦敦也因此成为企业进行跨境交易的首选：

- 英国法律。英国法律是国际法的首选，因为它具有可预测、透明和灵活等特点。英国法的指导原则以契约自由和支持商业为基础。
- 英国法院。英国法院通常被视为首选的国际法院，原因如下：英国法官在解决国际争端方面拥有丰富的经验；英国法院的流程详尽且适度，还能提供世界级的法律顾问。
- 法治化的伦敦。出于上述两个原因，伦敦金融城自然而然地成为国际首选的仲裁地。伦敦法院受益于英国清晰的法律体系以及支持仲裁裁决的优秀司法部门，它们拥有世界级的仲裁员、法律顾问和仲裁组织，是解决国际争端的中立法院。

因此，对有志于走向全球的创新组织来说，英国和伦敦是首选的国际论坛，更是金融科技公司的理想家园。

监管机制

监管机制是伦敦有别于其他金融中心的另一个因素。多年来，英国监管机构认为，保护市场繁荣的最佳方式就是让寡头的垄断地位受到挑战，并且保持伦敦金融城的创新力和竞争力。事实证明，与欧洲和美国的金融管理机构相比，英国的金融服务监管局以及后来继承其职能的金融行为监管局和审慎监管局更支持创新。从早期与金融科技公司接触，到创建“沙盒”机制（即初创企业可以在受监管的情况下创建和测试新的金融主张），英国监管机构在全球范围内都得到了效仿。通过促进国内市场的创新，英国监管机构也推动了欧洲同行进行创新。脱欧后，英国和欧洲未来的金融创新将走向何方？这是件很有趣的事情，让我们拭目以待吧。

英国的银行监管工作围绕着三个组织展开：金融服务监管局、英格兰银行和财政部。在金融危机之后，英国重新调整了监管范围，设定了两大目标：微观审慎监管和宏观审慎监管。

微观审慎监管是指管控与特定企业相关的风险，宏观审慎监管则是从整体上监管金融行业。此次调整在很大程度上由欧洲银行业管理局所推动，脱欧后的英国应该不会太偏离这种做法。

过去，人们认为英国对金融业采取了“轻度监管”的态度，监管机构只在必要时才介入企业运营，而且只以有限的方法进行干预。经过此次调整之后，监管工作变得更加细致和深入。

- **微观审慎监管**

微观审慎监管是指对金融行业的个别公司进行监管和监督，确保它们具备偿付能力，保护消费者的利益。实际上，这种监管方式意味着监管机构要确保每家银行的资产负债状况都足以抵御经济和金融危机的冲击。

2013年以前，金融服务监管局是主要的银行业监管机构。到了

2013年，微观审慎监管职能被移交给一个新的监管机构——英国审慎监管局。此外，英国还设立了金融行为监管局，以保持自身在金融领域的高水平竞争力。

- 审慎监管局

审慎监管局隶属英格兰银行，其职责是建立和维持一个稳定的金融体系。为此，审慎监管局要对大约1700家金融机构进行日常监管，包括银行、建筑协会、信用合作社、保险公司、大型投资公司和金融科技公司。

- 金融行为监管局

金融行为监管局并不隶属英格兰银行，其职责是确保金融市场有效运作，并确保金融市场中的企业有一套受到普遍认可且符合法律标准的行为守则。金融行为监管局的角色就像一个监督者，要确保公平竞争，并确保金融机构不滥用其优势地位。

- 创新计划

与其他市场的监管机构相比，英国审慎监管局和金融行为监管局有一个最引人注目的特点，那就是它们对金融领域的创新非常感兴趣，并且给予大力支持。这种态度反映在金融行为管理局制订的“创新计划”上。该计划推出了一系列旨在支持创新的举措，为创新者直接与监管机构一起设计、批准和测试其创新金融服务主张提供支持。在“创新计划”的助力下，企业得以了解监管机构的期望、审视自身的规则，甚至改变企业的政策，以消除创新过程中的监管障碍，而它所做的这一切，都是为了确保创新能够带来符合消费者利益的变化。“创新计划”包括了金融行为监管局的“监管沙盒”，“沙盒”机制使得监管机构更深入地与创新企业合作，并尝试将创新主张推向市场。“监管沙盒”于2016年推出，而到了2019年，已有29家公司被纳入“沙盒”当中。

- 全球金融创新网络

金融行为监管局还与其他国家的一些监管机构合作，推动国外的金融创新活动。全球金融创新网络成立于2019年1月，由包括英国金融行为监管局在内的国际金融监管机构和相关组织正式启动。全球金融创新网络是一个由全球50家组织形成的网络，致力为金融创新提供支持，为消费者谋利益。它寻求为创新企业和监管机构提供一种更有效的互动方式，帮助企业克服不同国家之间存在的障碍，将金融创新网络的新思想扩大化。

- 新银行创业部

2016年，审慎监管局和金融行为监管局联合成立了新银行创业部，这是英国支持创新的另一项举措，旨在为获准成立的新银行和那些想成为英国新型银行的企业提供信息和支持。该部门的工作人员来自审慎监管局和金融行为监管局，负责提供信息、材料和重点监管资源，协助新银行在获准成立初期进入市场。新银行创业部向正在申请授权的实体派遣专员，以提供相关支持。自从2010年城市银行获得150年来的第一张新执照以来，已经有数十家实体获得执照，所以该部门一直非常繁忙，它对塑造英国未来银行业的格局至关重要。新成立的银行通过热线服务电话、审慎监管局和金融行为监管局主管以及定期资本和流动性审查获取帮助。

宏观审慎监管

宏观审慎监管着眼于整个金融系统，限制系统性金融风险的积累，以避免产生损失。这项工作由英格兰银行下属的一个专业委员会“金融政策委员会”主导。

金融政策委员会的职责是防止“系统性风险”，向其他监管机构提出建议和发出指示，采取相应行动，以消除或减轻风险。尽管如此，金融政策委员会对单个企业没有直接的监管执法权。

要做到宏观审慎监管，方法之一就是通过定期的“压力测试”来确定整个金融体系将如何应对经济和金融危机，比如股市崩盘或长期经济衰退。

英国的监管流程和政策一直是金融科技公司在伦敦取得成功的秘诀所在。

学术环境

伦敦是世界上一些顶尖学术机构的所在地，以伦敦大学为首的世界顶级学术机构为伦敦源源不断地输送高素质的毕业生。伦敦大学学院、国王学院和伦敦经济学院等大学都设在英国的首都伦敦。牛津和剑桥等世界知名大学也离伦敦不远，伦敦因此成为卓越的全球学术中心。

学术界和商界之间的交流互动是伦敦取得成功的根本原因。下面，让我们深入探讨伦敦那些与金融科技相关的主要学术机构。

研究型大学

研究型大学是具有全球地位的大学，规模较大，开设的课程广受好评，学生人数较多，且教师素质很高。伦敦有很多这样的大学，以下我们只列举一些积极融入伦敦金融科技生态系统的大学。

- 伦敦帝国学院

伦敦帝国学院世界排名前十，其教学和科研实力蜚声国际，被评为世界上最好的大学之一。伦敦帝国学院拥有一个跨学科的科技创新空间，适合开展教育、科研和商业化活动。它开设了几门关于金融和科技的课程，其中包括一门专门研究金融科技的课程。

- 伦敦国王学院

伦敦国王学院是英国最古老的大学之一，也是一所顶尖的研究型大学，在伦敦市中心有五个校区，提供计算金融和金融科技硕士学位，还设立了一个关于“金融事务”的研究中心，专门研究科技对金融服务业的影响。伦敦国王学院还设立了创业学院，对伦敦国王学院的学生、员工和校友的创业思维、技能和经验给予支持。

- 伦敦大学学院

伦敦大学学院是英国最大的大学之一，拥有各类文理科学院，学校的多名学者已获得29项诺贝尔奖。它的金融与科技学院负责为未来的金融界和商界领袖提供领导力培训，专注研究金融的普惠性和公平性，并开设两门金融科技硕士课程。

- **专业大学**

专业大学是独立的学院，往往与研究型大学有联系。设立此类大学的目的通常是为了完成特定的任务或侧重于特定的学术领域。与金融科技关系最密切的一些专业大学包括以下几所。

- 伦敦政治经济学院

伦敦政治经济学院是世界上最重要的社科类大学之一。它开设了一些涉及金融科技的课程，包括关于区块链和加密货币的短期课程。

- 伦敦大学亚非学院

伦敦大学亚非学院是欧洲专门研究亚洲、非洲以及近东和中东地区的主要高等教育机构，侧重于研究关于全球经济、政治、文化、安全和宗教挑战等方面的问题。它与发展中国家的主要大学进行合作，经常举办研讨会和开设课程，探讨金融科技和技术对新兴经济体的影响。

- 伦敦商学院

伦敦商学院也是伦敦大学联合会的一部分，成立于1964年，主要提供商科相关专业的研究生学位。它积极参与伦敦金融科技的发展，为学生和企业高管提供几门金融科技课程。

- 卡斯商学院

卡斯商学院隶属伦敦城市大学，同样创立于20世纪60年代，提供研究生商科教育。由于毗邻伦敦金融城，卡斯商学院一直与伦敦的金融机构保持着密切联系。它是伦敦金融科技生态系统的活跃参与者。

- **伦敦以外的大学**

英国各地很多名校大学生毕业后都到伦敦发展，这些学生来自牛津、剑桥、布里斯托尔、曼彻斯特和爱丁堡等地的大学。上述大学培养出不少创业者，他们为伦敦成为全球金融科技中心做出了自己的贡献。在参与金融服务创新的非伦敦院校中，最有特色的学院有以下两所。

- 剑桥大学贾奇商学院

剑桥大学创新金融研究中心隶属剑桥大学贾奇商学院，它是一所国际化的跨学科学术研究机构，致力研究创新金融，包括传统金融体系（即受监管的银行和资本市场）之外出现的金融渠道和工具。它正积极研究最具创新性的金融科技所带来的影响，与英国以外的学术机构进行深入交流，并且特别关注中国金融科技的发展状况。

- 牛津大学赛德商学院

赛德商学院隶属牛津大学，是牛津社会科学部的一部分，有商业、管理和金融方面的本科和研究生学位授予权。学院开设了一些关于金融科技的课程，包括密集的牛津金融科技课程和MBA高管培训课程。

语言和地理位置

语言和地理位置是伦敦拥有的两大资本。全世界20%的人口以英语为第一语言，英语也是科技和金融界的通用语言，因为许多领先的金融和科技公司都创立于美国，或在美国设立了大型机构。

英语的大规模普及，再加上优良的地理位置和时区，赋予了伦敦独特的优势。语言的通用性有助于形成相似的法律制度和文化体系。从历史上看，进军欧洲市场的美国公司往往选择伦敦作为它们在该地区的第一个桥头堡，伦敦金融城在金融和商业方面的重要性得以提升。此外，伦敦处于格林尼治标准时间所在地，论及在全球范围内开展业务，从硅谷到悉尼的任何一个地区都不及伦敦便利，伦敦金融城也因此比其他竞争者更具优势，拥有“全球金融科技中心”的美称。

重点机构

为了鼓励和支持金融服务业创新，伦敦还设立了一些组织，它们包括：

- 孵化器；
- 加速器；
- 网络；
- 项目和机构。

孵化器

伦敦是好几个孵化器的所在地，而设立这些孵化器的目的，就是帮助有发展前景的创业者和初创公司蓬勃发展。孵化器负责提供咨询、支持和种子资本，以下是伦敦一些最著名的孵化器。

- 英杰华风险投资公司车库孵化器

该孵化器是一个协作工作空间，英杰华公司与创业者合作，为他们提供关于“保险科技”方面的建议。

- CyLon孵化器

该孵化器专注于包括金融服务在内的数个行业的网络安全。

- 创始人工厂

这是一个跨行业的全球加速器和孵化器，总部设在伦敦，由11家全球顶尖公司提供支持，包括欧莱雅、易捷航空、卫报媒体集团、英杰华、霍尔茨布林克出版集团、中科招商和玛莎百货等。它为顶尖企业家提供运营支持，并借助他们的人际关系网创立新的科技公司。

- 种子营

种子营是一家专注于科技行业的风投基金，为早期初创公司提供资金和指导，并专注于那些已被证明投资回报率较高的企业。其投资组合中的初创公司包括Revolut、TransferWise、Monese和Curve。

加速器

这些组织通过为创立初期的企业提供支持和咨询，或投资初创企业，帮助其扩大规模。伦敦的一些重点加速器机构有以下两个。

- 埃森哲创新金融科技实验室

该加速器由跨国咨询公司埃森哲运营，它拥有一个天使投资网络，为企业提供指导，并经常举办企业展示会。

- 巴克莱加速器

由Techstars（全球性的加速器项目）主导运营，并得到巴克莱银行的支持。它向初创公司提供一个为期13周的计划，巴克莱银行投资少量少数股权，为企业提供指导，并允许企业获取银行客户数据和信息。

网络

伦敦还有一些组织、专业机构和社交活动帮助个人和组织了解与金融服务业数字化创新相关的机会和风险。它们的目标是帮助新企业成长，并提供网络、咨询和获取资金的机会。伦敦和英国一些比较著名的金融科技网络包括以下几个。

- 精英计划

这是一个由伦敦证券交易所与帝国学院商学院合作运营和交付的

项目，为快速成长的企业提供培训、业务支持、指导和不断获得资助的机会。该项目得到了英国工商业联合会、英国风险投资协会和“科技英国”协会（其前身为“科技城”初创公司协会）的支持。

- 阿兰·图灵研究所

这是一家由政府资助的非营利组织，其使命是吸引全球顶尖的数据科学家和数学家，并与行业参与者建立伙伴关系，帮助英国在大数据和算法研究的分析和应用领域占据世界领先地位。

- 伦敦银行与金融学院

伦敦银行与金融学院是伦敦最古老的银行和金融服务专业培训机构之一，它与全球各地的合作伙伴共同制定银行和金融业的专业标准。其数字化银行与金融中心提供一系列与银行业数字化创新相关的认证资格，且特别注重行业监管。

- Level 39

Level 39被视为欧洲最大的金融科技社区之一，它为初创公司（和一些规模化企业）提供办公场所、指导、沟通以及参加和举办社交活动的机会。Level 39位于金丝雀码头（仅次于伦敦金融城的第二大金融中心），为金融科技公司提供一些与全球大型金融机构打交道的机会。

项目和机构

这些组织旨在支持和促进投资者、专家和创业者之间的联系。它们有时候由政府资助，包括以下项目和机构。

- 英国商业银行及其投资项目

英国商业银行是一家国有经济发展银行，其使命是帮助中小企业获得融资。英国政府将资金分配给英国商业银行，再通过基金和其他金融中介机构借给那些专门向中小企业发放贷款的公司（包括金融科技公司）。

- 创新英国

这是英国的一个创新机构，其职责是通过资助不同的项目推动科技创新，确定重点行业，并促进创新者建立与合作伙伴之间的联系，帮助创新企业成长。

- 创新金融协会

这是一个独立的行业机构，代表着英国的全球化金融科技社区并负责推动其发展。该协会的使命是为新一代创新者提供支持，以提升英国在金融服务领域的领导地位。为了支持金融服务和金融科技创新，英国政府和企业采取了许多举措，而创新金融协会是背后的关键推动力量。

- 金融服务贸易与投资委员会

该委员会由政府和金融业共同成立，其使命是寻找金融服务业的增长机会，为英国金融技术行业的外贸和投资活动提供支持。

- “科技英国”协会

这是一个成立于2011年的非营利组织，前身为“英国科技城”项目，其使命是为伦敦的数字化科技和创业者提供支持。2017年，它与Tech North合并，通过创业项目和政策为英国所有创业者服务。该协会推出的项目包括为初创企业提供支持的“创始人网络”、针对成长中企业的“升级”项目以及专注于创业后期的“未来50强企业”项目。它还推出了针对金融科技、网络和人工智能等行业的项目。Monzo、Revolut、斯塔林和TransferWise 等著名金融科技公司都受到了该协会的资助。

重要活动

伦敦会定期举办大型金融科技活动。事实上，伦敦几乎每周都有一场针对金融服务创新的活动。下面，我们大致罗列一些最受欢迎的活动。

- MoneyLIVE

该组织每年都会在全球各地举办一系列活动，邀请银行业、支付行业和金融科技领域的高层领导和创新者齐聚一堂，相互建立关系和分享想法。MoneyLIVE峰会和数字银行峰会是两项主要活动，并且都在伦敦举行。

- LendIt金融科技峰会

LendIt金融科技峰会是一项精心组织的活动，侧重于探讨金融服务创新。主办方每年在纽约、伦敦和迈阿密举行三场会议。在伦敦举行的峰会上，各大金融科技公司、数字银行公司和来自世界各地的老牌企业、金融服务行业的专业人士都会出席会议。

- 金融科技世界论坛

金融科技世界大会与银行业峰会论坛（即金融科技大会），是为全球金融服务和银行科技行业专业人士举办的论坛。万事达、ING银行、微软、IBM、花旗银行、甲骨文和瑞士信贷等企业代表都曾在该论坛上发言。

- 英国金融科技周

英国金融科技周是在伦敦举行的一系列全国性的活动，为期一周，旨在展示英国作为创新中心的风采，以智囊团和协作的形式探索和讨论金融科技创新主题，而每年的主题都不同。科技周的合作方包括英国财政部、创新金融协会、英国国际贸易部、金融行为监管局、伦敦证券交易所、伦敦发展促进署和伦敦金融城。

- 创新金融全球峰会

按照传统，这一大型活动在伦敦历史悠久的市政厅举行，全球金融科技界人士齐聚伦敦。该活动展示了金融创新的行业特点以及全球性和跨行业的特性，并提供展览空间和沟通区域，使与会者能够建立合作关系网。

- Money20/20欧洲金融科技大会

除了欧洲，这一全球性活动也在美国和亚洲举办。欧洲大会的举办地通常不在伦敦，但它是伦敦的金融科技公司最喜欢参加的活动之一。该大会组织有序，是初创企业、挑战者银行、现有银行、科技公司、基础设施提供商、媒体和许多其他金融科技组织自我展示和建立合作关系的巨大舞台。

主要参与者

伦敦金融科技生态系统的主要参与者包括大型的全国性银行、较小的区域性银行、房屋信贷互助会、挑战者银行和专业金融科技公司

（见图7.1）。它们正在慢慢改变自己的金融主张，以解决市场上出现的新问题。规模较小的区域性银行和房屋信贷互助会也在改变，不过这些机构无法像大型现有银行那样，将大量资金投入到创新当中。

其他参与者正在塑造英国的数字银行和金融服务市场。最值得关注的公司分为以下几类。

现有银行

这些现有银行都是大型综合银行，为零售商和大型企业等所有行业的客户提供服务。它们仍然是英国市场的主导者。很多银行在英国以外的市场也很活跃，包括劳埃德银行集团、巴克莱银行、苏格兰皇家银行/国民西敏寺银行、汇丰银行和西班牙国际银行。

传统挑战者银行

这些金融机构规模较小，市场份额远小于现有银行。它们在英国的分行不多，产品较少，服务范围较小。专业银行也在此列。在这个群体中，最有名的机构包括城市银行、克莱兹代尔和约克郡银行、维珍金融（现属于克莱兹代尔和约克郡银行）、全国银行、高品集团和遍布整个英国的房屋信贷互助会。

数字化挑战者银行

这些企业的使命是与现有银行进行正面竞争，它们的竞争对象是大型银行。数字化挑战者银行也提供大银行的全部或大部分服务，且能给用户带来更好的体验和更低的成本。此类银行的产品种类繁多，要么直接向客户提供，要么通过合作伙伴提供，最终目标就是为所有行业服务。如今，它们专注于零售客户和较小的商业客户。Monzo和斯塔林都属于这类银行。

专业挑战者银行

此类企业提供综合性银行的部分服务，但它们的产品更具竞争力。当前，它们满足于与现有银行共存。专业挑战者银行提供的产品包括汇款、高息储蓄、信用卡或抵押贷款等。TransferWise、Atom、Tandem、Curve和Monese都是专业挑战者银行，那些针对特定细分客户市场的挑战者银行也在此列，金融科技公司和以商业银行客户为目标的银行就是很好的例子，比如OakNorth、Tide和Cashplus。

平台

这些平台往往依赖现有银行所提供的基础设施，然后利用数字化技术改变一些基本的银行服务。众筹平台即属于此类平台，它们向客

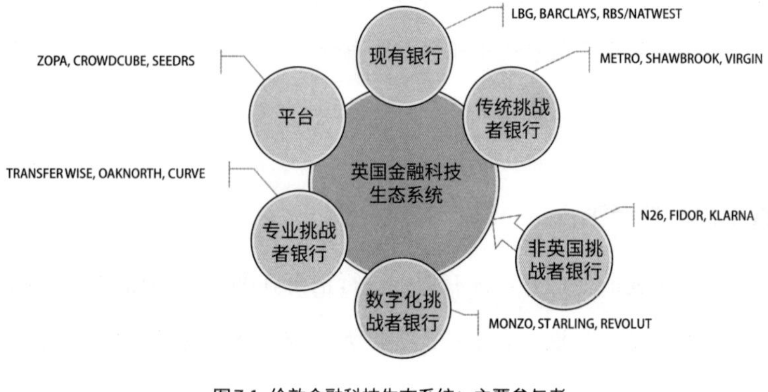

图7.1 伦敦金融科技生态系统：主要参与者

户提供资金，使客户能够用这些钱达到自己的目的，而现有银行往往不允许客户这样做。平台的职能还包括向其他客户提供或接受直接贷款，或投资于初创公司。这一领域的主要挑战者银行和金融科技公司包括Zopa、Funding Circle、Ratesetter、Crowdcube和Seedrs。

非英国挑战者银行

英国脱欧所产生的一个后果就是欧洲的挑战者银行推迟、放缓甚至放弃进入英国市场。英国脱欧后，未来的英国和伦敦是否将继续被来自英国以外的挑战者银行视为理想的目的地，我们会在数年后验证答案。N26和Klarna等企业就是这类挑战者银行。

重要人物和企业

多年来，成千上万有远见卓识、个人魅力和创业激情的人才为伦敦金融科技行业努力耕耘，促使该行业得到了长足的发展。要把这些具有影响力的重要人物一一罗列出来，倒也不是不可能，但难度很大，因为他们不在少数。下面，我们只列举一二。

- 企业里有远见卓识之人，比如扎卡·米安、阿什利·马钦和阿肖克·瓦斯瓦尼，他们推动了自己所在的银行实现数字化。
- 企业创始人，比如贾尔斯·安德鲁斯、汤姆·布洛姆菲尔德和安妮·博登，他们借助个人的聪明才智和坚韧不拔的精神，将一个创意发展成杰出的企业。

• 初创公司里有坚定信念的人，比如内塔里奥斯·洛里奥斯和埃里克·范·德·克莱伊。

• 英国金融科技的支持者，包括11：FS、The Finanser和杜娜·布洛姆斯特罗姆。

• 支持创业者和简略商业计划的风险投资人，比如利什马·索霍尼、艾琳·伯布里奇和丹尼·莱默。

总而言之，影响伦敦金融科技业的人和企业数不胜数，我们就不在此一一赘述了。

结　论

伦敦正在迅速成为全球最重要的金融科技中心。人才、监管和资本的融合为新企业创造了一个理想的环境，这些初创公司将借助数字化创新来挑战和改造金融服务业。伦敦之所以成功，要归功于以下独特的因素。

• 伦敦金融城和金丝雀码头的金融机构与富有创造力的硅环岛科技公司地理位置相接近。

• 伦敦有大量高净值人士，他们无惧风险，敢于投资初创公司；与此同时，伦敦的税收制度支持这些初创公司的发展，非常有利于投资者。

• 伦敦汇聚了高质量的教育机构和大量要求极高的雇主，他们愿意花高薪聘请全球最优秀的人才。

• 伦敦有一个谨慎但支持创新的监管机构。

这些因素融合在一起，为金融科技创造了一个非常有利的发展环境。

如今，在金融科技创新的规模和多样性方面，伦敦仅次于硅谷。唯一能影响伦敦金融科技发展的，就是任何可能破坏这种局面的举措。在不远的将来，科技变革、金融变革和政治变革对英国和世界的影响将决定伦敦是继续走上坡路还是转头向下。

08

海湾地区

背　景

海湾合作委员会简介

海湾合作委员会是由海湾国家组成的区域政府间政治和经济联盟，其成员国包括阿拉伯联合酋长国、阿曼、巴林、卡塔尔、科威特、沙特阿拉伯6国（2001年，也门也被批准加入。——编者注）。

在全球金融服务业中，海湾地区是相对较新的参与者，迪拜和阿布扎比尤其如此，但它如今已成为国际金融科技大家庭的重要成员。我们在本章中将会看到，这一现象的成因很多，当中涉及的利益相关方也很多，包括现有银行、监管机构、政府和金融科技公司。但是，在论述海湾地区的金融科技发展状况时，有一点是非常明确的，海湾国家的群体意志为该地区带来了真正的合作创新，促进了该地区金融科技的成长，并释放了一大波资本浪潮，为金融科技的成长提供了资金，最重要的是，海湾委员会成员国共同寻找解决方案，使金融科技产品和服务满足该地区多样化人口的需求。与每个地区一样，海湾合作委员会一些高瞻远瞩的先驱者发现了机遇，并取得了先发优势。

数据是新的石油资源

随着石油储量的减少，海湾地区的国家都意识到，经济多样化已迫在眉睫，各国应深化旅游、房地产和金融服务等领域的改革。海湾地区所有主要参与者都意识到，这种多样化所产生的数据具有重要价值，可能是“新的石油资源”。多样化运动的参与者包括从王室、央行、政府、监管机构到现有金融服务公司、电信公司和投资者在内的各利益相关方，当然，还有来自全球各地的金融科技创业者。各方正采取积极措施，打造一个包容和普惠的金融科技生态系统。该生态系统有助于提供解决方案，以满足包括终端用户在内的各方需求。在海湾地区的某些国家，终端用户主要由移徙人口组成，在外部旁观者看来，这些人口的迁徙速度很快，而且充满迁徙的热情和决心。现有银行缺少关于他们的财务信息，难以满足其金融需求。

加速器、金融区、创新实验室、新投资者和积极的监管机构如雨后春笋一般涌现，随时准备在金融科技的美丽新世界中寻求伙伴、提供支持和获得成功。科技传递的普惠性和效率像一场风暴般席卷了海湾地区，如今，科技已成为金融服务领域不可分割的一部分。

金融科技在海湾地区的影响力

现有银行、电信公司和外汇提供商等老牌企业现在只是刚刚意识到金融科技这个相对新兴的领域所提供的机遇，并希望充分挖掘其潜力。海湾合作委员会管辖的5600万人正寻找以客户为导向的解决方案，从而满足客户的金融需求。如果读者觉得这样的市场规模还不够大的话，那么请注意，埃及和约旦也正在成为金融科技领域的重要参与者。本章将重点介绍金融科技的主要中心：迪拜、阿布扎比、沙特阿拉伯和巴林。

有时候，人们认为这些国家的主要城市容纳了大量财富，但大部分人口都没有银行账户，当地大量流动务工人员难以享受到银行服务和支付服务。

关键驱动因素

如此大规模的变化不是偶然发生的，这些国家必定知道如何利用现有的一些关键驱动因素，并把它们结合在一起，在海湾地区创造了完美的“金融科技风暴”。海湾地区明显存在一种渴望成功的群体意志，这种意志得到了物质资源和财政资源的支持，不仅确保企业能够在当地取得成功，还能从该区域输出和向该区域注入发展动力。

过去五年里，金融科技的增长非常迅速，超过了该地区其他行业的增长速度。除了迅猛增长的金融科技，变革的关键驱动因素还来自以下五个方面。

完美的人口结构

很多人都对科技持友好态度，而且以年轻人居多，这使得他们成为金融科技应用的理想人群。从整体来看，中东北非地区约有3亿人口。当然，并非所有人都将成为金融科技的早期目标用户，或者从金融科技的狂热信徒成为下一批重点客户，为企业利润做出贡献。但是，如果企业为该地区提供的金融主张是正确的，就有足够的机会对买家进行测试和寻找解决方案。

接受新技术的民众

海湾地区在2019年的一份调查报告发现，83%的阿联酋民众接受非金融机构提供的金融科技解决方案，而76%的民众愿意把钱交给至少一家科技公司，而不是存入银行。这一用户吸纳率比世界上很多其他地区要高得多，或许这与该地区的人口结构以及它没有任何历史悠久的传统品牌有关，因为传统品牌通常拥有忠诚度较高的用户群体。这种现象产生了一个积极的副作用，即海湾地区成为新金融科技解决方案的完美测试平台。

海湾地区还有大量来自菲律宾、印度和巴基斯坦等国的移民，移民来到海湾地区后，产生了转移资金的需求。他们更愿意用互联网和智能手机办理银行业务，而非持有一大堆的现有银行账户。

互联网普及率和在线支付

世界上的某些地区已经推出了5G网络，而在发达国家，国际化大都市外的一些郡县和村庄中的人们还要为寻找手机信号发愁。当我们还在讨论这种现象时，海湾合作委员会的成员国已经成为互联网高普及率的国家，此外，该地区超过四分之三的人乐于接受在线支付方式。

2018年，在全球39亿互联网用户中，中东北非占1.64亿。海湾合作委员会国家的互联网普及率是中东北非所有次区域中最高的。同年，阿联酋的互联网普及率为91%，沙特阿拉伯为73%。相比之下，北非主要国家埃及在同一时期的普及率仅为43%。

融资渠道：政府资金和私人资金

极具前瞻性的海湾地区共有五只政府基金，这些基金为资本总额超过10亿美元的金融科技公司提供支持，其中一些资金是通过金融科技加速器和孵化器进行分配的。除了政府资金，这些加速器和孵化器还吸引着来自该地区和国外的私人资本。

当地私人资本市场出现一种非常健康的趋势，即私人资本与政府共同投资，不过这种现象只集中出现在某些区域。超过75名当地投资者已经开始冒险尝试该模式，包括家族财富管理师，而且每天都有更多人加入这一行列。该地区成功地吸引和留住了对金融科技公司的投资。有调查数据表明，2015年至2019年，中东北非地区吸引的外来投资总额达2.37亿美元，共完成了181项交易。

监管机构借助“大漠沙盒”和其他举措支持金融科技的发展

区域监管面临着复杂的局面，海湾合作委员会成员国的监管规则不一致，而且与欧盟等贸易区不同的是，某家企业即使获准在某个国家（如阿联酋）经营，也不一定能轻易进入邻国市场。这可能是创业者和初创公司所遇到的最大挑战。不过，迪拜金融服务管理局、阿布扎比全球市场管理局、巴林中央银行和其他机构已经意识到，这种现象在过去一直是横亘在跨境服务提供商面前的障碍，所以它们正在努力改善这一问题，使该地区能发展成为全球金融科技业的重要参与者。

阿布扎比尤其如此，它执着地寻求与金融科技社区接触的方法。2016年，阿布扎比全球市场管理局成立了“监管实验室”，实施许可证制度，进行金融科技方面的实地测试。此举标志着该地区率先进入金融科技领域。

伊斯兰金融科技：其他驱动因素和机遇

在金融服务和金融科技方面，海湾地区还有一个鲜明的特点，那就是伊斯兰宗教法，即《沙里亚法》。这部法律管理着信徒的日常宗教仪式，金融事务也包括在内。伊斯兰金融科技解决方案有其积极的一面，这种积极性不再局限于以伊斯兰教为主要宗教的国家或地区，而是与全球的金融机构和终端用户产生了共鸣。

我们把这种以信仰为基础，遵守伊斯兰宗教法的金融科技解决方案称为“道德金融”。从某种程度上讲，“道德金融”之所以出现激增，要归功于已经适应数字化的千禧一代穆斯林、有利的监管制度和来自政府的支持。而不久之前，这些解决方案被大多数现有主流金融服务提供商所忽视。虽然伊斯兰金融科技是一个新兴行业，但它有可能大范围接受数字科技所带来的透明性和可选性，而不仅从伊斯兰宗教法的角度去审视现有的金融产品和服务。

有一种金融模式适用伊斯兰宗教法原则，那就是众筹。按金融界专业人士、英国伊斯兰金融理事会董事会成员奥马尔·谢赫的说法，伊斯兰金融和金融科技很匹配，而从这种匹配的关系中会涌现出大量机遇：

> 这些“众筹平台”不仅允许人们自主选择资金的使用方式，还允许他们选择如何和确切地获得多少回报。通过灵活调整回报力度，可以将社会回报与财务回报结合起来。可以说，与现有结构相比（即受限和不受限的“盈利分享型”伊斯兰银行存款账户），这种提高透明度和选择度的调节方式能更好地与“盈利分享型”结构（即资本所有者和管理者）相结合。

中小企业P2P贷款平台Beehive和著名的伊斯兰房地产投资平台Yielders都是金融科技与伊斯兰宗教法原则成功结合的例子。谢赫接着阐述道：

> 从根本上说，在伊斯兰教法学者委员会看来，伊斯兰金融出售的金融产品是符合伊斯兰教教法的。这些产品和服务具有很高的透明度，使金融家能够看到精准的回报并始终遵守教规。

我们可从以下三个角度加深对伊斯兰金融的理解。

1. 负向筛选：避免与那些被整个社会视为有害的“罪恶行业”接

触，比如酒精或烟草行业。

2. 禁止收取利息：收益只能来自资产销售交易（成本加成）或标的资产租金（经营/融资租赁）。

3. 对过度投机和具有不确定性的交易加以规范管控，严格限制衍生品市场的使用，只接受互助保险模式。

还有一个例子可以说明伊斯兰金融科技变得更加一体化，那就是迪拜国际金融中心推出的加速器项目FinTech Hive。该加速器在迪拜伊斯兰经济发展中心提供的学术指导和建议下，将迪拜转变为伊斯兰世界的经济首都。迪拜伊斯兰经济发展中心于2013年12月在迪拜王储兼迪拜政府执行委员会主席谢赫·哈姆丹·本·穆罕默德·本·拉希德·阿勒马克图姆殿下的监督下成立。

2017年至2021年，迪拜伊斯兰经济发展中心的经济战略重点在于找到方法去衡量和监督伊斯兰金融、清真产品和包括文化、艺术、时尚和家庭旅游在内的伊斯兰生活方式的发展，以及衡量它们对阿联酋国民经济的贡献程度。伊斯兰经济发展中心与该区域的主要利益相关方积极进行合作，分享知识，提供指导，并为正在思考伊斯兰金融科技或渴望学习更多知识的人提供指导和支持。

关键优势

世界上的各个地区都有其独特的经济环境、人口环境和监管环境，在这些环境里，某些金融科技垂直行业成为发展中的生态系统的领导者。对于海湾合作委员会来说，金融科技正持续对一些主要领域产生重大影响。这些领域包括：

- P2P贷款；
- 众筹；
- 移动支付和汇款；
- 交易平台；
- 投资和机器人咨询服务；
- 保险科技；
- 区块链。

新兴趋势

与上述金融科技产物相比，其他金融科技形式虽然目前并非主流，但在政府计划中仍占有重要地位。别忘了，如果我们假设“数据是新的石油资源”，那么我们就能感受到利用人工智能和大数据改善银行和投资服务这种做法所带来的冲击，而区块链和分布式分类账解决方案也将在贸易融资领域产生积极和必要的影响，尤其是在中小企业难以获得充分准入的情况下。在该地区一些国家的国内生产总值中，其他种类的金融科技占了很大比例（英国、美国和欧洲部分国家同样如此）。

在本章中，我们在深入研究海湾地区的加速器、著名金融科技公司和主要参与者时，将更详细地探讨这些问题。

人才

金融科技出现在哪里，哪里就会感受到获取和挽留人才的压力。

例如，某些较小的国家拥有大量人才，但人才外流的情况也很严重，因为国内市场无法支持金融科技的扩张，这点在第11章中提到的特拉维夫市就有所体现。在拥有众多国际化人才的伦敦，一些独角兽金融科技公司是由外国创业者建立和发展起来的。再举个例子，我们看到，巴黎市政府意识到通过培训提高人才技能以及吸引和挽留国内外人才的重要性，并采取相关举措，在儿童的早期教育中播下技能学习的种子，以发展当地人才储备。海湾合作委员会同样感受到人才流失的痛苦，并且在培养和挽留人才方面也取得了一定进步。

立法改革

过去，海湾地区对外国劳工的限制相当大。签证数量有限，再加上各种繁文缛节的限制，企业在招聘熟练劳工时不仅花销大，而且很费时。然而近几年，阿联酋的立法改革为外国投资者提供了一个新机遇，并促进了金融科技的发展。

2018年，阿联酋修改了就业法。对该国经济而言，这是自2002年颁布不动产法，允许外国人购买房产以来最重大的变化之一。新法律允许外国国民在阿联酋免税区以外的地方创立公司，并拥有这些公司100%的股权；法律还允许政府向科技和学术界等领域的专业劳工发放10年居留签证，并向国内留学生发放5年签证。

业内评论家认为，新法律将改变游戏规则，促进阿联酋经济的发展，这预示着一个充满创造力和永续经营的新时代即将到来。

教育举措

与很多其他区域中心一样，海湾合作委员会成员国意识到本地民众必须接受科技教育。但是，它们也意识到需要找到解决办法，使具备资历的杰出的金融科技创业者和雇员能够进入这些国家，并能在当地逗留很长一段时间，从而为该地区做出重要贡献。为此，在学术和专业教育领域，政府和监管机构牵头制定了一些举措，填补了某些全球大学留下的空白。最近几年，这些大学似乎搁置了它们的金融科技项目。政府和监管机构的举措包括以下几方面。

• 政府支持。海湾地区的整个金融科技生态系统非常欢迎海外更大的金融科技社区加入进来，而除了新的签证制度和延长学生签证，阿联酋还推出了政府支持人才发展举措，比如2017年10月推出的“百万阿拉伯程序员”计划，旨在向年轻的阿拉伯人传授他们适应未来经济所需的技能。

• 阿布扎比全球市场。阿布扎比全球市场旗下有一所金融教育学院，该学院有志于成为海湾地区最重要的学院之一，提供世界级的金融研究和培训服务，并帮助阿布扎比成为重要的全球金融中心。在银行、金融、领导力、创业、科技和软技能等课题和资格认证方面，该学院提供一系列全球知名的教育和经验类课程，这些课程经过不断发展和改进，能充分满足学生学习数字化技术和面对面互动的需求。它与伦敦银行与金融学院展开合作，而后者是英国主要的银行与金融服务教育和资格认证机构（伦敦银行与金融学院在伦敦和阿布扎比都设立了合作机构），这更加验证了阿布扎比全球市场教育学院对自身使命的重视程度。

监　管

海湾合作委员会对成员国金融服务的监管工作并没有采取“一刀切”的方式，而是在不同国家采取不同的形式，许多成员国则采取多机构监督的办法。

正如我们在全球各地所看到的那样，监管既可能助力，也可能阻碍金融科技进入市场。有些海湾国家敦促其监管机构加快制定新法律，不仅是为了增强金融科技行业的合法性，也是为了获得该领域的主导地位。

监管沙盒：并非易事

海湾地区采取积极措施，成立了九个监管沙盒。监管沙盒是一种封闭、可控的环境，用于测试监管机构建立的组织框架，使金融科技公司和现有企业能够用实时数据进行潜在创新，并使地区政府建立起来的监管实验室能够支持金融科技创新活动。阿布扎比、卡塔尔、埃及、约旦、阿曼、巴林、科威特、沙特阿拉伯和迪拜都仿照2015年英国金融行为监管局的模式，建立了监管沙盒。此举是英国首创，既有人质疑，也有人支持。但是，监管沙盒从建立之日起，便接纳了一些成功的群体，证明了这个概念和结果的价值。英国金融行为监管局还推出了一个新的“全球金融创新沙盒”，并正式吸纳了阿布扎比国际市场和迪拜金融服务管理局。在第7章关于伦敦的内容中，我们已对全球金融创新沙盒进行了探讨。

海湾地区的监管机构及职责

● 阿联酋

阿拉伯联合酋长国（简称阿联酋）的金融监管工作主要由三大机构负责实施，分别是阿联酋中央银行、阿联酋证券和商品管理局、迪拜金融服务管理局。前两者主要监管国内的金融活动，后者则负责监管迪拜国际金融中心。迪拜国际金融中心是迪拜境内的一个金融自由区，拥有独立的民法、商法和法院系统。

• 迪拜金融服务管理局。迪拜金融服务管理局是根据迪拜法律设立的、具有独立性的金融服务监管机构，负责实施《2004年监管法》，这是迪拜监管制度的法律基石。《监管法》建立并启动了监管框架，在此框架内，各实体可以获得迪拜金融服务管理局的许可、授权和注册，并接受金融服务管理局的监督。来自金融服务管理局的代表通过FinTech Hive等工具积极与金融科技社区接触，是新兴金融科技的敏锐观察者。在接受监管机构验证和审批过程中，金融科技公司要与监管机构进行积极的互动。金融服务管理局还负责实施《市场法》(这是一部主导金融参与者和市场参与者活动和行为的法律)、《2004年伊斯兰金融业务管理法》《2010年集体投资法》和《2006年投资信托法》。

• 迪拜国际金融中心。迪拜国际金融中心成立于2004年，是迪拜金融区内的一个经济特区，面积达110公顷，也是中东、非洲和南亚市场主要的全球金融中心。迪拜国际金融中心拥有自己独立的、受国际监管的监管机构和司法系统、普通法系、全球金融交易所、税收优惠制度，以及一个国际化的大型商业社区，超过21000名专业人员在

1600家公司工作。迪拜国际金融中心还负责管理位于其辖区范围之内的迪拜加速器FinTech Hive。

• 阿布扎比全球市场管理局。阿布扎比全球市场管理局是金融服务监管局设在阿布扎比的管理机构，负责监督实施一套健全的监管机制，这套监管机制由明确和透明的法规组成，以国际标准和全球最佳实践为基准。阿布扎比全球市场管理局还负责实施《联邦立法会、阿布扎比立法和金融服务法规与条例》。2017年，阿布扎比全球市场管理局推出了该地区的第一个风险投资基金机制，以基于风险的适当方式来监管金融科技。2018年，它引入了一种全面的加密资产制度，为加密金融活动提供了稳健机制。2019年，全球市场管理局推出了适用于数字银行、数字证券、自动化咨询和应用程序接口的监管制度。

•《金融服务与市场法规》。《金融服务与市场法规》为阿布扎比全球市场管理局的金融服务建立了立法和监管框架，该法规大致参照了英国的《2000年金融服务与市场法》和其他相关法规。

阿布扎比全球市场是新近成立的金融自由区，位于阿布扎比，类似于迪拜国际金融中心。阿布扎比金融服务监管局主要监管阿布扎比全球市场，它在后来也被纳入阿联酋金融监管机构的名单。

• 沙特阿拉伯王国

• 沙特阿拉伯金融管理局。沙特阿拉伯金融管理局已经存在了60多年，是沙特阿拉伯王国的中央银行，总部设在利雅得，负责制定本国货币政策，促进健全金融体系的发展，监督商业银行、外汇交易商以及保险、金融和信贷公司。

• 沙特阿拉伯金融管理局“金融科技计划”。该计划以及2016年决定设立的监管沙盒已经对沙特阿拉伯的金融科技投资产生了积极影响。而利雅得银行等多家银行机构正打算联合其他投资者，用银行的企业风投基金进行投资，这向初创公司发出了又一个积极信号。

• 沙特阿拉伯资本市场管理局。除金融管理局外，沙特阿拉伯还设有沙特阿拉伯资本市场管理局，负责沙特阿拉伯证券交易所的财务、法律和监督工作。

• **巴林王国**

• 巴林中央银行。巴林选择了单一的监管方式，这在海湾合作委员会内算是独树一帜的做法。巴林的金融监管体系由巴林中央银行主导，同样的监管措施全国适用，不存在监管自由区。巴林中央银行负责监管金融服务企业的行为以及提供金融服务的机构。巴林中央银行认为，这种方式形成了一致和连贯的监管模式，适用于全国各地，也为巴林的金融服务企业提供了一个直接、有效的监管机制。

重点机构

加速器和孵化器

继全球加速器经历爆发式增长和扩张之后，海湾合作委员会各成员国政府纷纷推出不同版本的金融科技加速器项目，为本国加速器的发展提供最直接和实际的解决方案。这些方案在各成员国内部极具竞争力，并向国际社会表明了它们非常热衷于加速器项目。这些项目正不断发展壮大，不仅展示了该地区金融科技公司所能提供的最优质的产品，还成为跨国金融科技公司实施全球化扩张计划时进入该地区的催化剂和避风港。这些成功的加速器把创业者、现有金融机构、其他大型企业（如信用卡公司和电信公司）、投资者和监管机构汇聚在一个虚拟的物理空间中，鼓励它们进行知识交流、产品研发、团队建设和投资，并给它们提供与合作伙伴进行商业接触的机会。

只要仔细研究，就会发现海湾地区有大量本土加速器和合作项目。

- 阿联酋

  - 迪拜国际金融中心 FinTech Hive；

  - Plug and Play（阿布扎比全球市场）。

- 沙特阿拉伯

  - Monsha'at和沙特国家商业银行的合作项目。

- 巴林

  - 巴林金融科技港湾。

- 约旦

  - 金融前景：中东北非2020（中东北非即MENA，在地理上大致分为海湾六国、黎凡特地区和北非三大区域。——编者注）。

阿联酋：迪拜

- **迪拜国际金融中心 FinTech Hive**

迪拜国际金融中心成立于2017年1月，位于迪拜的金融区，是

FinTech Hive加速器的所在地。该加速器致力促进商业互动、信息交流和建立可在该地区进一步分享的最佳实践标准，比如2019年启动的吉达项目。FinTech Hive不仅是一个加速器项目，还提供联合办公场所，组织投资者推介会，举办有60多个合作组织参加的成长研讨会，并与当地监管机构建立良好、积极的工作关系。许多初创公司一经成立就迅速成长为迪拜国际金融中心的超级巨星，并为该地区的发展和商业互动提供了真正的机遇。FinTech Hive的成功，充分体现了政府、初创公司、大型企业和公司是如何从零开始创造出一个目标明确、欣欣向荣的生态系统的。

FinTech Hive已经结束了第三批创业项目，并于2019年在沙特阿拉伯王国启动了另一个同类型的项目。2019年，FinTech Hive共投资了31家初创企业，比前一年增加了50%，参与项目的初创公司涵盖了更广泛的垂直领域，包括金融科技、保险科技、监管科技，还有引人注目的伊斯兰金融科技。

该项目包括一门为期三个月的课程，一批最终入围的初创公司与利益相关方、行业专家、企业成长专家、导师和合作伙伴密切合作，制定创新和具有前瞻性的解决方案，以满足该地区金融服务行业不断变化的需求。

Fintech Hive的掌舵者、执行副总裁拉贾·阿尔·马兹鲁伊在公开场合说过：

迪拜国际金融中心正努力塑造海湾地区金融业的未来，而FinTech Hive发挥着至关重要的作用。它是生态系统的一部分，这个系统包含强大的基础设施、适用的监管机制、由政府补贴的许可证发放制度；最重要的是，这里还可以接触到世界上一些具有开拓精神的金融机构。

与迪拜国际金融中心合作的开创性金融机构包括：

- 阿联酋迪拜国民银行；
- 阿布扎比伊斯兰银行；
- 阿拉伯银行（非正式合作伙伴）；
- 阿布扎比第一银行（非正式合作伙伴）；
- 富查伊拉国民银行；
- 渣打银行；
- 汇丰银行；
- 维萨信用卡；
- Finablr公司；
- 利雅得银行。

来自保险行业的机构包括：

- Noor Takaful公司（道德保险）；
- 美亚保险；
- 安盛保险海湾分公司；
- 苏黎世保险公司；
- Insurance House保险公司；
- 信诺保险公司。

迪拜国际金融中心还与国有电信运营商Etisalat合作项目，这点很重要，因为很多金融科技解决方案都以移动设备为先，而大多数人都拥有移动设备。此外，伊斯兰学者基金组建了迪拜伊斯兰经济发展中心，为初创公司提供相关指引。

入围2019年FinTech Hive加速器计划的初创公司包含了海湾地区的部分一流公司。

- DAPI（阿联酋）

DAPI宣称是中东北非地区的首个金融应用程序接口，允许金融科技应用程序利用开放的银行法规启动支付和访问实时银行数据。

- Eazy金融服务公司（巴林）

该公司为银行和金融服务业提供生物识别技术和创新解决方案。

- FinFirst（科威特）

这是一个数字化贷款整合平台，将中小企业与银行和非银行金融机构进行匹配，并自动完成客户调查、反洗钱检查、发放贷款和信用评分等流程。它降低了申请贷款的成本，尽量减少填写申请表格所带来的麻烦，解决了该地区特有的一些重要难题，并为贷款机构打开了获取客户的渠道，而这恰恰是贷款机构所面临的最大挑战之一。

- Hakbah（沙特阿拉伯）

这是一家伊斯兰金融科技公司，专注于合作储蓄领域，将改造金融业的传统做法和实现数字化作为自身使命。

关注业绩出色的公司

财富和自动化咨询领域

- Sarwa公司：该公司由马克·查万于2016年创立，在经过近12个月的试运营之后，成为迪拜金融服务管理局监管沙盒的首期“毕业生”，是首家获得迪拜金融服务管理局正式执照的机器人咨询公司。
- Beehive：由克雷格·摩尔创立于2014年，总部设在迪拜，并获得无数引人注目的成就。Beehive是中东北非地区第一个受监管的P2P贷款平台，并于2017年获得迪拜金融服务管理局颁发的许可证。摩尔从Funding Circle和Zopa等成功的英国P2P贷款公司身上看到了机遇，而在他看来，中东是一个尚未开发的市场。2019年11月，Beehive平台经手的累计贷款额达到5亿迪拉姆，此时正值其成立五周年。

阿联酋：阿布扎比

- 阿布扎比全球市场Plug and Play项目

该项目于2015年在阿布扎比启动，是全球Plug and Play技术中心加速器和投资者平台的一部分，把来自世界各地的金融科技公司与中东北非地区的企业联系起来。项目的合作企业包括：

- 法国巴黎银行；
- Finablr；
- 利雅得银行；
- 阿布扎比第一银行；
- 布比扬银行。

阿布扎比全球市场Plug and Play项目涵盖的金融科技垂直领域包括安全、财富和自动化咨询、支付、数据分析以及用户参与。

- **其他机构**

- Hub 71

阿布扎比政府和穆巴达拉、软银和微软等主要实体合作创立了Hub 71，这是一个全球科技生态系统，把那些能够推动初创公司获得成功的重点机构聚集在了一起。

- Ghadan 21

作为Ghadan 21项目的一部分，阿布扎比投资局推出了价值5.35亿阿联酋迪拉姆的Ghadan风险投资基金，以吸引初创公司和风投基金入驻阿布扎比。

- 中东北非金融科技协会

中东北非金融科技协会是支持中东北非地区金融科技业发展的非营利性组织，总部同样设在阿布扎比全球市场。四大会计师事务所之一的毕马威公司是其创始成员之一。

> **关注保险科技**
>
> 阿布扎比的在线平台Bayzat使人力资源管理工作变得更加轻松。2019年，它获得了1600万美元B轮融资。Bayzat公司成立于2013年，提供健康保险和小企业人力资源软件。

沙特阿拉伯王国

- **“沙特金融科技”项目**

“沙特金融科技”项目于2018年启动，目标是为金融科技生态系统提供支持，提升沙特阿拉伯王国作为金融科技中心的地位，提高金融普惠度，以及鼓励数字化交易的兴起。该项目是沙特阿拉伯为了支持创业和加强金融科技服务而制定的“2030年远景战略”的一部分，缩小了以往科技教育的差距（在很大程度上，这种差距也存在于当前的科技教育中），不仅为中小企业界（中小企业是贸易融资的重要组成部分），也为现有金融服务企业提供了解决方案。

由于此前没有针对金融科技行业的蓝图绘制“好的”样本，所以，无论是从科技角度还是监管角度来看，沙特阿拉伯王国一直在海湾地区扮演“追赶者”的角色。不过，随着“2030年远景战略”的出炉，沙特阿拉伯王国想在金融科技领域大干一场的决心似乎已经昭然若揭。沙特阿拉伯王国做出了明智之举，选择了德勤的全球化服务，德勤还为沙特阿拉伯王国提供专家级别的协助，为沙特阿拉伯王国金融科技公司制定总体战略。德勤担任一系列具体举措的评估者和开发者，包括金融科技加速器空间，为金融科技在该地区的快速成长增加动力。该项目还有助于吸引国际人才和投资。

根据德勤提供的数据，截至2019年，沙特阿拉伯大约有15家运营中的金融科技初创公司。与阿联酋等附近其他较大的市场相比，沙特阿拉伯金融科技行业规模虽然相对较小，但它的初创公司经历了快速增长，这在一定程度上归功于政府发展生态系统的努力和举措。鉴于沙特阿拉伯拥有巨大的购买力，所以，对于外国金融科技公司来说，沙特阿拉伯的市场规模是一个重要的机会。

金融科技的实体空间阿卜杜拉国王金融区位于沙特阿拉伯利雅得。这是一个正在建设中的新项目，造价高达78亿美元，占地面积超过300万平方米，拥有59座塔楼。该项目表明，沙特阿拉伯已经迈入金融服务领域，目标是成为中东的主要金融中心。

关注监管科技

Qoyod是一套针对沙特阿拉伯中小型企业的会计云解决方案，吸引了大量投资者的关注。投资者认为，提出该解决方案的这家初创公司潜力巨大，不仅能迅速扩大规模，还能开发中东北非最大的市场之一——沙特阿拉伯。在沙特阿拉伯王国的法定要求下，这家初创公司帮助当地企业处理它们绝大部分会计和记账事务，并使Qoyod成为中小企业主的一种重要工具。

巴林王国

- 巴林金融科技湾

巴林金融科技湾的规模比迪拜小，但仍拥有强大的优势，已成为包括硅谷和新加坡在内的全球金融科技网络的一部分。巴林金融科技湾的自我定位为金融科技中心和中东地区最大的孵化器，为金融科技公司提供联合办公场所以及与30多家公司合作的机会。这些公司正寻找机会与金融科技公司合作、交流和孵化，并举办相关活动，进行市场和趋势研究，通过“国家金融科技人才项目”招揽人才（该项目已获得美国乔治敦和伯克利等大学认证）。金融科技湾还与巴林开发银行和机构开展对话与合作，为初创公司提供巴林开发银行1亿美元基金的投资机会。

自2017年以来，巴林王国经济发展委员会和中央银行一直在按统一的蓝图努力，为建立一个成功的金融科技中心奠定基础。巴林是海湾地区第一个拥有监管沙盒的国家，它制定了明确和透明的监管机制，监管加密资产、众筹、自动化咨询等垂直领域，同时还建立了金融科技创新部，帮助和引导金融科技公司完成监管流程。

- 巴林国民银行和Tarabut Gateway

巴林国民银行渴望成为金融科技公司在海湾地区的首选合作伙伴。2019年5月，该银行率先为客户提供开放式银行基础设施服务，成为中东北非地区第一家提供此类服务的银行。为了实现夙愿，巴林国民银行与专业金融科技公司及开放式银行基础设施提供商Tarabut Gateway建立了合作关系。借助Tarabut Gateway的技术，客户能够将他们的巴林国民银行账户连接到巴林的任何银行，并通过国民银行的手机银行应用程序和在线门户查看他们的财务状况。如此强大的功能在巴林国内尚属首创。

> **关注加密货币和区块链**
>
> 加密货币交易所Rain的总部位于巴林，从巴林中央银行获得加密资产模块许可证后，它便成为中东地区首家获得许可证的加密货币交易所。此后，该公司还获得了250万美元的种子轮投资。

约旦王国

- **“金融前景：2020”**

Village Capital是一家总部设在美国华盛顿特区的非营利性风投组织，其业务涵盖资本投资、培训和支持服务。多年以来，它与贝宝和美国大都会人寿基金会之间保持着全球加速器伙伴关系。三家企业在安曼共同启动了首届“金融前景：中东北非2019”加速器项目，该项目主要投资11家在当地运营的初创公司。该项目投资的企业包括金融科技公司，但也不排斥金融科技公司以外的其他企业，因为它还资助那些专注于社区抗灾能力和经济流动性的企业。两家入围企业从大都会人寿基金会获得了总额为50000美元的投资。

2019年，“金融前景：2020”项目资助的企业包括：

- Fundbot（贝鲁特）

数字化保理解决方案，为中小企业提供银行信贷发票，解决其运营资本需求。

- Finllect（迪拜）

个人财务应用软件，使95后和00后的年轻人（Gen Z）能够更好地理解和管理资金。

- Kaoun（突尼斯）

通过身份识别、支付和贷款等解决方案，使无银行账户和银行存款不足的个人和企业能够获得金融服务。

- Merakido（开罗）

游戏化的习惯养成类金融福利应用程序。

- Rumman（安曼）

自动小额储蓄和投资应用程序，使人们能够从1美元开始，为自己的未来投资。

- Solfeh（苏尔菲）

金融科技小额贷款平台，为上班族提供当日可取的紧急现金垫款。

融资渠道

《MAGNiTT 2019中东北非金融科技报告》已经把金融科技列为2018年和2019年中东北非地区受资助交易数量最多的行业。2018年，就交易数量而言，金融科技行业甚至超过了电子商务和物流，成为投资者最青睐的行业。作为一个大型国际物流中心，该地区完成了一项相当了不起的壮举。

私募资本的主要参与者

2015年至2019年，私募资本的市场供应量迅速增加，全球私募投资者占总投资的百分比保持在28%至36%之间。私募基金主要是区域性的，2019年，总部设在中东北非的金融科技初创公司的私人投资者数量达到37家，高于2015年的16家。在162名投资者中，14%来自中东北非地区以外，这说明资本生态系统逐渐成熟。

- **中东北非初创公司的重点投资者数据**

按《MAGNiTT 2019中东北非金融科技报告》的说法，顶级投资者也是最活跃的投资者，他们为多家金融科技公司带来了充盈的资金。已完成5项以上投资的企业包括：

- 500 Startups；
- Startupbootcamp；
- 狮群资本（Pride Capital）；
- 阿曼科技基金；
- Flat 6 Labs。

大多数投资都完成于企业初创阶段。然而值得注意的是，有些交易是后期完成的，包括：

- 网络国际吸纳的3000万美元投资，Paytabs获得的2000万美元投资，以及Souqalmal获得的1000万美元融资；
- 在中东北非地区，已有13家金融科技初创公司的资本获利退出；

- 获得融资的前五大金融科技初创公司包括Network、Paytabs、Agreed、Yallacompare和Beehive，它们从多家投资企业那里共获得了超过1亿美元融资，包括美国泛大西洋投资集团、华平投资集团、ICS公司、沙特阿美石油公司、舒埃里集团、阿尔戈公司、Dtec、Wamda Capital、STC、Precinct Partners、中东风险投资合伙人公司和RTF等公司；
- 该地区已有两家金融科技公司上市，分别是Fawry和网络国际公司。

• 利雅得银行成立的基金

2019年11月，中东最大的金融机构之一利雅得银行宣布计划向其新发起的金融科技创投项目投资2670万美元，以加快该行在全国推出新金融产品的速度。此举增加了该地区的创投资金金额。

政府基金

除了通过各种加速器项目源源不断地提供资金，海湾各国政府还启动了一些金融科技基金：

- 位于阿联酋的阿布扎比投资局、阿布扎比创业催化器合伙公司和迪拜国际金融中心为金融科技行业招揽到的投资已分别达到1.46亿美元、10亿美元和1亿美元；
- 位于巴林的艾尔瓦哈组合基金已经投资了1亿美元；
- 埃及的中央银行为金融科技公司提供了5700万美元的资金。

• 软银的远景基金

2016年，软银与沙特阿拉伯共同成立了规模达1000亿美元的科技投资基金，专注于投资新兴的科技公司，这一公私合营基金引起了媒体和公众的极大关注。软银和沙特阿拉伯的公共投资基金分别向软银远景基金注入了250亿美元和450亿美元，其余的300亿美元来自一个未公开的投资者群体。对当时的沙特阿拉伯而言，虽然加速器尚属全新领域，但软银集团已经参与到一些加速器项目中，比如“软银创新计划”，该计划对金融科技初创企业的原型产品研发和市场测试结果进行评估，在此基础上给予初创公司高达数百万美元的多轮投资。

重要活动

海湾地区以举办全球领先的世界级会议和展览而闻名，而迪拜和阿布扎比建有大量专门的会议和活动设施。该地区的活动吸引了大量参观者、参展商和业内著名专家为这个年轻而卓越的中心在信誉建设方面持续做出贡献。以下是该地区举办的部分重要会议和峰会。

- 阿布扎比金融科技峰会

阿布扎比金融科技峰会在秋季举行，是该地区金融科技界最重要的活动之一，吸引了来自全球各地成千上万的游客、参展商和演讲者。峰会内容包括探讨时下的金融科技重点主题、举办颁奖仪式、关注女性主导的项目以及企业创新挑战等。截至2019年，该峰会已经举办了三届。

- 中东金融科技展（巴林）

在海湾会议中心举行的中东金融科技展不仅吸引金融科技公司前来参展，也吸引了现有金融机构。展会上，企业展出最新的银行软件服务、网络安全、生物识别、云计算、数据分析、人工智能、区块链和支付等产品和服务。

- 伊斯兰金融世界领导人峰会（迪拜）

该峰会关注伊斯兰金融界的最新进展和金融科技的发展，并讨论各种议题，包括科技在伊斯兰金融和投资中发挥的作用、资产融资管理行业、监管机制和金融科技生态系统等。

- 新时代银行业会议展（迪拜）

该展会的重点是开放式银行所带来的挑战及其对传统银行系统的影响，以及网络安全和网络犯罪的预防机制和影响。对于区域性的现有银行来说，网络安全和网络犯罪是两个反复出现的难题。新时代银行会议展在迪拜举行，吸引了数百名银行和金融服务业领袖、安全专家和金融技术解决方案提供商。

- 约旦区块链和金融科技峰会

约旦区块链和金融科技峰会的举办地是位于约旦死海的侯赛因国王会议中心。大会重点探讨金融科技、加密货币和区块链行业的发展、现状、潜力、关键挑战、问题及其解决方案。会议允许人们讨论约旦数字货币监管的各方面问题和去中心化技术集成的主要适用领域，包括政府、金融科技、保险、贸易等领域。

- 中东金融创新大会（迪拜）

金融创新大会是一个全球性品牌，迪拜设有分会场，专注于讨论地区银行业和金融科技业，吸引了数以百计的游客和数十名来自全球各地的发言者。大会组织者与阿联酋财政部负责金融科技项目的拉贾·阿尔·马兹鲁伊建立了战略合作伙伴关系，而马兹鲁伊正是迪拜国际金融中心 FinTech Hive的执行副总裁，他说：“金融创新大会是值得信赖的全球性会议，迪拜则是全球各金融中心的重要连接点。金融创新大会的参与者认为，迪拜有潜能，也有机会成为海湾地区创新和金融科技的领导者。”

- 未来区块链峰会（迪拜）

未来区块链峰会由迪拜政府的“智慧迪拜”办公室在迪拜世贸中心举办。大会展示区块链的最新技术和应用，为超过10000多名来自全球各地的访客和与会企业提供了一个鼓舞人心的会议场地。参与峰会的企业既有行业领袖，也有区块链生态系统中的初创公司。

- 年度投资会议（迪拜）

年度投资会议是一项全球性的活动，以严肃的知识交流、建立联系、商业配对、巩固伙伴关系和商业活动著称，吸引了国际投资者、一流的学者和行业专家，致力提供外国直接投资机会。

- 迪拜智能卡、支付与零售展览会（迪拜）

迪拜智能卡、支付与零售展览会在迪拜国际会展中心举行，是该地区最大的展会之一，吸引了大约10000名游客和数百名演讲者、投资者以及现有金融科技和金融服务生态系统中的企业。在展会上，企业展出创新解决方案，以应对海湾地区所面临的挑战并充分利用新机遇。展会主题包括普惠金融、机器人和财富顾问、保险科技、人工智能、监管科技等。

- 未来安全峰会（沙特阿拉伯）

未来安全峰会举办的时间不长，致力探讨安全问题。峰会组织者希望把它打造成分享经验和学习的典范。首届未来安全峰会于2019年在沙特阿拉伯举行。

结 论

海湾地区金融科技生态系统的成长速度令人难以置信。在可预见的未来，它似乎会继续保持目前的发展轨迹。政府制订了充满雄心壮志的计划，这些计划将延长到2030年，能确保发展所需的加速器、投资者网络、法律法规框架持续存在，从某些人视为轻易可实现的支付和汇款解决方案向更复杂的区块链解决方案转变。然而，有一点很明确，即该地区所有国家都在走向成熟，当金融科技这个爱捣乱的“儿童”成长为勉强听话的“青少年”，继而成长为拥抱真正合作机会的“成年人”时，合作关系和伙伴关系就出现了。任何国家都愿意接受这样的合作机会。

这种感觉似乎也是相互的，因为参与合作的不仅是金融科技公司，还包括现有金融机构和监管机构。所有迹象表明，在一个拥有众多移民且大部分人尚未享受银行服务的地区，企业若能提供真正的解决方案，则预示着金融科技行业能够良性发展。

伊斯兰金融科技的持续增长

伊斯兰金融科技是一个年轻但不断成长的子行业，零售业、商业和投资银行服务业持续变革的时机已经成熟。它正向广大的千禧一代和“Z世代”传递着价值观，而海湾地区正为其特定类型的创新活动提供支持和机会，使这种创新变成现实世界的解决方案，并在穆斯林占多数人口的国家之外蓬勃发展。

积极信号

随着金融科技使全球金融服务市场发生翻天覆地的变化，各地区的现有银行深知，它们别无选择，只能与新的玩家合作，接受移动技术，并密切关注客户需求。在迪拜，FinTech Hive的一些合作伙伴在项目合作方面取得了长足的进步，并推出了它们自己的金融科技项目、产品和服务。

阿联酋迪拜国民银行率先推出数字化产品Liv，成为阿联酋首家使用手机应用程序的银行。起初，这项服务仅限于阿联酋境内，但国民银行打算在本国以外推广这款应用程序。很明显，在与本行的创新团队开展合作以后，迪拜国民银行已经开启了雄心勃勃的数字化转型之路。它认为，与金融科技公司进行合作和建立伙伴关系是实施其战略的重要举措。迪拜国民银行与20多家金融科技公司合作开发Liv，并在此过程中找到解决客户难题的方法，这些难题涵盖了外汇、贷款、支付和信用卡服务等领域。它根本不担心去中介化，而是坦然接受与金融科技生态系统合作的可能性。

迪拜国民银行内部有一个实验室，可以进行金融科技方面的实验。它还积极参与到迪拜国际金融中心的FinTech Hive加速器项目中。汇丰银行也是该加速器项目的合作伙伴。经过三年合作，汇丰银行认为，与金融科技公司合作的价值在于，金融科技公司带来了创新，而银行提供了一个受监管的实体、一个庞大的客户群和必要的资本，以带来符合市场需求的解决方案，满足客户需求。这种速度和灵活性的结合，再加上遵守监管制度和心甘情愿的客户群，可能会给汇丰银行在该地区和其他地方带来竞争优势。与海湾地区的其他银行一样，迪拜的现有银行意识到，若从零开始进行内部创新，可能要付出高昂的成本和大量时间，而时间恰恰是海湾国家客户最不想浪费的东西。速度是获取市场解决方案的关键。

在沙特阿拉伯，现有的伊斯兰银行目前正与金融科技公司合作，进军新的细分市场，并吸引更多客户。例如，利雅得银行与Gemalto合作，推出了一系列非接触式支付腕带。

同样在阿联酋，富查伊拉国民银行和FinTech Galaxy建立了合作伙伴关系，此举有点不同寻常。FinTech Galaxy采用了一种独特的众包平台法，通过中东北非金融科技“黑客马拉松”等解决方案，将该地区在创新过程中遇到的难题与全球和地区性的解决方案提供商联系起来。金融科技公司对金融科技生态系统内的各种参与者——当地主要银行、监管机构、金融服务专业人士和一流的科技公司——保持开放态度，提出了各种创新的解决方案，以应对贷款、贸易融资、支付和无摩擦客户体验等金融服务领域所产生的挑战，比如账户整合、结算和加价式销售过程数字化等（加价式销售是指伊斯兰教义禁止人们通过贷款赚取利息，但允许把利润加到买卖的商品中）。

09

巴　黎

背　景

光之城：欧洲金融科技苍穹中的明星

论及高贵典雅、工程学、风流和魅力，巴黎历来无出其右。然而，你可能会惊讶地发现，近些年来，巴黎也成了金融科技领域颠覆性变革的楷模。它像好客的主人，打开大门，张开双臂，欢迎一切与金融科技相关的事物。长久以来，这里一直是金融服务业的家园，但现在，轮到了金融科技在塞纳河畔闪亮登场。

可以肯定的是，对“新星”来说，主角可不好当。因为传统银行业并不愿意纡尊降贵，让新兴的金融科技公司坐上谈判桌。相比之下，伦敦和柏林等城市对金融科技的反应速度更快，更容易融入金融服务业。

与当下相关的历史注脚

尽管本章的主题是巴黎，但在讨论巴黎的金融服务业和金融科技定位之前，我们必须先梳理这座城市的一些历史背景、与邻近的主要金融科技中心伦敦之间的关系以及法国银行业的浮沉兴衰，因为这些内容与本章探讨的现代化创新有一定关联。

历　史

手足之争

几个世纪以来，伦敦和巴黎之间关系复杂。历史上，两座城市有如手足兄弟，又存在着某种竞争关系。这在所有商业和贸易领域尤其是金融服务行业都有所体现。19世纪中叶之前，巴黎一直是由富裕的家族和社团主导的金融中心，这些家族和社团主要用存款资助战争和大型工业企业。整个19世纪，法国最大的几家银行不断地扩张，但在1870年普法战争爆发时，法国银行却因民众的大规模提款而陷入危机。

1894年，法国实施银行法案，开始对银行进行监管和控制，但也引发了小企业和创业者的投诉，因为他们发现申请贷款变得越来越难。1911年，法国财政部部长决定成立一个委员会，负责制定有利于“大众银行”发展的法律，从而弥补银行体系的这种缺陷。该法律于1917年通过。

尽管民众对银行依旧评价不高，但银行还是能够吸引相对较大的客户量，并开始大力发展和扩大业务及产品线。20世纪初，里昂信贷银行的规模大到足以跟伦敦金融城一些最大的银行相提并论。整个20世纪20年代，尽管法国的银行系统得到了发展，但银行业的结构仍然很脆弱，直到1926年至1928年间，随着庞加莱稳定了法郎，信贷机构才得以重建其资源。

20世纪30年代的经济大萧条使银行面临着大规模的客户提款需求。1930年至1931年，大量银行破产，银行数量减少了四分之一。那些持有大量流动储备金的银行成功地克服了银行业危机，这意味着法国的情况比绝大多数中欧国家都要好，甚至好于美国。

整个20世纪，银行业一直在增长，短短几十年时间，分行的数量就翻了一番。到了20世纪70年代，几乎所有法国家庭都在享受主流银行的服务。银行还向企业和私人客户提供一系列多样化的产品，如中长期贷款、出口信贷、项目融资、个人贷款、住房补助、共同基金等。1966年至1976年，银行存款增长两倍，而从那时起，银行存款就占了流通货币总量的五分之四。

关键优势

银行业的新革命

就在20年前，法国政府仍在很大程度上控制着银行业，但自从1984年银行法生效以来，政府开始采取一系列举措，有效地废除了信贷专业化，并最终导致国家放宽了对银行系统的管制。

在欧洲单一货币形成和欧盟委员会条例制定之前，银行业主要掌握在法国银行手中，但单一货币打开了银行业的大门，并带来了来自外国银行的竞争。激烈的竞争使银行业发生了实质性的变化，大规模收购和接管活动兴起，并以法国银行业的全面重组告终。事实上，法国是最早采用数字化银行业务的国家，当时的好几家银行开始通过法国电信的Minitel（即互联网的前身）设备提供基本的银行服务。

如今，法国正在适应科技和多变的客户需求所形成的新环境。在新需求、移动技术和数据技术的合力推动下，法国出现了新一代创新型金融服务公司。日新月异的变化促使监管机构逐步改变其监管规则，并越来越支持创新。法国正在成为优秀的金融科技中心。

作为金融科技界一座大器晚成的中心城市，巴黎没有浪费任何时间，将自我定位为全球金融科技行业的领导者，在英国决定脱欧的大背景下，这样的定位尤其重要。本着帮助初创企业抓住发展时机的精神，法国政府看到了将巴黎打造成金融技术中心的机会，并开始为金融科技公司制订具有吸引力的融资计划，提供超酷的共享办公场所和获取人才的机会。法国孕育了很多早期的金融科技先驱公司，比如致力金融安全技术的公司Gemalto和涉足法国及全球大型支付市场的支付软件公司Ingenico。因此，在制定数字化举措方面，巴黎有先例可循。

现有银行的态度转变也很大，开始积极推动金融科技生态系统的发展。法国巴黎银行“开放式创新”项目总监劳伦·赫比隆阐述了作为现有金融机构的法国巴黎银行能够如此审时度势的原因：

此前，在竞争对手较少的情况下，银行更多地专注于“制造”

和“购买”。过去四年里，法国巴黎银行关注的重点更多地转向了购买和合作，并充分利用了引进外部人才所产生的积极影响。而在人工智能/机器学习、自然语言处理、客户尽职调查、风险、分销和客户体验等领域，这点最为明显。

我们开始了一段数字化的旅程，并意识到我们需要更有目的地与初创公司和规模化企业打交道。

赫比隆总结道：

重要的是，银行内部的这种转变是自下而上又自上而下的，避免掉入那种脱离主流趋势“如空中楼阁般的创新实验室”的陷阱中。我们必须培养银行内部的精气神，而且任何举措都不应超出“一切照常”的范畴。事实上，在适当的条件和环境下，我们许多员工与初创公司互动时会表现出巨大的创造力、充沛的精力和丰富的想象力。他们开始越来越重视与初创公司合作，并接受这种工作关系，重塑自我，为自己注入活力。

一直以来，现有主要银行和监管机构都采取了这种方法。在火车、航空和海运等运输环节的协助下，这种方法成为金融科技行业取得成功和快速发展的关键所在。如今，法国是出类拔萃的金融科技中心，有些人认为，法国现在完全有实力与伦敦竞逐“世界金融科技之都”的头衔。

除了现有银行和监管机构，法国的教育系统也在应对这一挑战。在中学教育中引入了人工智能和区块链等战略性行业课程，培养更多这方面的中学生，以确保法国在金融科技领域保持领先地位。既然把伦敦作为主要竞争对手，法国就需要继续推动激励措施和创新机制，吸引创业者来法国创业。

快速增长带来的影响令人印象深刻，法国正成为欧洲金融科技中心的领路者，以下数据足以说明这点。

• 法国的金融科技公司、保险科技公司和监管科技公司数量达457家，其中，超过250家公司的活动由法国监管机构审慎监管局和法国银行根据不同法规加以监管。

• 法国的金融科技行业提供了80多万个就业岗位（其中的89%是全职岗位）。

• 2018年，法国金融科技投资金额超过3亿欧元，创下历年来的最高纪录，并且在金融科技领域的高额投资有持续下去的趋势。

• 巴黎是金融科技论坛的主办方。该论坛是全球规模最大的金融科技活动之一，有来自多个国家的2900多人参会。

重点垂直领域

金融科技行业有许多垂直领域，这些垂直领域在各类子行业都有代表，在这方面，巴黎与其他任何城市别无二致。有些垂直领域比其他领域更成熟，而增长最明显的包括以下几个领域。

• 保险科技公司占法国金融科技初创公司总量的17%，而其中三分之一是在过去两年中创立的。一家名为艾伦的保险科技初创公司筹集到了3500万英镑投资，这充分说明了法国在颠覆性创新领域的领导能力。法国不仅能培养本地领先企业，也能创立全球性的优秀企业。

• 加密货币、区块链和首次代币发行方兴未艾，监管机构也在积极推动建立一个支持创新的监管环境框架。Ledger是一家成功的法国企业，它开发了安全的加密货币解决方案和基础设施方案，并为个人和企业开发了区块链应用程序。2018年，该公司宣布，它已经获得了7500万美元的B轮融资，此轮融资由世界著名的创投机构Draper Esprit主导。

• 包括P2P、直接贷款和借贷市场模式在内的贷款行业也在蓬勃发展，而在绿色能源或房地产等细分市场，则涌现出越来越多的贷款平台。Lumo是一个可再生能源众筹平台，自2012年启动以来，一直致力将众筹和可再生能源领域的先进专业知识结合起来，以加速绿色能源转型。该平台于2018年被法国兴业银行收购。

• 投资和融资服务仍然是法国企业参与最多的金融科技领域，仅在2019年1月至3月，就有83家新的初创公司出现，Kesitys就是其中之一。该公司专注于研发新一代交易软件，并在伦敦和都柏林举办的2019法国金融科技巡回展展示了它的产品。投资和融资服务业拥有大量极具活力的企业，能为客户提供消费信贷解决方案、在线经纪和众筹服务。这个高速增长的行业值得关注，有些企业可能会进行合并和收购，因为那些拥有最先进技术的企业已经开始盈利了。

• 银行业/个人财务管理行业的增长没有那么快，这可能是由于占主导地位的参与者拥有较大市场份额，比如Qonto（B2B新型银行，于2020年初获得了中国腾讯集团1.15亿美元的投资）、Lydia（从B2C支付应用程序变成了一种元银行）、Bankin、Linxo和Budget Insight等。此外，欧洲的市场领导企业继续蚕食市场份额，如N26，它在2019年

1月取代了Revolut，成为欧洲最有价值的手机银行，估值达27亿美元。简而言之，这些子行业在法国已经相当成熟，并慢慢趋于饱和。因此，对于2019年新进入这些行业的公司来说，实现增长似乎是件比较难的事情。

• 监管科技是近年来的一个热门话题。《通用数据保护条例》《反洗钱法》《2004金融工具市场指令第二版》《支付服务指令第二版》等法规所带来的合规成本越来越高，促使受监管机构使用各种工具或与提供工具的企业合作，以加速合规检查和报告进程。客户尽职调查和身份管理仍然是热门话题。

法国金融科技公司目前面临的挑战

不同于特拉维夫、硅谷或伦敦等地的民众热爱科技，乐于接受以客户为中心的新解决方案，法国的金融科技公司所面临的最大挑战就是公众对这些创新者所提供的服务接受程度较低，它们的早期用户往往是千禧一代，而老一辈人往往对监管机制中的安全问题和各种恶劣条件（比如缺乏协调、缺乏监管或法律解决办法等）持更加谨慎的态度。从某种程度上讲，法国的人口特征也许可以用来解释金融科技公司为何难以被公众广泛接受。

德勤的一项研究表明，在金融科技公司提供的服务中，法国人使用最多的就是账户整合服务，用户数量占9%；与储蓄（包括众筹、财务规划、自动化咨询）和相联项目有关的服务目前约占4%至6%。这个比例之所以如此之低，主要是由于公众对金融科技的印象不佳。事实上，只有大约四分之一的人熟悉上述创新型金融服务。但对法国的金融科技平台和服务来说，这也是个好兆头。虽然数字化革命正在制造各种艰巨的挑战，但它也带来了令人难以置信的机遇，等待人们去把握。

对公众进行营销宣传和市场培育之后，接受金融科技服务的人数将大大增加。很多人对金融科技表现出兴趣，但还不想冒险进入该领域。在受访者当中，18%的人宣称自己对这种只收取最低利息的创新金融感兴趣（即通过社交网络实现的P2P支付方式），而最受欢迎的产品能吸引多达45%的法国人，其中包括互联保险产品和账户整合产品。

Station F：实现亿万富翁之梦

巴黎的Station F并非专为金融科技打造的孵化器，但金融科技有望占据该创业社区的最大空间面积。Station F于2017年建成，位于塞纳河畔，占地36.6万平方英尺，被誉为世界上最大的创业园区。亚马逊、脸书和微软等老牌科技公司以及数千家初创公司都在此落户。每个办公场所每月租金约195英镑（即235美元），大约是巴黎其他办公场所价格的一半。除了收取32家风投公司的租金，园区的主要收入来自这些初创公司。

Station F的使命是通过初创公司把大企业、组织和大学与具有开拓精神的创业者联系起来。新成立的公司不仅能得到各种加速器和孵化器的加持，还能获得联合办公场所和企业所需的所有辅助服务，如餐馆、咖啡馆、酒吧和活动空间等，从而帮助它们推进其想法。

Station F得到了法国电信业亿万富翁泽维尔·尼尔的支持。泽维尔·尼尔是一位传奇人物，他向科技教育事业和法国初创公司投入了数百万美元，并为Station F项目投资了2.85亿美元，他说："硅谷的真正力量源自心态，或者说精神。巴黎没有理由不能复制这样东西。"

关于基础设施建设，还需要说明重要的一点。2013年，法国政府启动了一项价值210亿美元的超高速互联网计划。整个法国有着比伦敦更便宜的房地产价格，再加上快速稳定的互联网，这对初创公司和现有企业都非常有诱惑力。

踪迹难寻的独角兽

尽管政府引导和鼓励发展金融科技，但法国的外来投资仍然落后于欧洲其他城市。根据毕马威的年度金融科技调研报告，2018年，全球金融科技投资额估计接近1120亿美元。外资对法国金融科技业投入了3.28亿美元，相比之下，这样的数据虽引人注目，但不是很亮眼。伦敦仍占据着2019年全球金融科技交易的榜首，首次超过了硅谷。面对家门口如此强大的竞争对手，巴黎将不得不继续发挥其高卢人的魅力攻势（崇尚自由、英勇善战一般被认为是高卢人的特点。——编者注），吸引最聪明和最勇敢的人才加入巴黎这个相对较新的生态系统。

几年前，巴黎政府宣布给予企业税收优惠，将公司所得税降低至28%。此外，只要企业聘用法国员工、给员工分配股份和自愿进行天使投资，都可以获得税收优惠，这些举措或许有助于投资者在巴黎进行投资，也有助于创业者在巴黎创立公司。

尽管投资有所上升，法国金融科技公司出现高估值和获得巨额融资的情况却很罕见，法国很难出现能与Stripe、TransferWise或Ripple等公司竞争的金融科技独角兽。然而，在2019年3月底，法美合资企业Kyriba成为第一家估值达到12亿美元的独角兽企业。其他有望成为独角兽的法国初创企业包括October、Lydia和Ledger。其中，Ledger专门提供加密货币的各种硬件，也是最受投资者欢迎的企业。该公司的目标是在2024年前达到100亿美元的估值。

人才状况

挑战和应对措施

发现和吸引人才是一大挑战，而没有任何国家或城市能逃避这种挑战，因为世界级的技术技能资源已经捉襟见肘。

法国意识到培养本国劳动力的必要性，它也确实拥有计算机和数据科学等相关学科的一流毕业生。法国政府还认识到，储备人才宜尽早培养，并且要采取相关措施，使本国劳动力从学龄儿童开始就为数字经济做好准备。

巴黎地区公布了2021年人工智能计划，培训和教育是该计划的侧重点，包括设立资金额度高达400万美元的博士学位奖学金。同时，法国正在启动一项人工智能培训课程，培训对象是那些想获得技能的求职者。此外，法国还成立了第一所人工智能高中。

除了从学校和大学直接挖掘人才，法国还在考虑制订计划，重新培训现有劳动力，确保法国能在数字化浪潮中处于领先地位，并对世界上最优秀的人才保持吸引力。

法国政府推出了所谓“法国技术签证”，这其实是一种简化的快速签证流程，向三类国际技术人才提供被称作“人才通行证”的居留许可。法国技术签证对三类技术人才开放，即初创公司创始人、员工和投资者，并允许他们在法国生活和工作，有效期为四年，可延期。该签证同样适用于人才的直系亲属，他们的配偶也可获得居留证，能够在法国生活和工作。

另一项举措于2016年启动，即面向科技创业者的“法国科技之门”一揽子计划，包括总额达45000英镑的赠款、签证服务和快速签证办理流程。

游子归家

随着法国将经济增长的重点放在金融科技和数字创新上，许多法国公民从海外归来，因为他们看到了祖国有大量的创业机会。有些曾远赴重洋，到美国或英国创业，成为成功的企业家的法国创业者，现在正返回法国从事创新事业，Ledger和Alan这两家公司就是其中的佼佼者。Ledger是一家加密货币钱包制造商，募集到了6800万英镑创业资金；Alan则是一家保险科技初创公司，在2018年至2019年募集到了3500万英镑资金。两家公司的成功充分证明了法国有能力在颠覆性创新中占据领先地位，并成为世界金融科技行业的主要参与者。

争夺顶尖人才的竞争无比激烈，而竞争来自现有企业、初创公司和介于两者之间的所有服务提供商。如果金融科技公司想在人才争夺战中胜出，就要凭借创造力和务实精神来解决这个问题，同时还需要表现出高卢人的潇洒气质。

融资渠道

资金到底流向何方

在欧洲和全球资本舞台上，伦敦持续开疆辟壤，超过39%的欧洲金融科技投资流向伦敦。根据创新金融协会的说法（创新金融协会是一家代表英国全球金融科技社区的独立会员协会），2019年，伦敦在金融科技融资方面首次超过硅谷。这并不是说其他重要的资本城市已经故步自封，迄今为止，伦敦最势均力敌的竞争对手是柏林和巴黎，但这两座城市获得的投资额都只有伦敦的一半。而在2018年，柏林和巴黎获得的投资分别是伦敦的21%和18%。

世界各国政府开始认识到金融科技产业的重要性，并寻求方法来促进和鼓励金融科技以及更广泛的数字经济发展。为此，政府和社会资本携手合作，不断增加投入，为创新活动提供充足资金。英国是最早启动税收奖励计划的国家之一，它投资了基金和后种子期投资平台，还投资了英国商业银行的“耐心资本计划”。其他国家已经看到这些计划的价值，并发起了类似的计划，包括法国在内。

法国政府资助计划

2015年，法国政府完成了一项广泛的研究，并宣布推出一项价值100亿美元的计划，其中包括政府认缴的40亿美元资本。该计划尤其针对风险投资和创新举措，比如2017年至2020年的区块链计划。

设立该基金的目的是在法国各地打造科技中心，并通过各种渠道提供资金支持，以帮助科技创业者。多家法国金融科技公司已经从这一计划中受益，并开始进军海外市场。这些金融科技公司包括消费者贷款平台Younited Credit、支付应用程序Lydia（相当于法国版的贝宝数字钱包Venmo）和泛欧中小企业贷款平台Lendix（后改名为October）。

风险资本和私募资本

根据全球专业服务公司埃森哲所做的一项研究，2019年上半年，法国金融科技公司筹集到了4.23亿美元，比前一年增加了48%。

法国政府还通过其风险投资机构国家投资银行与私募资本一起进行大规模投资，而其他针对金融科技的风投基金也随之涌现，比如新阿尔法资产管理公司和Truffle Capital公司。

其他已设立基金的著名大型私营企业包括BlackFin。这家私募股权投资公司专注于在巴黎、布鲁塞尔和法兰克福提供金融服务，并通过三大基金满足整个欧洲大陆处于不同发展阶段的创业者的需求，这三大基金包括：BlackFin 1号成长权益基金、BlackFin 2号成长权益基金、BlackFin Tech风投基金。2018年，BlackFin资本合伙公司完成了1.8亿美元的最终交割后，成为欧洲最大的独立金融科技基金。

近年来，随着法国金融科技公司募集到大量资金，它们的共同努力得到了回报。中小企业贷款众筹平台Lendix募集到1200万英镑（2016年），KissKissBankBank募集到530万英镑（2016年），Ulule三轮融资募集到500万英镑，Tiller募集到1200万英镑（2018年），法国初创企业Wynd则从Natixis、Sofina和BNF Capital那里募集到了7200万英镑。Wynd已从包括Sodexo、Orange和Alven在内的投资者那里筹集了总计1.12亿英镑。

现有风投资本

为了不被风投企业打败，金融服务和保险领域的现有机构已经建立了自己的投资部门和基金，并在投资和获取金融科技主张方面取得了巨大进展。以下是一些成功的案例。

- **法国巴黎银行**

在金融科技生态系统中，法国巴黎银行扮演着一个关键角色，它愿意与金融科技公司合作并收购初创公司，是许多国际同行羡慕的榜样。作为法国最大银行之一，它期待着从全球汲取灵感并作出投资选择。

通过旗下的投资基金Opera Tech Ventures，法国巴黎银行已经建立了一个广泛的网络，它热衷于资助那些具有全球视野的金融行业变革企业。它的投资重点是能够动摇金融业的颠覆性和变革性创新企业，投资对象包括：

- 美国的Chime银行；
- 以色列的Rewire公司，专为跨国公司员工提供一个数字银行业务平台，管理他们的生活；
- 开放的银行业务平台Token，允许银行和第三方支付系统在数字化全球金融服务生态系统上互动。

法国巴黎银行"开放式创新"项目总监劳伦·赫比隆认为，巴黎银行必须与加速器、学术机构、初创公司和规模化企业合作，进行投资、建立伙伴关系以及为全球金融科技和保险科技生态系统增加价值。谈到巴黎银行时，他说："我们认识到，在与初创公司合作时，'一刀切'的做法是不正确的。我们对此做出了整改。"

- **法国兴业银行**

法国兴业银行计划将"转型增长"作为其新投资战略的一部分，并创立了自己的1.5亿英镑基金"法国兴业银行风险基金"。该基金正在寻找跨业务领域的颠覆性和创新主张，其投资理念在于：接受投资的公司不仅能增加兴业银行对客户的吸引力，还能为企业客户提供相关产品和服务，以改善其业务。兴业银行投资了两家外部金融科技公司，如核心银行平台Treezor、在线能源供应商Lumo（现已完成收购）、二手车融资解决方案Reezocar；它还投资了自家的孵化器项目，比如从事情境定价保险的保险科技公司Moonshot-Internet。

- **法国农业信贷银行东方汇理银行**

该银行已经投资了区块链公司SETL和区块链平台Open CSD，前者专门从事区块链上的多币种、多资产结算，后者则从事支付和结算业务。

- **安盛风险投资基金**

继首个1.1亿美元基金成功后，安盛风险投资基金又募集到了1.5亿美金，投资于欧洲、美国和以色列的公司。该基金的最大投资额度为600万美元，面向"软件即服务"、中小企业和消费者解决方案等企业，侧重于金融科技和数字健康领域。自2015年以来，安盛风投基金已投资40多家处于不同发展阶段的公司，涵盖了金融科技、保险科技、网络安全和人工智能等行业。

监管机构概况

法国金融科技生态系统的成长之所以如此令人印象深刻，要部分归功于它极具前瞻性的政府和监管机构。法国监管机构以谨小慎微而著称，有些机构甚至可以说是吹毛求疵，由此而产生了高质量的标准和监管条例，这些标准和监管条例在整个欧洲都受到重视和尊重。

作为股市监管机构，法国金融市场管理局积极采取行动，在内部成立了一个部门以奠定监管基础、协助建立金融科技行业。金融市场管理局不满足于“海军式的凝视”，还主动寻求机会，向世界各地的其他监管机构学习并保持联络。它举办巴黎金融技术论坛等活动，并设立了法国银行综合监管机构“法国审慎监管局”。法国审慎监管局对金融科技生态系统的行业专家、学者和其他专家提供的创新观点加以综合考虑。

作为欧盟成员国，法国受到来自布鲁塞尔欧盟总部的决议、指令和裁决的影响。

法国的法律市场及近况

就金融科技而言，法国有一套既定的综合法规，这背后存在一些驱动因素。巴黎是金融机构和资产管理企业高度集中的地方，支付、保险和电信领域都建立了强大的基础设施，金融科技领域可获得政府和内阁的大力支持。

法国政府和监管机构一直对金融科技公司颇感兴趣，因为这些公司在推动科技创新，并向法国提供外来资本和就业机会。

监管机构的以下几项举措对法国金融科技产业起到了促进作用。

• 2016年6月，金融市场管理局成立了金融科技创新与竞争力部，为金融科技行业的成长提供支持，并鼓励采用新的条例。

• 支持金融科技的监管规则设定了一个门槛，若低于这个门槛，企业就不需要监管机构的授权来启动金融科技业务。监管机构为外国初创公司制定了一套一站式的快速注册和授权流程。

• 2017年底，在政府的支持下，金融科技和保险科技初创公司孵化器Swave成立。

• 2018年，政治家布鲁诺·勒梅尔虽然遇到了一些挫折，但仍表示他会协助确立首次代币发行和加密货币行业的框架。

过去几年所实施的法规表明，法国政府致力迅速建立适当的框架，以促进金融科技公司的发展，同时确保投资者的利益得到保护。

生态系统

重点机构

法国金融科技协会成立于2016年，由来自金融科技行业的100多家公司组成。作为一家非营利组织，其使命是促进法国和其他国家金融科技社区的发展，并推广最佳实践。金融科技协会扮演法国金融科技公司、政府及监管机构的代表和喉舌的角色，发布行业新闻、举办活动、选择相关的合作组织和资源作为其提供的部分产品和服务。

该协会的一些公司和机构被公认为是金融科技生态系统中不可或

缺的参与者，包括顶尖科技公司、投资基金、律师事务所、审计与咨询公司、银行、保险集团、实业公司、公共实体或关联实体等。

该组织的目标是培育整个金融科技生态系统，创造出一个有利于产生法国顶尖金融科技公司的环境。

孵化器和加速器

法国金融科技行业得到了一大批孵化器和加速器的支持，370多个初创企业孵化器散布全国各地，仅巴黎就拥有208个孵化器，其中最活跃的有以下几个。

• 巴黎的Station F：世界上最大的创业园区，拥有数千家初创公司，占地26000平方米。

• Swave：Paris&Co及其企业合作伙伴法国兴业银行、新阿尔法资产管理公司、巴黎市立小额抵押贷款银行、埃克斯顿咨询公司、AG2R La Mondiale和万事达卡一起创建的金融科技孵化器。

• 安盛保险旗下的KAMET孵化器：一个健康科技和保险科技创业工作室。

• 50 Partners：由勒洛夫特创立的联合办公场所，致力为创业者提供灵活和价格合理的办公场所。

• Truffle金融科技孵化器：一个由Truffle Capital创立的大型共同基金。

• L'Atelier孵化器：法国巴黎银行为金融科技公司和企业建立的孵化器。

• Plug and Play项目：由法国巴黎银行推出的项目。

关注法国巴黎银行

2003年，成立于1978年的L’Atelier成为法国巴黎银行集团的全资子公司。如今，前瞻性研究、企业转型咨询服务和企业加速方案是L’Atelier的三大专业领域。

继2015年“第一季加速器项目”取得巨大成功后，法国巴黎银行科技信息中心于2016年推出了第二季金融科技和企业加速器项目。这是巴黎银行与金融科技公司联合推出的加速器，其愿景是为金融科技公司提供最佳条件，找到最合适市场的产品和服务，包括量身定制的业务和技术支持，介绍法国巴黎银行集团的业务和部门以及位于巴黎的WAI（我们在创新）免费托管场地。

法国巴黎银行科技信息中心加速器项目负责人埃曼纽尔·图布尔解释道：

> 在金融领域，我们向创业公司提供的产品和服务是独一无二的。该项目注重企业发展，它的唯一目标是为初创公司和法国巴黎银行集团旗下企业创造价值。

法国巴黎银行还启动了一个Plug and Play项目，该项目将强大的银行、保险和金融科技专家小组联合起来，并邀请新兴公司加入由导师、高管和风投公司组成的网络，以缩短它们进入市场、募资和实现营收的时间。

重要活动

法国举办的一些值得关注的活动吸引了来自世界各地的金融科技行业的代表。

• 巴黎金融科技论坛。巴黎金融科技论坛每年举办一次，正迅速成为欧洲地区最高端的数字金融和金融科技活动之一。2020年，超过75个国家的2900多人参会。论坛包括数百场小组讨论和采访，有来自世界各地的银行、保险公司、电信公司、监管机构和金融科技公司的320多名首席执行官参加该活动。为期两天的活动由阿尔泰咨询公司组织，并获得了160多家国际合作伙伴的支持，举办地在巴黎的前法国股票市场交易所。

• FinTech R：Evolution大会。法国金融协会还组织其他各种会议，包括在Station F举办的FinTech R：Evolution大会。协会还为金融科技论坛提供支持。

• 法国金融科技巡回展。至2019年，金融科技巡回展已经举办了三届。展会为期三天，旨在加快金融科技在其他辖区的推广和普及。法国金融科技巡回展吸引了来自银行、保险公司、投资和金融相关企业的高管和董事参加。

重要人物和企业

• 劳伦・赫比隆

法国巴黎银行有意识地与初创公司尤其是金融科技公司建立牢固

的合作关系。这种合作以四大支柱为基础，包括共同创造、加速、银行业和投资，旨在为银行的数字化转型和金融科技发展提供支持。

法国巴黎银行“开放式创新”项目总监劳伦·赫比隆表示，由于巴黎银行愿意全面参与金融服务业这一新兴领域，因此，它已成为金融科技生态系统的中流砥柱。

巴黎银行意识到，要享受金融科技和保险科技为该行和法国整体经济所带来的潜在好处，就必须说服员工、高管层和相关利益方，让他们相信这些初创公司不是银行的敌人，而巴黎银行员工和初创公司的共同努力最终将产生积极影响。

赫比隆说：

> 我们很快就意识到，若想做概念验证、开发最小可行性产品之类的事情，我们就要开始更有目的地直接或通过加速器与初创公司接触，而不是尝试那些没有明确目标的事情。银行内部的转变是由下至上、再由上至下的，我们鼓励团队与初创公司和规模化企业协同设计产品，并从这个过程中感受到力量。与此同时，高层管理人员积极鼓励员工以不同的方式做事，接受失败，并从这些挫折中吸取教训。他们支持内部创新拥护者与普通员工多接触。

这种新的工作方式产生了多种形式的影响，但法国巴黎银行希望在内部团队和外部创业社区中制造一种团队意识。传统上，银行内部团队是以“孤岛”方式运营的，通常不参与到外部创业社区中。在许多倡议中，它直接或通过诸如Plug and Play等合作伙伴与生态系统合作。它与Plug and Play一起，在全球最大的孵化园区之一Station F启动了“法国巴黎银行加速项目”。这种互动的另一个成果就是它的“初创公司参与工具包”，能使概念验证和最小可行性产品在进行风险评估和合规过程中更加顺利，比如使工具包更容易连接到内部信息技术系统和原有系统。

赫比隆说：

> 所有关键角色都参与了“初创公司参与工具包”的开发。该工具包还提供了另一种方式，教导我们的团队使用这种新的工作方法。形势对我们很有利。我们拥有与初创公司合作的场所、可应用成果的潜在使用案例以及带来创业人才的Plug and Play。我们有需要共同应对的明确挑战，有一个业务单元和相关预算管理权限，还可以在相互尊重的情况下对初创企业进行严格审查和交流。

这个专门设立的项目产生了令人印象深刻的成果。项目运行的三年时间里，它总共酝酿了超过45个概念验证或最小可行性产品，其中三分之一已经投入生产。这一成果向内部团队和创业社区发出了一个积极信息，表明法国巴黎银行能与灵活的初创公司合作并向其学习。

- **劳伦特·尼兹里**

尼兹里是战略和创新咨询企业阿尔泰咨询公司的创始人，也是备受瞩目的巴黎金融科技论坛活动的创始人。他还担任法国电子商务及在线服务协会的副主席，该协会专注于研究数字经济的各个方面。

- **罗克珊·瓦尔扎**

Station F现任总裁瓦尔扎在科技行业和创业方面拥有丰富的履历，曾是微软在法国的创业活动负责人，成立了微软创投公司。她还在备受业内尊崇的出版物《法国科技博客》担任编辑，并在许多初创公司中担任重要角色。她为那些希望进入法国市场的硅谷公司充当顾问，并向更广泛的社区“传递创业能量”或“给予回馈”，因此而闻名创业圈；她还是“科技女性创新平台”（位于巴黎和伦敦）的联合创始人，该组织为科技界的女性提供培训，赋予她们技术能力，并提供编码课程，组织“黑客马拉松”和创业竞赛。

- **劳伦特·莱莫**

莱莫在PayU担任首席执行官，同时也是Naspers的高管团队成员。PayU是一家向商户提供在线支付服务的供应商，Naspers则是一家全球互联网企业，业务涵盖了包括娱乐、游戏和电子商务在内的各种行业。莱莫负责制定全球金融科技主张，尤其关注支付和信贷业务，并成了投资团队的一员。莱莫曾到意大利和英国求学，而在此前的职业生涯中，他曾担任贝宝欧洲分公司的副总裁和麦肯锡咨询公司的分析师。

著名企业

- Younited Credit

成立于2009年的Younited Credit募集到了超过1.23亿美元资金，这家雄心勃勃的公司向消费者、企业和机构提供范围广泛的各类保险产品。它受益于法国政府的一项举措，即“法国科创”项目。该项目建立了旨在提供实地支持的科技中心，并为有潜力发展成跨国企业的创新公司提供资金。

- Orange Bank

2017年面世的Orange Bank是由电信巨头Orange公司推出的一款

手机银行软件，也是该公司首次进军数字银行业务的产品。Orange意识到必须使它的产品多样化，并最大限度地提高它在手机使用数据和深度客户数据方面的地位，于是开始向数百万客户提供一个简单、易于使用的银行解决方案。

- Kard

Kard是一家总部设在巴黎的电子货币公司，以被忽视的“Z世代”青少年为目标人群。它仿照了Revolut的风格，宣称开户快速简易，并把吸引社区客户作为自身卖点。其产品包含了储蓄和费用分担功能。2019年，它在前种子轮募资中募集到了330万美元。

- Baobob

Baobob设计了一套以贷款、储蓄和其他产品形式提供的数字化移动解决方案，为中国和非洲的小微型企业及个人提供普惠金融。该公司由阿诺·文图拉创立于2005年，拥有近4000名员工，业务遍布非洲各地。

- SOeasi

这是一家由家庭金融解决方案提供商570easi成立的挑战者银行，代表着伊斯兰金融的民族精神，其目标客户是那些尚未充分享受到银行服务的人。SOeasi提供银行、储蓄、支付和财富管理解决方案。

- Ledger

2014年面世的Ledger至今仍保持着领先地位。它利用自有专利技术为区块链应用提供安全解决方案，并为加密货币提供安全和基础设施解决方案。Ledger的操作系统BOLOS集成了Ledger系列钱包所使用的安全芯片，为各种企业的解决方案提供硬件安全模块。Ledger最初只有8名员工，如今团队人数增加到150多人，在巴黎、维耶尔宗和旧金山均设有分公司。该公司在170多个国家开展业务，有数千家客户。2018年，Ledger在Draper Esprit公司主导的B轮融资中募集到7500万美元，并获得了德雷珀风险投资网络基金的额外资金，包括德雷珀联合基金、德鼎创新基金、Boost VC、FirstMark Capital、凯辉创新和Korelya Capital等基金。

- October

October的前称是Lendix，由奥利维尔·戈伊创立于2014年。这是一个泛欧中小企业贷款平台，为私人贷款者和贷款机构向企业贷款提供便利。它在欧洲募集到9000万美元资金，并在西班牙设立了营业点。随后，该公司定下了一个宏伟目标——成为欧洲大陆主要的贷款平台。

结　论

在巴黎，金融科技和金融服务行业都表现出积极发展的态势。金融界、学术界和政府之间似乎制订了协调一致的联合计划，以充分利用英国脱欧所带来的潜在好处以及金融科技产生的机遇。英国脱欧后，可能会出现更多机遇。

法国对早期科技教育形成的新观点；法国巴黎银行和兴业银行等现有银行率先投资金融科技公司或与其合作，帮助它们走向全球；投资基础设施，促进合作和知识交流；监管机构做出积极反应；日益活跃的投资者群体——这些都预示着，巴黎的金融科技和金融服务有着光明的未来。

从历史上看，金融服务业的发展有时候并不顺利，但现代金融为那些在传统商业环境中生存和繁荣的企业提供了一个机会。它们可以不断进化，跟曾经威胁其生存的颠覆者保持共生关系，而至于它们能否听从时代的召唤，让我们拭目以待吧。

10

纽　约

背　景

想象这样一幅画面：在纽约市里，摩天大楼耸立，宽阔的主干道两侧的商店里摆满了新颖独特的商品，引诱着你离开拥挤的街道，走进那些商店。纽约也把它这种独特的新世界风格注入金融服务业和金融科技业当中。

纽约因其庞大的城市规模和对世界经济的重要性而显得与众不同，在“全球金融中心指数”中排名榜首。纽约大都会地区吸引了大量金融服务业人士，比其他任何城市都拥有更多《财富》500强金融企业，包括摩根大通、高盛集团和摩根士丹利等金融领域家喻户晓的巨头。绰号“大苹果”的纽约是纽约证券交易所和纳斯达克等主要交易所的所在地，它们是世界上市值最大的两家股票交易所。

自2011年第四季度以来，纽约的实际城市生产总值每个季度都在增长，常常超过了美国经济的增长幅度。纽约市的就业人口有400多万，尽管金融服务业近几年出现了一些失业的情况，但纽约各地区的就业率普遍较高。

历　史

悠久的科技发展史

人们往往会关注那些在全球金融危机后涌现的科技和企业，可尽管如此，我们仍要感激20世纪50年代在纽约东56街的IBM办公室里工作的程序员，他们为全世界发明了Fortran编程语言。位于曼哈顿贝尔实验室的科研人员不甘落后，在实验室迁往邻近的新泽西之前，他们发明了现代计算机专业学生耳熟能详的C和C++编程语言以及Unix操作系统。

接下来就是一系列成功的故事，其中包括由迈克尔·布隆伯格和托马斯·塞昆达在1981年创立的彭博新闻社。这家公司提供可靠的实时市场数据和新闻，并通过彭博聊天软件给人们提供了一种交流方式。因此，彭博新闻社成为行业的典范。该公司还进军电视、投资和研究领域，尽管它的大部分营收仍来自终端，但新的金融科技公司正迅速迎头赶上，开始针对细分市场提供内容解决方案，而非全栈式解决方案。这在监管科技和人工智能领域体现得尤为明显，“聊天”软件行业也是如此。如今，像Slack、Team和Symphony这样的聊天软件已成为人们日常工作生活的一部分。这并不完全是件坏事，因为毫无疑问，彭博新闻社在过去几十年里创建了一个令人难以置信的数据存储库，而当它投资像Kaggle这样的数据科学公司时，得以保持着有利的竞争地位。如果彭博新闻社能够访问和处理Kaggle公司的数据，就有可能继续保持领先优势。

多年来，纽约市的金融科技业实现了迅猛的增长。2014年，埃森哲和纽约市合作基金发布的一份报告指出：

> 过去五年里，纽约金融科技集群的增长速度是硅谷的两倍，交易量每年增长31%，硅谷只有13%；投资每年增长45%，硅谷则为23%。

硅 巷（熨斗大厦）

银行业和金融服务业成为纽约的主导产业，而金融服务业一直将科技作为其核心要素之一。科技从来不是一成不变的行业，量子计算技术可能也不是科技的永久代名词，人工智能至今也只存在了60多年而已。所以，某些“金融科技”虽然不是新的，但人们正以创新的方式运用这项技术。除了金融机构集中，纽约也是科技的集中之地，很多聪明的年轻人（也包括不那么年轻的人）正研发和推动新的技术，以提升产品和服务的品质。

在麦迪逊大道两侧的摩天大楼里，汇聚了各类创意、设计和品牌推广人才，他们来自哥伦比亚大学和纽约大学斯特恩商学院等顶尖学府。考虑到这种独特的人才集中性，我们可以做出一个合乎逻辑的假设，即纽约会开辟一条新的道路，彻底改革金融服务业，把金融科技引进美国。此外，纽约在很大程度上是由一波又一波的移民建立起来的城市，他们给这座城市注入了勇气和决心，来创造一个美好的新世界和一种全新的世界经济。如果再加上这点的话，不禁会令人感到困惑：作为新兴产业的佼佼者，金融科技和金融服务创新行业的顶尖企业为何没有出现在纽约的大街小巷，而是诞生于西海岸的街边和海滩——更具体地讲，诞生于硅谷？硅谷历来是新兴科技创业公司的所在地，那里汇聚了拥有雄厚资金的投资者，还有毕业于斯坦福、伯克利和加州大学洛杉矶分校等高等学府的人才。然而，除了拥有支付技术方面的专业知识，硅谷并不是一个金融中心，所以纽约需要迎头赶上。

事实上，有传闻称，玛丽亚·戈奇曾受当时的雇主埃森哲委托，去探寻金融中心的创新源头在哪里。她拜访了许多企业的首席信息官和首席技术官，所有人给出的答案都是加利福尼亚、波士顿和伦敦。戈奇后来成为具有开创性的“金融科技创新实验室”联合创始人兼纽约合作基金首席执行官。谈到创新，似乎没人会想到设施完善的纽约。因此，更值得注意的是，纽约金融科技生态系统的转变极其成功，令人印象深刻，这在很大程度上要归功于玛丽亚·戈奇的冲劲、决心和远见。在面对质疑和怀疑时，她毫不退缩。

戈奇的项目始于2010年。她坚持了下来。截至2017年，获得风投资本支持的硅巷金融科技公司每年募集到的股权融资比硅谷的同行多15%。金融科技创新实验室员工成功退出的投资项目包括软件存储系统创新公司Inktank（2013年投资），该公司于2014年5月被红帽公司以1.75亿美元价格收购；在线信用卡安全监管创新公司BillGuard（2012年投资），于2015年被繁荣市场公司（Prosper Marketplace）收购，收购价估计为3000万美元；还有大数据可视化创新公司Centrifuge Systems（2012年投资），于2019年被Culmen International收购。

YayPay是金融科技创新实验室近年来最成功的融资项目之一。这是一家总部设在纽约的初创公司，专注于借助机器学习来优化应收款业务。2018年底，该公司募集到了1400万美元资金。

纽约金融科技生态系统

纽约金融科技企业的总体规模比硅谷小得多，这也是纽约金融科技圈的一个显著特征。因此，纽约的金融科技生态系统显得更紧凑、更善于沟通，现有银行、颠覆性创新企业和投资者都能从中受益。然而，有点令人惊讶的是，按Crunchbase（这是一家备受尊崇的公司，提供企业融资和评估信息）的说法，纽约有660家金融科技公司，比硅谷（253家）和旧金山（442家）的金融科技公司数量都要多，因此，为了吸引投资者，纽约金融科技公司仍需提出一些引人瞩目的金融主张。

剑桥大学贾奇商学院发布的一份报告指出，若以金融机构集中程度以及它们与金融科技界接触和合作的意愿为评价标准的话，作为金融科技中心的纽约市在全球排名靠前。报告还称，纽约传统金融机构和华尔街的强大实力是这座城市获得成功的驱动力。这份报告尤其关注纽约市作为创新生态系统的实力，它根据宏观经济因素、高校实力和监管环境，将纽约市列为世界上最好的全球城市金融科技生态系统。

除了金融，在与金融科技密切相关的学科方面，纽约也拥有较大的优势。纽约是美国拥有最高比例人工智能和机器学习职位的单一大都会地区，而大数据和网络安全技术也是纽约的一大特色产业。

TechCrunch在一份专题报告中指出，纽约市正在打造一种初创公司文化，这种文化“富有技术含量、坚定地致力建设未来企业基础设施和开发应用软件”。该报告认为，纽约市与旧金山湾区不同，后者以“软件即服务”应用程序而著称，而纽约市拥有很多从事基础设施应用的公司。

布鲁克林区：缩小差距

人们很容易忘记一点：曼哈顿岛只是纽约的一部分。纽约市由五个行政区组成，邻近曼哈顿岛的布鲁克林区也拥有一个充满活力的科技生态系统，该系统延伸到主岛的边界之外。

布鲁克林区于16世纪由荷兰人建立，直到1880年才与纽约产生实际联系。“布鲁克林”这个名称源自荷兰的布勒克伦镇，但它如今的鼎鼎大名要归功于科技。然而，随着土地成为一种炙手可热的商品，一切都发生了变化。布鲁克林区的土地恰恰比曼哈顿要多，这吸引了像Etsy这样的电商平台企业，其他企业也紧随其后，搬到了布鲁克林区。

关注布鲁克林

自2013年以来，布鲁克林区增长最快的行业包括：

- 区块链：增长幅度1300%，初创公司数量从2013年的1家增加到2018年的14家；
- 加密货币：增长幅度333%，初创公司数量从2013年的3家增加到2018年的13家；
- 金融科技：增长幅度229%，初创公司数量从2013年的7家增加到2018年的23家；
- 支付方式：增长幅度200%，初创公司数量从2013年的10家增加到2018年的30家。

一派繁忙景象

纽约是一座占地302平方英里、拥有超过800万居民的城市。它呈现出一派繁忙的景象，而且非常拥挤。这座不眠之城的科技生态系统也继承了它的繁忙特性。纽约拥有9000多家初创企业，无数的独角兽企业，100多个加速器、孵化器和联合办公场所。在纽约，金融科技找到了自己的位置。

熨斗大厦位于第五大道和第23号街交汇处，建成于1902年，建造时被称为“福勒大厦”，是福勒建筑公司的总部。然而，由于这座大厦呈三角形，人们便把它叫作“熨斗大厦”。作为臃肿和迅速扩张的金融生态系统的起源地，这座标志性建筑及其周边地区已经成为曼哈顿金融科技的焦点，被称为“硅巷”（这个名称可追溯到互联网繁荣时代，当时，该地区容纳和培育了当时的主要媒体科技初创公司）。

随着巴克莱银行在距离熨斗大厦不远处建立了Rise加速器，以及旨在培养技术技能人才的“熨斗学校”走向全球，“熨斗区”现已成为金融科技攻占纽约市场的大本营。

协作的力量

纽约的金融科技公司与现有金融机构之间表现出明显的合作意愿，这是纽约金融科技生态系统的一个有趣特征。纽约有成千上万家金融科技公司，意味着投资机构、加速器或并购企业等现有金融机构能与金融科技公司定期进行有意义的互动。

2018年，B-Hive发布了一份关于纽约金融科技生态系统的报告。该报告指出，2010年，纽约只有37%的投资流向了“协作型”金融科技公司。协作型金融科技公司指那些与现有大型企业合作的公司。截至2015年，这一数字已攀升至83%。在全球范围内，企业风投方兴未艾，但在纽约，花旗银行很多年前就通过自己的创新实验室（即金融科技圈中所熟知的“Farm实验室”）与金融科技公司合作投资，为自己的团队和客户团队谋福利，此举早于其他现有银行。

金融科技行业越来越多地向各种规模的现有金融机构靠拢，后者也越来越多地与规模化阶段（而不是启动阶段）的金融科技公司合作，或寻找应对挑战的解决方案，或就具体案例进行合作。毫无疑问，在这种合作关系之下，双方都受益于纽约的独特环境，即现有金融机构和金融科技公司在地理位置上靠得很近，且两者保持良好的合作关系。

融资渠道

除了伦敦和旧金山，纽约市也是世界金融科技交易中心之一。截至2019年8月，纽约的金融科技公司吸引了19.3亿美元投资，仅落后于伦敦（21.1亿美元）和旧金山（30.2亿美元）。考虑到纽约的金融科技业起步相对较晚，这样的表现足以给人留下深刻印象。

过去十年里，纽约市的其他科技领域从未真正缺乏过资金。所以，当金融科技业准备好接受投资时，风投行业随时可以投入资金。除了传统风险资本，企业风投基金也加入了投资者的行列，而金融科技公司很欢迎这样的新投资者。这是一种持续上升的趋势。

风投行业有许多投资者，其中一些投资者只关注或重点关注金融科技公司。接下来，让我们看看哪些投资者最为活跃。

- 1/0 Capital

1/0 Capital投资那些专注于消费信贷的初创公司，这类公司遍布教育、房贷和资产担保证券等领域，并且重视技术。Paribus是1/0 Capital因企业发展成熟而成功退出的一家初创公司，该公司帮助消费者购买价格时常波动的折扣产品。

- Anthemis集团

2015年，艾米·诺依奥基斯、扬兰·切尔和肖恩·帕克在伦敦联合创立Anthemis后，又在纽约成立了办事处，并继续与西班牙银行业巨头毕尔巴鄂比斯开银行和巴克莱银行等具有创新精神的现有金融机构合作。作为积极的投资者，他们成功出售了投资组合中的一些公司，比如把Fidor Bank卖给了法国BCPE（从那时起，几位创始人就分道扬镳了）。

- Aquiline资本合伙公司

Aquiline成立于2005年，它不仅在纽约进行投资，还在全球范围内投资金融服务行业中以服务为导向、风险极高的企业，涉足行业包括金融科技、房地产、保险和证券。到目前为止，该公司总共投资了六个项目，包括英国ClearCourse Partnership的会员软件、BitPay的企业比特币支付解决方案、Trebuchet Holdings的再保险项目以及Fernergo的客户引导和生命周期管理项目。

- 数字货币集团

该集团总部设在纽约，为比特币和区块链公司提供专业的业绩增长建议，并对此类公司进行投资。它还拥有并运营区块链社区的媒体和活动平台CoinDesk、一家比特币经纪公司“创世纪贸易公司”以及一家数字货币资产管理企业“灰度投资公司”。

- 价值流风投基金

这家基金处于早期成长阶段，总部设在纽约。自2013年以来，该基金的创始人共同投资金融科技、数据分析和B2B软件公司。尽管这些公司目前已经实现了营收，但价值流风投基金的创始人团队仍然可以为它们提升价值，推动它们成长。价值流风投基金的创始人还成功退出了其他一些初创公司，包括Loan Hero（销售终端融资）和Trigger Finance（DIY合规投资）。

• 核心创新资本公司

核心创新资本公司总部设在纽约和洛杉矶。该公司以价值为导向，对金融服务和科技行业进行风险投资，并侧重于能够促进社会流动性和经济稳定性的投资。该公司与银行、征信所、信用卡网络、信贷处理机构、资金转移机构、监管机构、创业支持者和投资者保持良好的关系，并与消费金融智库“金融健康网络”（即以前的金融服务创新中心）建立了合作关系，创业者得以从中受益。

• 金融科技合作公司

该团队的两位联合创始人拥有在全球范围内投资科技公司和成功退出的经验。他们似乎喜欢凡事亲力亲为，与投资组合创始人展开合作。该公司在数字化银行、贷款、资本市场、支付和保险技术等领域都进行了投资。

• 金融科技风险投资基金

该基金投资于“技术辅助型金融服务公司”，比如非银行贷款、支付和保险科技公司。它所投资的公司包括Fund That Flip、LQD企业金融公司和IOU Financial企业贷款公司。资深金融服务专家塞尔盖伊·库兹明领导着这支具有前瞻性的投资团队。

• IA资本集团

这是一家私人投资集团，管理着大西洋两岸的基金，并投资于成长型保险科技和金融科技公司。这些科技公司提供支付、资产管理、退休产品和保险等服务。IA资本集团已耕耘市场近20年之久。

• NYCA合伙人公司

该公司是世界领先的风险投资公司之一，专注于金融科技和创新，并涉足普通金融服务。2019年，该公司第三期价值2.1亿美元的融资完成交割。NYCA最引人注目的合作伙伴之一就是汉斯·莫里斯，他曾将花旗集团的机构业务提升到了另一个水平，并担任过维萨卡的总裁。公司的投资组合涵盖支付、信贷模式、金融基础设施和数字化咨询等领域，并投资过Affirm、Axoni、Acorns、Payoneer、Common Bond和Fluidly等企业。

- Ribbit资本公司

Ribbit投资了250多家金融科技公司，包括独角兽公司Robinhood、CoinDesk、Wealthfront和Cross River Bank等。

- QED投资者公司

QED的投资组合令人印象深刻，包括Remitly、ClearScore、NuBank和SoFi等初创公司，是美国、英国和拉丁美洲颠覆性金融服务公司的早期投资者。

- Amex风投公司

Amex是一家经验丰富的企业风险投资公司，正在寻找适用于消费者客户、企业客户及其内部业务部门的创新技术。其投资组合包括60多家与金融服务相关的公司，涵盖支付、商业、安全、防欺诈和数据分析等领域。

- 花旗风投公司

花旗成立风投公司的目的在于探索新技术和供应商，研究它们如何才能与花旗集团、花旗的客户和金融科技公司实现互惠互利。通过孵化或投资等手段，花旗风投加快了解决方案提供商的参与、成长和发展速度。该公司的投资组合包括Plaid、BlueVine、Betterment、

Pindrop和Trulioo等公司。花旗首席信息官兼风险投资主管凡妮莎·科莱拉领导着这支团队。

- 第一资本成长投资公司

这是隶属第一资本信用卡与金融服务业务的风投机构，通过第一资本及其客户的战略视角进行投资。该公司在弗吉尼亚、旧金山和纽约都设有办事处，投资组合中的公司包括Dave、Feedzai、Paydiant（后被贝宝收购）、MoneyLion和Credit Sesame。

- 高盛首席战略投资基金

该基金希望投资有创新精神的科技企业，与高盛一起共同创造产品，为客户带来价值。高盛首席战略投资基金在涵盖支付、大数据、安全和社交金融的各个金融科技领域投资了200万—2.5亿美元的不同金额。

监管机构概况

如果说英国以谨守原则的监管体系而闻名的话，那么美国监管体系出名的原因则是它遵守规则。众所周知，美国有大约30家与金融服务相关的监管机构，有些机构的监管范围涵盖了金融科技领域。

在监管机构警惕的目光下，许多金融机构向客户提供受监管的金融服务，有些机构面向消费者，有些则更类似于B2B平台。它们包括：

- 接受大额和小额存款的机构；
- 投资银行；

- 非银行实体；
- 私募股权；
- 经纪人和经纪公司；
- 抵押贷款发起人；
- 信用卡支付发起人；
- 信用合作社；
- 发薪日贷款机构；
- 汽车贷款机构；
- 无担保贷款机构；
- 学生贷款机构。

这些机构涵盖的范围相当广泛，部分金融科技社区也包括在内。目前，监管机构和纽约金融科技公司的有关情况比较复杂。一方面，美国消费者金融保护局正寻求与国内和国际金融科技界进行接触；另一方面，纽约州金融服务局正努力阻止美国通货监理局制定新的金融科技章程。现有银行也将竭力反对该章程，因为它们担心金融科技公司会获得政府所给予的特殊待遇和更宽松的监管。

美国消费者金融保护局

作为一家联邦机构，美国消费者金融保护局的职责是保护和教育消费者，使消费者掌握自主权，因为他们要面对复杂、丰富多样、有时极其危险的消费金融环境，而消费金融涵盖了学生贷款、发薪日贷款、信用卡等一切形式。消费者金融保护局是《多德–弗兰克华尔街改革和消费者保护法》的产物，该法案旨在规范金融服务和保护消费者，并防止发生另一场金融危机。2010年，该法案在奥巴马总统签字后成为法律，而后来特朗普总统一直呼吁废除该法案，从而放松对传统金融机构的约束。

消费者金融保护局关注现有银行，但也关注债务催收机构、汽车贷款机构、发薪日贷款机构以及其他可能成为金融科技社区一员的创新融资提供商。纽约人凡事都喜欢投诉，从抵押贷款、消费债务到信用卡，任何金融机构都可能成为他们的投诉对象，而消费者金融保护局似乎很善于聆听他们的投诉。

消费者金融保护局推出了“催化剂计划”，希望试水金融科技，通过非营业时间办公等各种方式积极与金融科技社区合作，从而更好地了解市场上正在涌现的新事物、潜在的陷阱、消费者能享受到的好处，以及消费者金融保护局何时需要进行干预并履行《多德-弗兰克华尔街改革和消费者保护法》所赋予的义务。

接着，消费者金融保护局在2018年推出了一个名为“创新办公室”的监管沙盒，以帮助金融科技公司和其他金融服务组织推进它们的创新理念，同时摆脱繁文缛节的束缚和限制。该监管沙盒最初关注的重点是消费产品，这符合它成立的宗旨，确保向消费者提供具有普惠性和竞争力的产品和服务。

保罗·沃特金斯是消费者金融保护局的负责人。他来自亚利桑那州司法部长办公室，该州于2018年3月创建了美国的第一个监管沙盒。亚利桑那州的监管沙盒吸引了许多欧洲金融科技公司，它们希望把这个机会作为进入美国市场的切入点。位于华盛顿特区的美国商务部注意到这一事实，它非常清楚地意识到英国和德国金融科技公司已经进入美国市场了。

除了在国际上为人所知并享有信誉，美国消费者金融保护局还是英国金融行为监管局制订的“全球金融创新网络计划”的早期参与者，并在该计划的协作小组中担任职责。现在，协作小组还加入了其他成员，包括纽约州金融服务局、亚利桑那州司法部长办公室、美国通货监理局、联邦存款保险公司和证券交易委员会等。

纽约州诉美国通货监理局案

当然，监管机构和金融科技公司之间的关系有时候并不和谐。当前的银行业监管规则不适合金融科技公司，而金融科技公司也很难完全了解纷繁复杂的监管规则。有人说，这正是美国金融业变革和发展缓慢的原因。举个例子，在美国，人们仍在使用支票进行支付（尽管使用的频率不高），而非接触支付还是一种相对较新的支付手段。

此外，州和联邦监管机构之间还存在一层隔阂，这让情况变得更加复杂，有时候会造成一种不稳定的关系。2019年，美国通货监理局与纽约州金融服务局之间的冲突就说明了这点。美国通货监理局获得国家银行业监理局授权，负责签发银行执照。纽约州金融服务局则对美国通货监理局发起指控，称金融科技公司被授予特殊目的国民银行执照，并将此项指控诉诸法院。美国和全世界都在密切关注这场科技之争，因其影响的范围已远远超出了纽约市。

在评估金融科技公司的框架和监管结构方面，美国通货监理局是早期的思想领袖之一，它已经开始研究金融科技创新可能对监管产生的影响，以及未来哪些潜在因素会阻碍金融科技的发展。创新办公室的成立就是此次反思的成果之一。更具争议性的是，通货监理局还提出了一项建议，要求建立一个组织和监管框架，使金融科技公司在单一监管机构的监督和一套规则下进行运作。这需要一些时间，但2018年夏天，美国政府以财政部报告的形式做出回应，标志着各方对金融科技的研究和建议达到了高潮。

美国财政部建议对以下四个方面进行监管改革。

• 调整监管手段，以适应消费者金融数据的汇总、共享和使用方面的变化，并为研发具有竞争力的关键技术提供支持。

• 调整监管机制，减少不必要的多头监管，并说明金融科技带来了哪些新的商业模式。

• 由于科技的进步，非银行金融机构提供的许多产品和服务已经过时，监管机构需要更新与之相关的具体规则。

• 倡导正确的监管方式，促使金融业进行负责任的实验；提高监管灵活性，增加美国在海外的利益。

有人对报告的内容提出了批评，但考虑到美国金融监管局面的复杂性和美国对金融创新的普遍保守性，这份报告意味着美国监管机构已经向前迈出了一大步。

令人惊讶的是，与此同时，美国通货监理局宣布将开始接受适用于特殊目的的金融科技全国性银行执照申请。这同样是美国通货监理局向前迈出的一大步。纽约州金融服务局和银行监管协会也注意到了这一举措，正在对该提案提出质疑。在“莱斯维尔诉美国通货监理局”一案中，纽约州和联邦监管机构对此争论不休，直到2020年才达成和解并形成最终结果。金融服务局代表纽约州就金融科技公司持有全国性银行执照一事向美国通货监理局发起了挑战。该案例不仅对金融科技公司，也对联邦银行法律产生了巨大的潜在影响，因为联邦银行法律不是为了适应某种双重银行体系而制定的。

美国通货监理局试图向金融科技公司发放全国性的特殊银行执照，却遭到了纽约州金融服务局的质疑，为此，它必须重新进行部署。曼哈顿区的一家联邦法院做出了裁决，称如果颁发这种全国性执照，就相当于允许包括互联网贷款机构、创新支付解决方案提供商和加密资产交易机构在内的其他供应商在没有与银行合作的情况下独立经营银行业务。

尽管目前仍然存在激烈的争论，但这并不意味着金融科技界与监管机构之间的关系没有发生重大改变，因为变化已经到来。事实上，在2019年夏天，纽约州金融服务局成立了一个新部门，名为“科研与创新部”，负责向虚拟货币从业者颁发许可并进行监督，评估金融机构的行为是否合规，比如利用科技解决金融排斥问题、确定和保护消费者数据权利以及鼓励金融服务平台创新等。

除此以外，2019年4月，纽约州金融服务局前局长玛丽亚·T.瓦洛以常驻监管人员的身份加入纽约金融科技创新实验室，为期12周；2019年3月，纽约联邦储备银行举行了成立以来的第一场关于金融科技的研究会议。

与其他金融科技中心合作

还有迹象表明，纽约监管机构欢迎跨国金融科技公司参与合作。例如，2019年7月，纽约州金融服务局和以色列的金融监管机构签署了一份谅解备忘录，以鼓励和促进两大金融科技中心的跨境创新和竞争。而在此之前，两个金融科技中心之间已经建立密切的合作关系。具体来讲，该备忘录涵盖以下内容：

• 相互推介，加快金融科技走向市场的速度；

• 共享关于行业趋势、专业知识、监管变革和创新方面的最佳做法和信息；

• 在提供当地规章制度和授权证书方面，本着友好合作的态度，互通信息，互相支持。

生态系统

有这样一种流行说法：人非孤岛，不可能与世隔绝。这句话特别适合纽约这座岛屿城市的金融科技圈。纽约建立了一个充满活力和不断成长的生态系统。与此同时，它也可能在不知不觉中将自己确立为金融科技界的顶尖城市，吸引全球金融科技界那些充满抱负和好奇心的人才。

加速器、联合办公场所、会议、聚会、黑客马拉松……一切都在如火如荼地进行着。虽然很多活动都围绕硅巷进行，但金融科技界的参与者正充分地利用整个纽约市的优势。

以下是纽约金融科技界的主体。

• 纽约市和埃森哲金融科技创新实验室合作项目

该项目为期12周，项目方与主要金融企业一起帮助初创科技公司测试并改进它们的价值主张。自成立以来，该项目方与近70家公司合作，帮助它们募集到10亿美元资金，并进行了7次收购。该项目的创意主要来自其首席执行官玛丽亚·戈奇。项目的模式、成就和经历过的困难已成为其他城市学习的目标和灵感来源。

- **玛丽亚·戈奇**

戈奇女士担任纽约市合作基金（该基金是纽约市合作组织的投资部门）的总裁兼首席执行官，同时也是金融科技创新实验室的联合创始人，此前曾在德意志银行旗下的一家公司供职。多年来，戈奇女士一直是纽约金融科技创新界的先锋人物。谈到金融科技创新实验室时，她说：

> 10年前，当我们建立金融科技创新实验室时，很少有金融机构在纽约采购技术。而现在，这里有了一个由金融科技企业家、风险资金和企业参与的丰富的生态系统，使金融科技公司能够扩大规模并为当地创造就业机会。纽约现在是领先的金融科技中心，尤其是企业解决方案中心。

- **科技之星加速器**

“科技之星”起初是在巴克莱银行协助下诞生的加速器项目，如今已走向全球。位于纽约的科技之星加速器项目周期为13周，每年为包括金融科技公司在内的10家初创公司提供加速成长的环境。导师、业内专家、投资者和“讲故事指南”都有助于早期创始人和团队的成长。自成立以来，该加速器已吸纳160多家初创企业，总市值超过10亿美元。随着加速器项目的进行，科技之星成为那些具备国际市场开拓能力的孵化器纷纷效仿的对象。

- **珍妮·菲尔丁**

珍妮是Techstars纽约项目的总裁，也是The Fund投资公司的创始人和无限责任合伙人。The Fund只投资那些总部设在纽约的早期初创公司。

- **“创业帝国”社区**

作为金融社区建造者，“创业帝国”由纽约的一个金融科技线下聚会小组创立于2011年，并逐渐壮大，提供会议服务和为期一周的活动（旧金山也有会场）。这个全球性的社区只有不到2万人，包括创始人、投资者和金融服务专业人士。

- **乔恩·扎诺夫**

乔恩是巴克莱科技之星纽约公司的总经理，也是“创业帝国”的联合创始人。在纽约金融科技生态系统中担任领导职务之前，乔恩在投行取得过一定成就。

- **其他值得一提的人物**
- 迈克尔·施莱因

迈克尔是安信永（投资）公司的总裁兼首席执行官，同时还在纽约经济发展公司担任董事长。作为前投资银行家，他致力小额信贷和影响力投资，热衷于将普惠金融变成现实。2014年，纽约市市长比尔·德·布拉西奥任命施莱因为纽约经济发展公司董事长，他的任务是重新点燃纽约经济的活力。

- 苏珊·欧

苏珊是Muckr.AI和Blockchain for Impact（与联合国大会合作的非营利组织）的创始人。作为一位平民技术专家，获奖无数的苏珊·欧正寻找各种方法，使人工智能和区块链造福整个社会。她创办了Muckr.

AI，用机器学习来测量基于源行为的内容可信度。她不满足于纯粹的商业活动，同时还在Blockchain for Impact担任管委会成员。

- 杰里米·巴尔金

巴尔金在汇丰银行零售银行和财富管理业务部（包括全球私人银行业务）美国分部担任创新项目主管。他毕业于哈佛大学肯尼迪学院，是获奖著作《影响力投资》和《千禧年之书》的作者。巴尔金平时爱好健身，并在多家金融科技初创公司担任导师，倡导初创公司与大企业在金融服务领域进行合作。

人才状况

在相当长的一段时期，纽约市一直吸引着来自美国和世界各地的人才。移民涌向纽约市，志在为自己和家人创造更好的生活。年轻的毕业生和追求冒险的专业人士从美国其他州来纽约学习经验，期望扬名立万或飞黄腾达。政治家、教育家和商界领袖都清楚一流学术环境的经济价值。而多亏有了像Ellevest（为女性提供数字金融建议的企业）首席执行官兼联合创始人萨莉·克劳切克这样的投资者，人们才意识到女性企业家有助于改善营收和利润。纽约市有41万多家企业的老板是女性，比美国其他城市多一倍。在纽约，大约47%的技术工人是外国出生的。与其他金融科技中心一样，人才是一种关键资源，需要不断努力加以吸引和挽留。值得庆幸的是，在人才教育方面，很多机构起到了带头作用，以下举一些例子。

重点机构

学术机构

金融科技课程只出现了五年左右。在大学里，从制定教学大纲到推出大班课或小班课，通常要花两年时间，但学术界的很多一流高校充分利用纽约市充满活力的金融科技和底蕴深厚的金融服务生态系统，推出了自己的金融科技课程。下面，我们介绍一下这些高校。

- 福特汉姆大学加贝利商学院

福特汉姆大学加贝利商学院提供针对金融专业的本科金融科技课程。

- 纽约大学斯特恩商学院

斯特恩商学院的课程涵盖六个领域，包括创新、科技、初创公司与现有企业、估值、风险、科技对社会和政策的影响。负责授课的是业内专业人士和学者，案例研究课程对颠覆性的金融科技公司进行了阐述。

- 康奈尔大学约翰逊管理学院

金融科技课程是约翰逊管理学院三年MBA课程的一部分，学生在纽约市上课。该课程涵盖了金融科技的所有领域，还教学生如何创业，包括选择商业模式、团队合作、制订和展示他们的原创解决方案。在康奈尔大学开设这些课程之前，纽约州的高校没有真正的创业工程学，而邻近的新泽西州拥有斯蒂文斯理工学院。但当玛丽亚·戈奇获得迈克尔·布隆伯格的支持后，纽约学术界开始注重金融科技，一切变得水到渠成。

- 纽约金融学院

该学院提供从金融科技基础知识到先进的数据科学等一切与金融

服务相关的专业课程，课程长度从14小时到5天不等。学生可以在线上或线下学习。

重要活动

纽约常年举行很多活动，比如行业聚会、全球性会议、宣传活动，或者仅仅是一次思想的交流会。然而，其中不乏一些重要活动和提供专业信息的论坛。

- 纽约金融科技周

这是由“创业帝国”组织的大型金融科技社区活动，参与者达15000人，且规模还在不断扩大。它将金融科技公司、具有创新精神的现有金融机构、投资者和顾问联系起来，帮助他们建立合作关系，相互沟通、相互促进。金融科技周通常每年春季在纽约市举行，旧金山也设有分会场，吸引了成千上万的参会者前来辩论、讨论、学习和展示，他们沉浸在金融科技的热闹氛围中。他们不满足于一周的活动，还常年组织聚会、宣传活动、招聘大会，并提供播客和时事通信等服务。

- CB Insights金融科技大会

这是由享有盛誉的调研公司CB Insights主办的大型金融科技活动，把数以千计的金融科技和金融服务业专家汇聚在一起。投资者、现有金融机构、金融科技独角兽公司以及那些渴望造就行业神话的企业齐聚纽约，洽谈业务，沟通交流，共同研究金融科技的发展方向。

- 金融科技创新论坛

论坛提供短视频展示和专家观点，这种独特形式受到了绝大多数业内人士的喜爱。备受人们期待的金融科技公司在论坛上进行展示（Revolut在这里做过宣传），金融服务专业人士齐聚一堂，辩论和讨论当今和未来的重大主题，推出新产品、服务，寻求新的合作伙伴和团队成员，为即将到来的新事物欢呼鼓掌，并获取持续创新的灵感。

- 纽约市金融科技女性社区

该社区有2000多名成员，其使命是为金融科技领域的女性提供教育，帮助她们掌握自身命运。社区举办了一系列活动，包括“金融科技女性周五聚会”，致力为金融科技界的女性提供受教育机会和支持。

杰出金融科技公司

纽约有几十家非常杰出的金融科技公司和极具前瞻性眼光的现有金融机构，它们共同构成了纽约的金融科技圈，但最值得一提的金融科技公司当属以下几家。

- Etal（成立于2016年）

这是一家信用卡企业，它希望帮助人们加强信用评级，同时向他们提供返现优惠和免费服务。该公司创始人来自金融服务行业，并与一些主要的信用评级机构和信用卡提供商合作，目标是向那些曾被排斥和边缘化的群体开放信贷服务。

- MoneyLion（成立于2013年）

这是一个利用人工智能和机器学习开展借贷、投资和储蓄业务的消费平台。

- Axoni（成立于2013年）

该公司提供针对资本市场的区块链解决方案，并在世界上一些最大的金融机构中推广使用。通过这套解决方案，交易双方可获得持续更新的交易记录，过程完全透明，且实现同步支付。

- Common Bond（成立于2011年）

Common Bond由大卫·克莱因、迈克尔·陶尔米纳和杰瑟普·肖恩创立。有意思的是，他们在读研时相遇，都同情并理解学生贷款的痛苦，并从中发现了机遇，于是创立Common Bond，通过再融资借款的方式帮助学生降低贷款成本，同时帮助投资者获得更高的资金收益率。迄今为止，Common Bond宣称已经募集到超过25亿美元学生贷款。这是很有价值的案例，值得学习和研究。

- Fundera（成立于2013年）

这是一家小企业贷款供应商平台。

- SeedInvest（成立于2011年）

SeedInvest由瑞安·费特和詹姆斯·汉在纽约创立，是美国最早进入股权众筹领域的公司之一，并参与制定了针对授信和非授信股权投资者和平台的《创业企业融资法案》。它的最低投资门槛为25000美元，为客户提供“无所不包”的投资方案，包括早期投资、后期投资、硬件投资、软件投资，以及金融科技、健康科技、人工智能和机器人等领域的投资。

- OnDeck（成立于2009年）

2007年，米奇·雅各布斯创立了OnDeck，但这家公司真正进入公众视野是在2014年。当时，该公司的IPO募集到了2.3亿美元。OnDeck是一个B2B贷款平台，帮助中小企业更快、更容易地获得资金。2016年4月至2019年，它与摩根大通旗下的一家银行建立了合作关系，专注于小企业贷款业务。

- Venmo（成立于2009年）

Venmo起初是一家音乐初创公司，创始人是宾州大学的两名毕业生，他们开公司的初衷是与各类乐队进行交流，以获取MP3音乐。后来，Venmo成为社交网络中一种简易的支付手段。2012年，Braintree以2620万美元的价格买下Venmo。这款手机应用程序使Venmo用户之间发送和接收资金变得更容易、更安全。

结 论

纽约的科技业东山再起，取得了惊人的成就，并且会持续发展。如同灰烬中重生的火凤凰，经历了互联网泡沫的纽约市再度崛起，为美国披上了金融科技这层新的外衣。依靠完美的金融服务、深厚的科技人才和设计人才储备以及雄厚的资金实力，这座“不眠之城”创造出一个欣欣向荣的金融科技生态系统。在登上挑战者银行和创新金融舞台的过程中，纽约也面临着一些暂时性的难题，比如政府与监管部门之间的纷争和欧洲金融机构带来的挑战，但显而易见的是，纽约金融科技行业保持着上升的势头，所有金融科技从业者都表现出取得成功的决心以及保存并扩大胜利果实的愿望。

11

特拉维夫

历　史

以色列是一个包容的国家，有着不屈不挠的性格，而且敢于为大多数人的利益冒险。以色列的金融科技环境反映出构成这个单一民族国家的某些要素，而在这个相对年轻的国家和新兴的金融科技产业中，特拉维夫最显著地体现出这些要素。

2017年初，《初创公司生态系统排行榜》一针见血地指出："以色列的政治首都是耶路撒冷，但对初创公司来说，特拉维夫才是当之无愧的'首都'。"在希伯来语中，"特拉维夫"意为"春天的山丘"，它还有个别称，叫"地中海酷都"，以充满活力的夜生活、时髦的包豪斯风格建筑和丰富的文化产品而闻名于世。但近年来，"春天的山丘"还成为创业活动频繁之地，吸引了各类创新者加入这个紧密团结和互助的生态系统。有点令人惊讶的是，特拉维夫的初创公司密度是全球最高的。1999年至2015年，以色列境内的初创公司数量达11585家，而该国人口仅为900万。在这批具有创新精神和颠覆性的初创公司和规模化企业中，共有570多家金融科技公司，且没有任何迹象表明这种增长速度会放缓。以色列生态系统的成功获得了国际社会的尊重和敬佩，其中一个例子就是英特尔在2018年以创新高的153亿美元收购了带视觉辅助系统的自动驾驶汽车初创公司Mobileye，这笔交易的金额令人瞩目。

硅　溪

在以色列金融科技业发展初期，全国只有不到100家初创公司，规模不到1500万美金。如今，这些数字已经增至原来的五倍，现有投资基金的数量也多了数倍。以色列的金融科技公司已经增长到大约570多家，迄今为止共募集到数十亿美元资金。

这些公司涉及的一些重点垂直领域或子行业包括：

- 网络安全；
- 数字支付；
- 个人金融；
- 越来越普及的保险科技。

以色列国土面积不大，金融服务和保险公司集中程度较高，且

90%的市场份额被五家银行占有。因此，国内竞争并不是以色列金融科技行业以惊人速度增长的真正驱动力。那么，这个国土面积虽小却并非微不足道的地中海东岸国家，如何能在金融科技界形成如此强大的力量呢？

关键优势

以色列创投数据中心是一家将政府机构、非政府组织、企业与以色列的创新活动联系起来的独立非营利组织。它将金融科技创新者与金融服务联系起来，在跨国企业与真正的同行业颠覆者、创造者和相关人才连接方面发挥着关键作用。它恰如其分地总结了特拉维夫这个自给自足的生态系统的关键组成要素，即充分利用结构严密的创业社区、积极参与的投资者社区以及一个极具前瞻性的监管机构和众多跨国公司。这些跨国公司认为，特拉维夫的金融科技初创公司让它们获益良多。它们既可以研究当地初创公司的模式，也可以与对方共同测试市场和展开合作，有时甚至可以收购初创公司。特拉维夫金融科技生态系统利用这些关键驱动因素，创造出世界上最独特且能够成功自给自足的良性循环系统。

卑微的出身：一个移民国家找到了“自然资源”

以色列自然资源并不丰富，还长期受到中东国家的贸易限制。作为这个国家的公民，创业者只能重点关注其他“自然资源”，比如科技产业以及不受疆界或自然因素限制的产业。这些产业经过孵化、开发和规模化之后，可以服务国内消费市场，更重要的是，还可以服务国际消费市场。

这是一个由充满勇气和决心的移民组成的国家，当地人把这种勇气和决心称作“敢做敢为”。在面对逆境时，以色列人似乎总能处变不惊。他们的受教育程度高于世界平均水平，且具有很高的创业天赋。与其他国家相比，以色列接受过高等教育的人口比例为46%，仅次于加拿大。因此，在金融科技创新领域，这个弹丸小国足以以小博大。

一个完美的科技试验场

以色列的国内人口规模不大，因此，有人把以色列视为验证金融科技新理念的完美试验场，测试特拉维夫等地形成的创新解决方案，然后把这些解决方案输出到其他地方，充分发挥它们的潜力。使用这个试验场的不仅仅是初创公司，有时还可以看到跨国公司的身影，这些跨国公司与以色列大型金融机构展开合作。比如，微软和以色列最大的银行“以色列工人银行”合作，为数字化银行担保业务提供区块链解决方案。

国防工业的遗产

当然，正规教育并非最重要的因素。特拉维夫和以色列其他城市之所以取得成功，还受许多其他因素的影响。以色列国防军对以色列金融科技产业带来的积极影响不能被低估，也不应该被低估，尤其是在网络安全领域。要知道，网络安全在全球金融科技行业中占据着重要地位。

由于以色列实行强制服兵役制度，所以每一个以色列人都要经历每天24小时与他们所在的连队生活和工作，用他们的勇气和聪明才智克服挑战和逆境，制定连队可以部署的战略，并学习如何管理团队。换句话说，这些都是在创业环境（包括“创业训练营”或加速器）中生存的必备技能。在跨国公司看来，这些技能使以色列人成为具有吸引力的人选，因为跨国公司寻找的不仅仅是称职的人才。在服兵役期间，以色列人会学习到一些专业技能和科技能力，比如生物识别技术、大数据和实时分析技术等，而这些领域如今都是金融科技和金融服务不可或缺的一部分。考虑到这点，我们就不难理解为何这个弹丸小国会盛产连续创业者和拥有丰富全球化经验的专业人员。正是这些创业者和专业人士，使以色列具备了竞争优势。

政府支持

除了军队提供的创业训练场地，以色列政府同样是本国所有科技产业的重要支持者，金融科技业也包含其中。多年来，以色列政府一直在金融科技产业的发展过程中发挥着积极作用，比如，鼓励创业者进入金融科技行业，发挥以色列学术、科学和技术劳动力的杠杆作用，并时常提供融资机会。政府扮演中立者的角色，推动互补方之间的知识交流。此外，政府还将这种意愿和主动性转化为实际行动，以下就是一些重要例子。当然，它们只是部分政府机构。

- **以色列创新局**

以色列政府支持金融科技的方式之一就是通过以色列创新局（前

身为“以色列经济部首席科学家办公室”）提供实用工具和融资项目，包括孵化器项目和赠款。

早在2011年，以色列就已经开始实施政府支持的各种金融援助项目和激励方案，以鼓励大型金融机构在以色列开设永久研发中心，充分利用以色列的现有技术，吸引人才加入它们的团队。但与此同时，以色列也大力吸纳本土人才，回馈当地民众。目前，有40多家跨国公司和金融服务业巨头在以色列开展业务，这证明政府的举措是有效的。在某些项目中脱颖而出的人才经常被派往国外积累经验和知识，回国后，这些经验和知识有时可用于创业。可以说，这是一种良性循环。

- Yozma集团

以色列政府的另一项举措侧重于融资。政府采取风险投资基金的形式，利用公募基金促进私人投资，从而增加研发投资。从1993年到1998年，政府为私人投资者投资的40家公司提供40%的资金，使公募基金的市值从1993年的1亿美元增加到1996年的2.5亿美元。该举措还促使30多个外国投资基金在以色列设立分支机构。以色列在研发方面的支出超过其他任何国家，占本国GDP的4.25%，并且很重视这一块的投资。随着私人投资者继续在资助以色列金融科技公司方面持续发挥积极作用，这项举措留下的宝贵遗产将继续留存下去。

国际金融机构和大型跨国公司

许多大型金融机构和跨国公司都被金融科技的潜力深深吸引，并欣然接受以色列营造的商业环境。因此，它们在以色列设立了永久性的创新中心。花旗银行、巴克莱银行、德勤和安盛保险都是广受关注的跨国企业。

- 花旗银行创新实验室

花旗银行发现，它必须充分利用以色列政府的一揽子支持计划，建立一个卓有成效的测试和创新实验室。2011年，花旗银行在特拉维夫建立了首个创新实验室，此举大获成功。随后，花旗又于2013年开设了大数据实验室，以便进行战略投资，而不是纯粹的财务投资。到目前为止，已有200多家企业申请加入实验室，而诸如移动支付领域的PayKey和提供电子商务运输解决方案的Ladingo已经取得了成功。与此同时，花旗团队看到了与之合作的初创公司具有巨大潜力，并为此感到兴奋不已。

- 巴克莱银行科技之星

巴克莱银行科技之星团队是全球加速器的狂热爱好者，他们将英国银行的实力与美国科技之星项目结合起来，选择帮助那些他们认为最有可能成功的创业家和金融主张。十家金融科技公司被科技之星加速器选中，参加了一个为期13周的密集培训项目，该项目有助于加速创建它们的解决方案并帮助公司上市。在巴克莱银行和科技之星更广泛的网络以及行业专家、导师和其他服务提供商的支持下，项目成员接受能力考验，为下一阶段的成长做好准备，并向感兴趣的投资者展示公司实力（投资者包括Rise Growth Investment基金，该基金专门投资那些进入科技之星加速器的公司）。这个选择过程的关键点在于金融科技公司的团队里，至少有一名成员是“技术人员”。在特拉维夫，这个标准很容易满足。2019年，第四批有望获得成功的金融科技公司进入加速器，重点加速对象包括数据保护、区块链、移动支付和税务申报领域。从事区块链贸易融资的Wave公司是科技之星加速器项目2015年“毕业生”当中最出名的一家公司，其解决方案已被巴克莱银行采用。

- 德勤的创新科技终端

这是美国德勤和以色列之间的合作项目，以造福德勤客户和初创公司。它提供的服务包括考察旅行和沉浸式旅行。前者的目标是寻找创新企业，并与它们会面，后者的目的则是深入接触创新企业。

- 安盛Kamet Ventures孵化器

Kamet Ventures成立于2016年，是安盛保险旗下的孵化器部门。特拉维夫提供各种“保险即服务”产品的Setoo公司是该孵化器的投资对象之一。Setoo也获得了英国金融行为监管局颁发的执照。

积极且坚定的投资者

特拉维夫既有本地投资者，也有外国投资者，他们的投资对象涵盖了从初创公司到规模化企业在内所有类型的企业。我们曾提到，政府围绕研发所采取的一系列融资举措带来了巨大影响，政府也鼓励公共部门和私人企业联合融资。但除此以外，特拉维夫还有一个非常健康的风险投资行业，以及一些正在寻找以色列初创公司的跨国天使投资基金。在这些投资者当中，也有大型科技公司，比如谷歌、脸书、英特尔、IBM、微软等，它们寻找机会投资、收购和并购其他企业。例如，Waze卫星导航系统被谷歌收购，并建立了规模巨大的研发设施，成为行业潮流的引领者。

融资渠道

无论是初创公司还是成熟的规模化企业，任何一家金融科技公司都需要筹集资金。企业发展的牵引力源自销量、消费者购买意愿等要素，它们难以寻找，却又必不可少，并取决于多种因素，包括销售周期的长度、技术发展的强度以及寻找志同道合的合作伙伴以验证概念和试验项目的难度。但是，资本和现金流才是金融科技公司的命脉，而以色列恰恰有一个非常活跃的投资者群体。

这些为初创公司提供融资的投资者包括以下几家。

- Viola集团

这是一家总部设在以色列的风险投资公司，投资那些与以色列有关联的公司，包括金融科技公司。这些公司虽然与以色列有关联，但总部不一定设在以色列，比如在线社交交易平台e投睿。

- iAngels

iAngels建立了众筹投资网络，来自世界各地的授信投资者可通过该网络与iAngels一起投资以色列的公司。iAngels负责提供交易项目，并与以色列创投数据中心合作，从而牢牢把握住生态系统的发展趋势。

- 红杉资本

红杉资本成立于1972年，总部设在以色列，在硅谷的名气也许更大一些，专门投资金融科技以及其他各类科技行业。由于其资本总额接近150亿美元，而且有成功退出Instagram等初创公司的经验，所以这是一只不可忽视的基金。

- 83North（前身为Greylock IL）

83North是一家管理着8亿多美元资金的全球性公司，投资于欧洲和以色列各个发展阶段的企业和创业者，偏好B2B和B2C金融主张。

- 莫内塔风投基金

该基金专门投资初创的数据科技公司，这些公司侧重于金融科技和保险科技领域。作为以色列最活跃的投资者之一，莫内塔基金于2015年成立了种子基金，并于2018年成立了一只后期基金，投资对象是那些已经产生收益的公司。

- **创纪录的投资增长额**

2018年12月，以色列创投数据中心的亚伊尔·福纳洛夫接受采访时称，2018年上半年，以色列金融科技行业的股权交易额达8.3亿美元，打破了以往的半年交易纪录，其中1亿美元是由社交交易和投资平台e投睿募集到的。即使没有e投睿的交易，2018年上半年仍然是有史以来融资额最高的半年，有4亿多美元。在本书撰写之时，2019年前三季度的相关数据尚未公布，但股权投资金额已达15亿美元，再次打破了纪录，这表明增长仍在持续。

按商业内幕情报网提供的数据，2018年，58笔交易获得了融资，而交易数量只比上一年多了4笔。大量资金的流入表明，投资规模更大，成熟度更高，资本对市场的信心更足，投资者的态度更为乐观，且为实现大幅增长而进行的投资多于早期投资。

随着这些公司不断成长，它们也开始探索不同种类的融资方案。

一些初创公司以非常理智的眼光看待硅谷银行等公司提供的后期过渡性和风险债务工具。这点在网上贷款机构寻求扩大贷款规模时尤为明显。此种类型的债务融资表明金融科技生态系统内的成熟度不断提高，预示了未来的增长。2018年，以色列创投数据中心的统计数字凸显了这样一个事实：

> 2018年上半年，四家公司通过六笔交易举债4.41亿美元（是2017全年债务的两倍多），其中三家是从事互联网贷款业务的初创公司，它们正进入一个新的发展阶段。这三家公司分别是BlueVine（为小企业在线开发票的公司）、Behalf（为小企业营运资本的公司）和BLender（P2P贷款平台）。

以色列创投数据中心每年都会更新这些数字，读者可以定期访问它的网站。

• 经验丰富、回馈社会的创业者

成功孕育了成功。早在2007年，以色列的科技创业者就取得了巨大成就，例如，贝宝在2018年以1.69亿美元的价格收购了防欺诈服务公司。特拉维夫有一种创业文化，叫作“回馈社会”或“让爱传递出去”，至于哪种叫法更合理，仁者见仁，智者见智。在特拉维夫的金融科技界，这是很普遍的现象。无论是谁，只要与来自特拉维夫的创业者随意交谈一番，他的积极性就会被激发出来，希望成为以色列金融科技生态系统的一分子，并为其增值。特拉维夫创业者的创业热情是非常富有感染力的，无论是在宣传活动、加速器和科研设施上，还是在这座社交型休闲城市特有的咖啡馆和酒吧里，都能找到这种热情。特拉维夫从来不缺少连续创业者，他们热衷于分享自己的创业经历，给予其他人从中学习的机会，永远保持积极心态，克服困难。这些都是特拉维夫的创业文化，也是创业者取得成功的强大动力。

学术机构

特拉维夫有许多堪称金融科技界开路先锋的学术机构，这并不奇怪，因为以色列获得本科生和研究生学位的人口比例高于世界平均水平。在以色列，人们普遍有很强的求知欲——更具体地讲，在特拉维夫，人们渴望获得金融科技方面的知识。

特拉维夫还有一些敢于迎难而上的著名学者，他们制定并提供与金融科技相关的各类课程。以下列举部分顶尖学术机构。

- **希伯来大学**

大卫·格申教授是希伯来大学金融科技中心MBA课程的负责人，他和同事们共同制定了长期和短期的线下、线上课程，这些课程涵盖以下主题：

- 金融科技入门；
- 监管与监管科技；
- 金融科技创业；
- 区块链和加密货币；
- 保险科技创新；
- 金融科技分析学。

课程内容对金融科技垂直领域进行了深入研究，比如：

- P2P贷款；
- 众筹；
- 消费信贷和商业信贷；
- 支付；
- 财富与投资；
- 物联网/遥测技术；
- 区块链；
- 加密货币、“挖矿”、交易；
- 合规；
- 数据分析。

- **本·古里安大学和贝尔·谢巴大学**

这两所大学是网络安全领域的示范性高校。贝尔·谢巴大学拥有政府额外的财政和宣传支持，并建立了金融科技网络（金融安全）创新实验室。该实验室是一个“无所不包”的生态系统，能够帮助互联网初创公司加快成长速度，并吸引投资者对这些公司进行投资。

人才现状

人们会认为，以色列拥有一个成果丰硕、培养出相关学科高素质学生的高等教育系统，再加上强制性兵役所赋予人们的坚实创业技能基础，这个国家的人才必定供过于求。然而，这种观念是错误的。尽管以色列尤其是特拉维夫能够了解、预测和解决本地人才的教育和持续积累经验的需求（比如在以色列和国外的大型金融服务组织和其他跨国公司中工作），但与世界其他地方一样，它也同样缺少优秀的人才。越来越多的跨国公司进入以色列市场，风投活动也异常活跃，这意味着当地聚集了大量猎头，他们的数量甚至远高于人才。

自然而然地，以色列的人才市场变成了一个买方市场或雇员市场：

> 科技行业的薪资增长速度高于本国的其他行业。科技行业收入与其他行业整体收入比达到2.5:1，从这个指标来看，以色列处于世界领先地位。

生态系统

如果说多样性是生活的调味品，那么，以色列和特拉维夫目前的生态系统结构可称得上“色香味俱佳”。加速器、金融中心、孵化器、活动、会议、投资者和现有银行欢迎金融科技初创公司和规模化企业参加这场饕餮盛宴。

以下是以色列金融科技生态系统的部分重要机构。

- **以色列创投数据中心**

以色列创投数据中心成立于2013年，现任主管是尤金·坎德尔。这是一家非营利组织，创立的灵感来自畅销书作家丹·塞诺和索尔·辛格的著作《创业的国度：以色列经济奇迹的启示》，为以色列的金融科技公司和其他创新科技公司提供对接信息。创投数据中心倡导创业公司与成熟企业之间进行有意义、互利和真正的商业交流，在为跨国企业和总部位于以色列的初创公司牵线搭桥的过程中发挥着主导作用，同时确保当地创新者在交流中有所收获。该中心帮助海外企业明确它们所面临的挑战，并推介可能有助于它们应对挑战的本地解决方案提供商。迄今为止，以色列创投数据中心已经接待了数百家（位）跨国公司、投资者、政府官员和非政府组织，并向他们推介了100多家初创公司，促成双方的概念验证、合作和投资。

- 以色列创投数据中心Finder平台

这是一个绘制生态系统地图的在线平台，包含所有金融科技公司和以色列投资者的信息，以及与他们直接联系的途径。

- The Floor

The Floor成立于2016年，位于特拉维夫证券交易所，它似乎正在用“商业挑战优先，解决方案第二”的方法挑战传统的加速器、孵化器和风险模式。自成立以来，它与西班牙国际银行和苏格兰皇家银行等一些受到重创的现有银行合作，在国际金融服务界声名鹊起。其观点与世界其他地区的模式和方案相似，但若真正得以付诸实施，将是相当具有革命性的。2018年，The Floor从中国的复星基金那里获得了500万美元的投资，并在香港设立了分行。自然地，它的核心团队带有浓厚的互联网元素。

- 以色列Bitcoin EmBassy

这是一家总部设在特拉维夫的草根组织，全球比特币爱好者在这里推广比特币，商讨比特币的发展以及监管对比特币的影响。

杰出企业

在以色列的570家金融科技初创公司当中，大约有200家来自特拉维夫，其中一些公司创立时间非常短，而另一些公司则经历了时间的考验。虽然它们中的许多公司都很出色，值得我们集体称赞，但我们还是要罗列出几家最杰出的公司。

- e投睿（成立于2007年，特拉维夫/伦敦）

e投睿创立于金融危机期间，是在线交易领域的先驱企业。尤尼·阿西亚是该公司的联合创始人之一。e投睿创建了一种以社交交易平台和社区建设为中心的模型，并为用户提供实时数据，帮助用户获取交易和投资货币（包括加密货币）、商品和指数的机会。有趣的是，用户可以选择“效仿”网络上的任何投资者，允许e投睿系统复制被效仿对象账户中的每一笔交易。

- Fundbox（成立于2012年，特拉维夫）

Fundbox为小型企业提供信贷服务。它先对小型企业的运营状况做一番了解，若认为企业具有还款能力时，就向其发放小额贷款。通过向急需资金的企业提供短期贷款，Fundbox有效地向企业注入了流动资金或周转资金，贷款企业要在12周时间里分期偿还贷款，并支付结算费。整个过程无须购买、出售、拍卖或交易发票，因此，这不是一种发票融资解决方案。为了更准确地了解客户的财务和风险状况，Fundbox需接入贷款企业的会计软件，以找到和分析相关的数据点。

- Forter（成立于2013年，特拉维夫）

Forter是一家“软件即服务”企业，为在线商家提供实时防欺诈解决方案。它的软件可以查证公开信息和社交网络，而更深度的数据则采用了加总技术。它的解决方案运用了大数据分析、机器学习、身份分析和实时行为传感器，可追踪用户在网站上的互动情况，包括点击量分析、检索图和流量分析。

- Sirin Labs（成立于2013年，特拉维夫）

2017年，网络安全公司Sirin Labs通过众筹募集了将近1.58亿美元资金，然后推出了第一款“超安全区块链智能手机”Finney。这款手机提供基于区块链技术的P2P资源共享、内置冷钱包等功能以及一个以行为与机器学习为主的防入侵系统。

- Hello Pepper（隶属Leumi Group，成立于2017年）

Hello Pepper成立于2017年。与纯粹的金融科技初创公司不同，它的母公司是拥有117年历史的以色列国民银行。作为一款完全自主开发的手机银行软件，Hello Pepper既是内部革新的结果，也是以色列第一款手机银行软件。据说，Hello Pepper每天的开户数量比原来的实体银行要多得多。Hello Pepper还提供一款投资应用程序，此举被视为破坏了传统银行业规则，但因其采用新技术尤其是人工智能而广受好评。Hello Pepper雄心勃勃，打算从美国起步，拓展全球市场。

重要人物

- 尤金·坎德尔

担任以色列创投数据中心首席执行官的尤金是一名经济学家，也是耶路撒冷希伯来大学的埃米尔·斯派尔经济学与金融学教授。他曾在以色列国家经济委员会担任主席一职，并兼任内塔尼亚胡总理的经济顾问。

- 尤瓦尔·塔尔

尤瓦尔·塔尔是金融科技独角兽公司Payoneer的创始人兼总裁，而Payoneer是早期电子商务支付领域的先驱企业。作为一名连续创业者和投资者，他为支付行业的发展做出了贡献。塔尔出生在耶路撒冷，后来到特拉维夫学习机械和生物医学工程。他曾公开指出，以色列国防军为创业者提供了成长的土壤，因为它会迫使你做一些非常难的事情，在必要时接受惩罚，然后获得专业证书，向别人证明你是一个能力极强的人。

Payoneer成立于2005年，是全球最大的网上汇款平台之一，专注于跨境B2B支付业务，营收达数亿美元，是以色列一家非常成功的金融科技公司。它的客户群涵盖了全球最成功的企业，包括爱彼迎、亚马逊、Fiverr、谷歌和Upwork。在创立Payoneer之前，塔尔还创立了BorderFree，这也是一家跨境支付公司，后来他把BorderFree卖给了必能宝公司。

- 本杰明·纳克曼

作为Credorax公司的创始人兼首席执行官，纳克曼拥有深厚的法律和技术专业背景。他创建的Credorax是一家全球性公司，专注于电子商务收付款业务，将家族内部的财务联系起来，使父母和祖父母能替儿孙将钱发给零售商、慈善机构等。这一切都可以通过青少年理财应用平台Jassby完成。

- 埃亚尔·赫尔佐格

埃亚尔是Bancor的联合创始人和产品架构师。Bancor的协议允许用户在以太坊区块链上生成智能令牌。而Bancor基金通过出售其数字令牌，募集到了价值1.53亿美元的以太坊加密货币，成为世界上最大规模的数字令牌销售案例之一。作为终端用户在线生态系统的早期采用者和创造者，埃亚尔在用户生成货币和区块链解决方案领域开辟了道路。

- 拉克菲特·卢萨克–阿米诺奇

这位以色列国民银行的前首席执行官曾入选《财富》杂志评出的“100位最有权势女性”排行榜，理由是她理解并运用了数字科技的力量，使数字科技参与到以色列最大规模的银行转型当中。可以说，在担任以色列国民银行首席执行官期间，她取得的最大成就之一就是推出了数字银行平台Hello Pepper，而该平台目前正设法进入美国市场。

监管机构概况

无论任何人，若想在特拉维夫或以色列其他地方从事金融科技行业，应考虑接受法律咨询，并与以前在特拉维夫工作过的其他创始人进行交流，因为严格来讲，以色列没有专门的金融科技领域法律或法规。尽管如此，以色列财政部和与金融科技产品相关的监管机构仍然非常支持金融科技创新，因此，官方的态度和意愿都是积极的。

然而：

> 每种金融科技产品都可以根据以色列的一般法律逐个进行监

管。例如，新版的《2016年金融服务监管（监管金融服务）法》很快将对加密货币实施监管，《以色列证券法》也可能被加进来。《投资咨询法》则对提供投资咨询的机器人咨询服务加以监管。

以色列的金融监管似乎兼顾了原则导向和规则导向，其监管环境总体上是支持创新的，具有一定的灵活性和创新意识。以色列银行负责监督P2P贷款等若干金融科技垂直领域监管规则的修订工作，并设立了一个援助中心，旨在帮助金融科技公司与现有商业银行协同运转。通过这种方式，以色列银行鼓励各方对金融科技监管采取开放态度并接受改变。

以色列银行的银行监督部是参与金融科技产品监管工作的主要组织之一，其他组织包括：

- 以色列资本市场、保险和储蓄管理局；
- 以色列反洗钱与反恐怖主义融资监管局；
- 以色列安全局——成立于1968年，是以色列的国家证券监管机构，2018年，它成立了金融科技创新中心，鼓励讨论和学习金融科技。

以色列资本市场管理局：新局面

为了应对不断变化的市场需求，尤其是市场期盼和鼓励更多竞争的需求，以色列监管机构已经开始审视其金融科技许可证制度的分配体系，并为此建立了一个专门的团队。以色列资本市场管理局目前所处环境与2014年至2015年的英国金融行为监管局类似，其面临的许可证申请需求高于预期。于是，它果断采取行动，建立了一条快速认证通道。根据以色列《经济学家报》的说法，目前，以色列资本市场管理局收到了大约2000份来自金融服务业的申请，其中包括区块链公司和更宽泛意义上的金融科技公司。

全球金融创新网络

以色列资本市场管理局不想置身于国际舞台之外，它已经加入了由英国金融行为监管局组建的全球金融创新网络以及其他大约30家国际监管机构。该团体希望讨论和确定全球合作的框架。虽然以色列曾尝试在国内建立监管沙盒，但到目前为止，尚未形成有效的机制。不过，以色列如今重新开始审视这一概念。

类似的监管机构还有以色列出口与国际合作协会。该协会总部设在特拉维夫，隶属以色列贸易劳工部，是一家政府和社会资本合作机构，旨在帮助初创公司在海外推广和发展它们的价值主张和合作伙伴关系，并将国外企业推介给以色列的金融科技界，同时确保国内消费者在这一学习过程中受益，并获得更具竞争力的产品。

重要活动

特拉维夫常年举行一些正式或非正式的活动。下面，我们看看这座对金融科技持友好态度的城市有哪些重要活动。

- FinTech Junction大会

FinTech Junction大会已经举办了数年，是以色列最大和最著名的会议之一，侧重于讨论金融服务业的技术和创新话题，涵盖了网络安全、区块链、人工智能、开放式银行、支付、ID和P2P贷款等主题。FinTech Junction大会每年都吸引了成千上万的专业人士从世界各地前来参加。参会人员与机构来自各行各业，包括企业高管、创业者、投资者、金融科技初创公司、现有银行和其他金融机构、加速器和政府机构。

- 特拉维夫金融科技大会

特拉维夫金融科技大会在Rise创新中心（Rise TLV）的轻松氛围中举行，旨在成为金融科技行业所有参与者进行思想碰撞的大会，欢迎创业者、投资者、行业颠覆者、创新者和未来创新者的加入。

- DLD特拉维夫创新节

DLD特拉维夫创新节并不是专门面向金融科技举办的活动，但包括金融科技公司和相关科技企业，比如人工智能和机器学习企业。DLD是以色列最大和最引人瞩目的科技盛事之一，通常在9月份举行。初创公司和大型企业希望在创新节上发掘创业灵感，庆贺和交流创业圈所有与创新相关的想法。DLD创新节由多项活动组成，举办活动的场所也很多，但所有活动都围绕着数字化大会展开。

- Token fest区块链生态大会

来自全球各地成千上万的区块链开发者和企业专业人士齐聚特拉维夫，参加这场区块链行业的峰会，该峰会涵盖了从首次代币发行到加密经济学和数字化商业等各类主题。

结 论

拥有如此充满活力的金融科技生态系统，再加上政府的支持、全球的关注、积极主动的创业者以及令世界各地金融科技中心艳羡的人才储备，特拉维夫完全有能力继续演绎当前成功的金融科技故事。诚然，以色列的国内市场和周边地区不够大，在此温床环境下创立的企业，其商业模式需求无法得到满足。但是，似乎仍有不少大型企业打算在特拉维夫设立创新工场，以充分利用当地的新兴技术、政府的支持和活跃的融资环境。勇气、决心、源自军方和学术机构的尖端技术基础，三者的独特结合赋予了这个强大的小国家在全球金融科技领域受人尊敬的地位。目前，尚无迹象表明以色列金融科技业的关键驱动力会减弱，而通过会议、商务代表团、科研机构和创业者本身开展的外联活动正持续地进行着，这对特拉维夫金融科技生态系统的所有参与者来说是一个好兆头。

12

深　圳

背　景

中国制造业在世界上的知名度更高，而且质量和速度都优于其他很多国家，同时，在金融服务方面，或者更具体地讲，在将它对科技的热爱与大规模融资相结合方面，中国已经开启了一段重塑自我的旅程，并在金融科技领域取得了一些相当惊人的成就。

近年来，中国加快了金融服务创新的步伐，成为金融科技创新和应用的重要中心，在全球舞台上占有一席之地。论及金融服务业遗产的丰厚程度，中国不如西方国家，这对中国来说，可谓“塞翁失马，焉知非福”。中国无须摆脱过时的编程语言、阻碍事物发展的高管思维，以及从小就习惯于烦琐、复杂、只注重利润的产品和服务的用户。

北京、上海和深圳等城市没有类似的历史遗留问题，再加上拥有高质量的大学和高度熟练的劳动力等优势，它们从全球诸多城市中脱颖而出，成为重要的金融创新中心。本章重点介绍与香港仅一湾之隔的深圳市。

深圳的人口超1700万（截至2020年），陆地面积约2000平方公里。为了提升竞争优势，深圳金融界和政府都采取了一些措施，至少对于该地区的金融科技公司来说，它们的努力已经初见成效。

自2016年以来，为了吸引全球专业人员和学者，仅深圳一个经济特区就花了6亿多美元实施各种方案和举措。目前，深圳已成为中国南部省份广东省最大的经济体。1978年，中国实行改革开放政策，深圳成为中国第一个经济特区，因而获得了更多类似于自由市场的政策以及商业激励措施，这有助于吸引更多的外国投资和技术开发。这一策略很有效，深圳和广东其他地区涌现了大量全球加速器、投资者、学术合作伙伴和人才，包括一些归国学者。深圳还举行全球性的会议，邀请金融科技界的行业专家尤其是区块链方面的专家参与。

2018年，深圳政府宣布，深圳特区的GDP高达2.422万亿元人民币，首次超过香港（2.4万亿元人民币），这标志着深圳已成功实现其最初目标。然而，深圳的经济增长速度虽然令人赞叹，却并非一帆风顺，比如2018年的P2P借贷平台暴雷，就造成了相当惊人的影响。暴雷之后，整个P2P行业便陷入了瘫痪。某些业内专家认为，这是一个自然优胜劣汰的过程，也许有了此类经验教训之后，未来的发展才不会重蹈覆辙。

面对尚不完善的金融环境以及国家金融体系面临的系统性风险，

中国政府对金融业做出了迅速而敏锐的反应。监管依旧是灵活的，并且注重规模，但在某些领域，监管却有所加强。比如在线支付领域（这是中国的一个庞大产业），中国人民银行要求所有从事在线支付业务的公司在2017年底前“切断”与商业银行的直接结算，以遏制洗钱活动的资金流，并防止进一步的洗钱活动。

历 史

深圳这座城市或许与伯明翰和迪拜有相似之处。伯明翰是英国第二大城市，但与伦敦相比，人们可能对它知之甚少。如今，伯明翰拥有了自己的金融科技中心，还成立了一个金融科技加速器项目。迪拜则从一个依赖石油的经济体迅速转型为金融科技中心。在某种程度上，深圳的名气无法与香港媲美。然而，深圳发现了金融科技所带来的机遇，并伸出双手抓住了它，接着就诞生了一系列非凡的成功故事和蓬勃发展的生态系统。这个生态系统似乎已经下定决心，要热情款待来自全球各地的行业和学术专业人士。

在历史上的大部分时间里，深圳只是一个位于珠江三角洲的小渔村。自然形成的三角洲创造出肥沃的土壤，非常适合植被生长。从某种意义上说，深圳也为金融科技产业创造了类似的环境，它不仅拥有先进的硬件制造产业，还拥有经济特区的特殊地位，以及毗邻香港这个熠熠生辉的金融中心所带来的区位优势。1980年，在邓小平提出的改革开放政策指引下，深圳开启了一段转型之旅，这座城市的命运也随之改变。

中国政府充分利用深圳毗邻香港这一独特优势，选择深圳作为中国首批经济特区之一，推出经济激励措施，以吸引国内外投资者。很快，深圳成为一个硬件制造中心，以“世界工厂”的美名而享誉全球，并向世界各地输出了大量工业产品和消费品，包括苹果手机。

如今，深圳是中国最具创新力的城市之一，人口从1980年的10万左右激增到2020年的1750多万。它充分利用本地丰富的工程师资源和不断完善的地方政策，在吸引新经济企业方面已超越香港，荣膺“中国硅谷”的称号。深圳打造了一个先进的科技行业，促进金融科技行业的快速增长，并为其提供支持。深圳与北京和上海一起迅速崛起，成为中国三大金融科技中心之一。

关键优势

深圳已进入金融科技领域的尖端行列，这并非偶然。与其他全球金融科技中心一样，深圳的成功也离不开政治、人口、科技和经济等关键驱动因素。一段时期以来，深圳政府一直渴望复制或超越香港，采取了许多措施，以促进和推动该地区变成能与香港并驾齐驱的金融中心。

政府制订了一项计划，将深圳打造为全球化的社会主义模范城市，并继续推进金融改革。时任深圳福田区财政局副局长朱江透露，福田区计划成立金融工作局（深圳市福田区金融工作局已于2019年3月成立。——编者注），研究全球金融和科技发展趋势，并在深圳打造新型国际金融中心的过程中发挥关键作用，而这个金融中心将被命名为“国际金融科技聚集示范区”。

尽管存在种种障碍，但政府决心加快该地区的发展。深圳拥有以下几大优势。

• 根据牛津经济研究院提供的预测数据，到2035年，深圳将成为全球十大城市经济体之一，以2015年的价格为参照的话，其国内生产总值将达到8000亿美元。

• 深圳是300多万家企业的所在地，其中许多企业在其行业中处于创新的最前沿，包括华为、腾讯、比亚迪和中兴等本土科技巨头，以及宜家和领英等外企。

• 2016年，金融区块链合作联盟（深圳）成立。该组织的诞生向世界表明，深圳有意成为区块链技术的领导者，尤其是把区块链应用于金融服务安全和合规领域。

• 相对宽松的监管环境。无论金融科技公司是否喜欢被监管，2013年至2015年，深圳相对宽松的监管环境帮助金融科技行业实现了巨幅增长。然而，这种增长也为金融系统带来了系统性风险，促使中国政府加强监管。2017年，中国人民银行成立了金融科技委员会，以协调贷款、保险和支付政策，并提高金融科技产品的质量。

• 来自科技产品消费者的需求。2019年，中国人口规模约为14.3亿，国内消费者对金融科技产品和服务的潜在需求并不小。中国许多地区的生活水平不断提高，智能手机在国内逐渐普及，而在线支付已经主导支付渠道。随着中产阶级人口数量的不断增长，人们对保险产品和服务的理解也加深了。保险业恰恰是深圳的强项，因为非常成功的平安集团总部就设在深圳。

• 消费行为。中国的网络购物正方兴未艾，且消费者热衷在网上分享自己的购物心得。中国诞生了腾讯和阿里巴巴等科技巨头，电子商务、互联网和社交媒体以及社交电商在国内变得非常普遍。重要的是，为这些国内大型购物网站提供动力的在线支付工具并非可有可无的消费金融工具，而是完全融入用户的生活中。中国独角兽公司的表现异常出色，相比之下，西方的独角兽公司只能扮演追赶者的角色。中国的消费者喜欢上网，容易接受二维码、面部识别、在线金融和在线支付等新鲜事物，他们也可能成为率先在中国使用电子货币的人群。支付宝和微信支付已经创造出数字货币，而在许多城市中心地区，人们不再把使用信用卡和现金作为支付手段。

• 资金。根据埃森哲的数据，2018年，中国金融科技公司交易的总价值为225亿美元，占全球金融科技投资额的46%。

人才状况

尽管中国拥有数量庞大的金融服务专业人才，但随着中国在全球金融服务业中占据领导地位，和世界其他地区一样，它在人才和技能方面的需求也急剧上升。然而，中国以自己的方式解决了这个问题，已经付诸实施的举措和方案正在产生成效。

2017年，安永会计师事务所对中英关系进行了研究，发现中国拥有超过50万名金融专业精英人才和1万多名金融科技精英人才。所谓金融专业精英人才，是指受过高等教育、拥有海外工作背景的专业人士。这些金融人才以及科学、技术、工程和数学人才之所以数量庞大，一部分原因在于他们就读的大学擅长这些学科，另一部分原因则是深圳有许多大型跨国科技公司，它们的人才需求必须得到满足。

除了学术界和金融行业所采取的举措，深圳政府也在尽自己的一份力量，夺取这场粤港澳大湾区人才争夺战的胜利。深圳实施了许多经济和知识创新改革，尤其是福田区。平安集团是目前世界第七大最赚钱的公司，其总部就位于福田区。深圳是一个人口稠密、寸土寸金的地方，而这些“区域优惠措施”和企业负担得起的大量办公场所，让金融服务业和科技行业更容易吸引和留存人才。深圳有经验的“海归”人才比例达到20%，充分证明了政府的努力是卓有成效的。

金融科技界似乎觉得这些条件仍不足以吸引人才扎根深圳，企业为人才开出更优惠的条件，比如更高的工资和更少的工作时间。一些业绩出色的公司甚至还提供股票期权，以及比传统金融服务竞争对手更快的晋升机会。

融资渠道

在深圳或中国所有重要的金融科技中心，资本的供应量都是充足的，资金源源不断地注入抢手的金融科技公司。以前，中国的初创公司很难获得后期资金，而现在，中国的IPO市场极其活跃。过去十年里，中国完成的IPO数量超过了美国和英国的主要交易所。为了进一步营造这种有利的环境，中国政府运营着750多家由政府引导的基金，这些基金通常提供创业场所，以助力初创企业和处于早期阶段的公司。

税收和数据激励措施的吸引力

为了吸引金融科技公司到深圳安家落户，政府还在推行其他一些举措，包括税收政策和创业激励措施。比如，“新型高科技企业”的纳税税率仅为15%，而常规税率为25%；金融科技公司可获得诸如社会信用体系（为每个公民和每家企业进行信用评分的系统）数据等服务；政府还为促进数字化而设立了新兴产业创新基金，资金池规模达39亿英镑。

深圳金融科技初创公司可以参与各种风险投资和融资活动，深圳市创新投资集团有限公司（一家由政府支持的集团）是中国最著名的风险投资公司之一。根据Crunchbase的数据，该公司成立于1999年，已知投资过的公司总共171家。

以下是关于深圳创投规模的几个细节。

截至2019年6月，深圳科技行业共获得378笔投资，总金额达372.7亿元人民币。超过1亿美元的单次投资达91笔，总金额为2041.63亿元人民币，占创业投资总额的69.19%。以微信而闻名的科技公司腾讯投资了超过46家全球性的独角兽公司。

中国最活跃的金融科技投资者

按毕马威的说法，2018年，亚太地区的金融科技投资打破了历史纪录，部分原因在于中国市场吸纳了许多大规模的投资。然而，到了

2019年初，该地区的金融科技投资额却不尽如人意。2019年上半年，由于中国缺少超大型交易，以及中美两国之间地缘政治摩擦影响到了贸易和投资活动，市场有所回落，这是意料之中的事情。除了这些因素，北京的监管机构一直在关注金融科技行业，而就像暴露在聚光灯下的任何行业一样，金融科技业正受着审慎监管所带来的冲击。

这里，我们列出了中国最活跃的金融科技投资者（见表12.1）。

表12.1 活跃的投资者

最活跃的投资者	金融科技领域的重大投资
源码资本	趣店、智融集团、银客集团、随手记、农分期、会分期、资产360、格上财富、懒投资、小虎金融、聚爱财、贝米钱包、阿博茨科技、领壹金融信息
IDG资本	银联商务、轻松筹、水滴互助、易思汇、同盾科技、钱袋宝、铜板街、挖财、闪银、百融云创、宜信、福亿、易汇
红杉资本	大道金服、手机贷、小雨伞保险、众安保险、拍拍贷、金斧子、随手记、一九付、融360
高榕资本	中融金、钱袋宝、水滴互助、元宝铺、亲宝、量化派、聚财猫
贝塔斯曼亚洲投资基金	易鑫金融、分期乐、农分期、美信、百果直播、Baca、联易融
远毅资本	保准牛、知因智慧、e家保险、彩虹无线、gevent.com、au23.cn、妥妥递
蓝驰创投	趣店、水滴互助、au23.cn、妥妥递
启明创投	阿博茨科技、挖财、巨杉数据库
创世伙伴资本	国政通科技、宜信、中天嘉华、融360
祥峰投资	InstaRem、Turnkey Lender、Maxent

加速器和孵化器

许多全球性的加速器希望它们落户的地方拥有良好的科技环境、政府的一揽子支持方案、充足的土地空间、有才华的劳动力、学术造诣深厚的学者以及活跃且资金储备丰富的投资圈，而深圳完美地具备了这些要素。虽然金融科技行业在深圳是一个相对新兴的行业，但还是让一些重量级的全球性加速器非常感兴趣，开始扎根于深圳。这些加速器包括以下几家。

- 翰德金融创投

这是一家以金融为核心业务的中小型金融组织，总部位于深圳。它推出了一款金融科技加速器，侧重于区块链业务，但也涵盖了其他科技、教育项目以及创新基金。

- 平安—火花实验室金融科技加速器

这是平安科技公司与火花实验室之间的合作项目。火花实验室由威廉·褚、杰伊·麦卡锡和弗兰克·米汉共同创建，他们自2013年以来一直经营着由加速器和风险投资公司组成的全球网络。平安—火花实验室项目通过培育全球性的技术来促进现代金融领域的创新，并创立了自己的种子基金和A轮投资基金，以投资处于早期阶段的科技公司。

- Plug and Play科技中心

这是一个全球加速器项目，总部设在硅谷，在第8章关于海湾地区的内容中有所提及。它在深圳也设有办事处，并与北京、上海和重庆的Plug and Play办事处进行合作。该团队认为，深圳的软硬件行业成熟，而且拥有大量投资者和创业者，完全能成为全球Plug and Play平台的合格成员，同时将深圳与硅谷总部连接起来。为期12周的早期创业加速器项目每年运行两次，而金融科技正是该项目的一部分，此外还有与生态、房地产、物联网等行业相关的项目。

重点企业

把深圳一些最著名的企业编成名单，就是一份全球金融科技和金融服务业名企录。在中国，很多公司横跨不同的产品和服务领域，比如最初从事零售支付，然后产品范围扩大到贷款等其他垂直领域，这种现象很普遍。某个领域的市场领导者很快就变成整个领域的市场领导者。与世界其他地方相比，中国企业的单轮融资规模巨大，此类现象并不罕见。数亿美元融资规模已经足够大了，数十亿美元规模的虽然不常见，但确实也出现过。

杰出企业

投资数据分析公司Tracxn称，总部设在深圳的金融科技公司共有153家，其中少数几家公司占据了绝大部分市场份额（见表12.2）。

表12.2　杰出企业

企业名称	企业简介	资金规模（百万美元）	成立年份
金融壹账通	基于区块链、人工智能等技术的软件解决方案提供商	650	2015年

（续表）

企业名称	企业简介	资金规模（百万美元）	成立年份
微众银行	由腾讯牵头发起的中国首家数字化银行，并于2014年获得执照。微众银行提供个人小额贷款产品和金融管理工具	450	2014年
联易融	联易融成立于2016年，是供应链金融、风险模型、小微额贷款提供商	265	2016年
平安集团	深圳是平安集团的总部所在地，而前海交易所是平安旗下成员，它的外汇配额很容易扩大，接下更多港币兑人民币业务。平安是世界第七大最赚钱的公司，也是金融科技行业当之无愧的领头羊之一	4800	1988年
大数金融	无担保贷款提供商	211	2014年
聚宝会	在线贷款、在线众筹等产品提供商	200	2014年
金斧子	在线财富管理平台，提供共同基金和信托基金等产品	102	2012年
桔子理财	在线集资平台，提供带定息回报率的消费贷款产品	100	2014年

除了这份令人印象深刻的名单，以下公司被誉为2019年深圳顶尖初创公司，并有望在未来实现惊人增长。

- 趣链科技

趣链科技成立于2016年，是深圳的一个区块链和分布式分类账技术解决方案平台。在B轮融资中，趣链科技获得15亿美元，领投企业是新湖中宝股份有限公司和中国高新投资集团公司。

- 深圳市金斧子资本管理有限公司

随着国内人口的财富不断增长，金斧子资本管理有限公司为高净值个人提供在线财富管理服务。该公司提供不同种类的产品，涵盖各种资产类别，包括私募股本、企业并购、私人配售和基金等。

- 深圳随手科技有限公司

深圳随手科技有限公司是成立于1993年的中国企业管理软件开发商金蝶国际软件集团旗下的子公司，专注于开发手机财务软件，并由一款核心产品衍生成完整产品线。该公司通过五个主要平台提供完整的金融及保险产品和服务，涵盖财富管理、消费贷款、信用卡申请、证券交易和保险等领域，包括个人金融手机应用程序和手机信用卡管理应用程序。

- 微众税银

微众税银于2014年在深圳成立。微众税银专注于处理和分析企业数据，为金融服务商和其他客户提供信用调查和风险缓释服务，其云计算数据库覆盖了中国大部分省份以及大部分主要行业。

监管机构概况

英国和美国有着完善且仍不断发展的监管机制，这些监管机制中既有以原则为导向的监管，也有以规则为导向的监管，适用于金融科技和金融服务业，使行业颠覆者和终端用户更容易将规则和指引正确应用在产品和服务上。与英美不同的是，目前中国尚无单一的法律或机构监管金融科技产品、服务和企业。这种易变性所带来的结果就是，一些金融科技公司提供类似于银行服务的产品，对五家最大的国有银行构成了威胁。对此，这几大银行做出了明智之举，并表现得极有远见和务实精神，比外国同行更早地开始探索金融科技伙伴关系。对于所有利益相关方来说，不同的监管机构、行政措施和准则适用于不同的产品或服务。与其他灰色产业一样，监管的模糊性或不明确性可能会产生一些令人厌恶的做法（2018年中国市场的P2P借贷平台暴雷就说明了这点），但也可能有助于激发想象力，带来颠覆性创新。

总的来说，人们现在似乎已经接受了更严格、更明确的监管以及监管改革，尤其是在深圳。深圳既有国外金融科技公司，也有国内的金融科技公司，这是件好事，有助于增强信心和促进投资，并推动金融科技的进一步普及。深圳正努力进行法律改革，建立特别法院和仲裁中心，为继续吸引跨国企业提供法律的透明度和确定性。然而，为了使监管在中国某些地区成为一股有益的力量，需要中国所有或至少越来越多的监管机构做出一致的努力和投入，以确保任何方针政策都得以顺利实施。

重点监管机构和监管职责

深圳市地方金融监督管理局是深圳金融服务监管领域的主要机构之一，肩负着几项主要职责，包括：

- 负责法律、法规和政策的实施；
- 监测、观察和给予反馈，以改善金融环境；

- 促进深圳的科技发展和创新；
- 监督小额贷款公司和金融机构，比如租赁和商业担保公司。

深圳市地方金融监督管理局并不是唯一一家管理和指导金融科技和金融服务公司的机构，其他一些机构和相应法规也发挥同样的作用（见表12.3）。

表12.3 监管机构与监管职责

产品类型	监管机构	制定的具体法规
在线支付	中国人民银行	《非金融机构支付管理办法》
P2P贷款	中国银行保险监督管理委员会	《网络借贷信息中介机构业务活动管理暂行办法》
股权众筹	中国证券监督管理委员会	《股权众筹风险专项整治工作实施方案》
在线融资销售	中国证券监督管理委员会	《证券投资基金销售管理办法》和《货币市场基金监督管理办法》
在线保险销售	中国银行保险监督管理委员会	《互联网保险业务监管暂行办法》
在线信托业务与消费信贷	中国银行保险监督管理委员会	无
区块链信息服务	中国网络安全管理局	《区块链信息服务管理规定》

生态系统

与所有发展中的生态系统一样，有些重要机构在深圳的金融科技生态系统中发挥着更积极的作用，包括现有银行、协会、机构和世界知名金融科技公司。深圳也有自己的代表性机构，主要包括以下企业和组织。

银行

中国的金融服务业由五家大银行主导。也许你会觉得，对中国这样一个大国来说，这是件不可思议的事情，但事实的确如此。

- 中国工商银行是中国最大的商业银行，提供企业和个人银行产品、金融资产服务和互联网金融。
- 中国农业银行经营企业银行、个人银行、金融市场、资产管理等业务。
- 中国银行主营商业银行业务，包括公司、个人金融、资金业务和金融机构业务等。
- 中国建设银行为个人和企业客户提供存款、贷款、基金管理、外汇等服务。
- 中国交通银行提供一般银行业务和主流金融服务。

中国建设银行–腾讯金融科技联合创新实验室

尽管这五家银行在金融服务领域都有重要的立足点，但它们也意识到，若与某些竞争对手或技术提供商合作，它们将受益匪浅，而且它们也并非不愿意这样做。中国建设银行和腾讯联合建立的创新实验室就是例子之一。不了解中国国情的人可能认为这样的合作伙伴关系令人惊讶，但国有的建行和科技巨头腾讯已经宣布联合创立金融科技创新实验室的计划。该实验室将打造一个知识共享和通信平台，命名为“中国建设银行–腾讯金融科技联合创新实验室”，并由腾讯的云业务部门主导。双方将在人工智能、大数据、区块链和云计算等领域展开合作，并充分利用建行大学华南学院创业者港湾的知识资源和腾讯的技术。

其他机构

- 深圳市金融科技研究院

深圳市地方金融监督管理局与中国人民银行共同成立了金融科技研究院，其主要使命是实施深圳市政府和中央银行发起的金融科技和数字货币相关项目。

- 深圳市互联网金融协会

深圳市互联网金融协会成立于2015年7月，是在深圳市政府和深圳市政府金融发展服务办公室的支持和指导下成立的自律性组织，目前协会会长单位为平安集团。协会负责召集和约束那些违反法律和行业原则的成员，为政府政策的顺利实施做出贡献，并代表成员对外发声。该协会拥有200多名会员，包括一些著名的互联网金融公司，它们是深圳互联网金融行业的顶尖企业。

- 深圳金融区块链合作联盟

深圳金融区块链合作联盟成立于2016年，是一个拥有100多家成员企业的非营利组织，其成员包括金融机构和金融信息服务公司，致力区块链技术在金融服务领域的发展和应用。联盟运营着一个开源平台，吸引工作组成员参与区块链解决方案的持续发展。

重要活动

和其他全球性的金融科技中心一样，深圳也举办了大量的金融科技活动，这些活动既有小型会议，也有全球性的峰会。活动的举办地点通常在深圳市或隔湾相望的香港。

深圳在区块链等科技领域处于领先地位，这意味着上述一些活动不再局限于省级范围，而是成为全球性的活动，吸引着来自世界各地的游客、演讲者和参展商。以下是该地区举办的部分活动。

- 全球金融科技投资峰会（深圳）

以“科学遇到资本”为主题的全球金融科技投资峰会在深圳举行，旨在促进全球合作，并与金融科技行业和麻省理工学院、北京大学等名校建立合作伙伴关系。该峰会吸引了全球金融机构、高校、诺贝尔奖得主、投资者和初创企业，会议举办地点位于深圳南山区，也就是人们所说的“南山金融科技城”。在贷款和投资等领域，南山区持续开发金融科技初创公司解决方案。南山区展现出深圳金融科技行业的潜力，再加上政策支持、住房示范项目和创新场所，南山区希望成为深圳金融科技持续向上发展的动力来源。

- 区块链世界论坛（深圳）

这是一个全球性论坛，吸引了金融科技和区块链生态系统的所有利益相关方参与其中。监管机构、学者、行业专家和现有金融机构与科研人员、投资者和初创企业坐而论道，探讨和争论区块链行业需要克服的挑战和存在的机遇。按传统模式，该论坛分为专家主旨演讲、小组讨论和应用案例研究等几大部分，这些活动有助于突出与分享学习和最佳实践。该论坛还为参与者建立伙伴关系提供了机会。与会者各抒己见，讨论哪些行业可能受区块链解决方案的显著影响，比如金融服务、法律、保险、政府和公共服务、能源、艺术和房地产等行业。

- 香港金融科技周

作为全球第一个跨境金融科技活动，香港金融科技周在香港和深圳举行，显示出深圳在金融科技行业日益重要的地位。监管机构、投资者、创业者、现有机构和来自世界各地的金融服务专业人员参与其中，探讨区块链、支付、信息交流、网络安全和银行等主题。金融科技周由香港投资推广署举办，由Finnovasia和Finovate承办，合作伙伴包括香港金融管理局（简称香港金管局）、香港证券及期货事务监察委员会（简称香港证监会）、香港保险业监管局以及香港交易及结算所有限公司（简称港交所）。

重要人物

深圳是全球金融科技跨国公司的聚集地，而与这种环境相对应的则是具有开拓精神的创业者和商业领袖，他们改变了金融业的面貌、行业状况以及从业者的生活，同时积累了大量财富。他们利用科技和时势带来的机遇，并借助自身的海外教育经历和商业经验，把大胆的设想付诸实践，从而成为成就斐然的创业者。下面，我们简单介绍几位优秀的企业家。

- 马化腾

腾讯创立于1998年，是全球最大的互联网公司和科技公司之一，同时也是世界上最大的社交媒体公司之一，拥有QQ即时通信软件和微信（于2011年推出）这两款应用软件，主导着中国最大的移动即时通信服务市场。腾讯还是全球最大的投资公司之一。马化腾毕业于深圳大学，是第一代深圳移民。

- 马明哲

马明哲是平安保险集团的执行董事和创始人。平安保险集团创立于1988年，是中国的一家大型企业集团，也是中国最大的人寿保险公司，它从不断增长的中产阶级市场发现了机遇，并将保险业务扩展到金融科技业，开拓银行和金融服务，吸引了数亿互联网金融或在线金融客户。

- 陈立明

陈立明担任平安保险公司旗下科技子公司平安科技首席执行官兼香港银行同业结算有限公司董事局候补董事（任职时间截至2020年9月。——编者注）。他曾在渣打银行担任高管，如今是SuperCharger金融科技加速器项目的导师，也是亚洲证券业与金融市场协会的金融科技项目成员。自2014年以来，他一直是世界经济论坛金融服务业颠覆性创新委员会的成员。

- 安东尼·萨尔

萨尔是亚洲最大的金融科技社区组织之一Finnovasia的联合创始人兼首席执行官，也是推动举办香港金融科技周的重要人物。萨尔组织了亚洲的主要金融科技活动，致力促进跨境合作、知识交流和商业交流。

他曾担任创新之旅公司的联合创始人和总裁。创新之旅是一家总部设在香港的公司，从事富有创造性和教育性质的创新旅行业务，帮助个人和公司访问俄罗斯、中国（含香港和台湾地区）、印度、日本、新加坡、韩国等地，探索新的创意，向专家学习，并与当地创新社区会面。

结　论

有迹象表明，中国的区域中心城市在金融科技领域越来越有话语权，而且这种趋势还会持续下去。深圳与香港两座城市的合作越来越多，这对双方和整个地区都有利。

国际合作

在美国硅谷和英国硅环岛的加速器、投资者和交叉创业方面，国际社会的交流同样没有放缓的迹象。全球现有金融机构看到了与科技公司合作所带来的机遇以及中国政府为它们提供的潜在商业机会，因此，这种趋势应该也会继续下去，尤其是在区块链领域。

监管

与深圳一湾之隔的香港发放了虚拟银行执照，而深圳监管机构也从以往对待金融尤其是P2P行业较为宽松的态度中汲取了教训。有鉴于此，我们可以做出一个合理的假设，即政府强化监管的趋势将继续下去。如果深圳继续向海外金融科技公司和金融服务公司张开欢迎的双臂，这个趋势尤为重要。政府可能会给这些公司提供更多指引和规划。

人才

在全球范围内，成功的金融科技公司所需的技能属于稀缺资源。因此，继续营造一个适宜的环境，让散居国外的专业人士回到祖国的怀抱，或者吸引那些希望从中国其他地区移居深圳的人才，这对赢得人才争夺战极为关键。

与美国麻省理工学院和北京大学等高校建立合作伙伴关系将有助于深圳赢得人才大战，并产生一些尖端研究成果。

资金

事实上，金融科技业投资就像一趟载货列车，它将不断沿着轨道前行。人们或许会假设，超大规模的交易会在某个时刻出现，但资本的持续和稳定流动更为重要，而政府在必要时提供的指导可能会产生重大影响。

13

最后一些想法

什么是金融科技，它为何如此重要

起源

本书的许多读者要么正在攻读金融科技、银行业或相关学科，要么在金融服务或金融科技领域工作，要么正在研究这门学科，希望获得相关知识和深刻的见解。你可能已经听过很多次“金融科技”这个词，而且和其他很多人一样，也问过自己：“金融科技到底是什么东西？它是如何起源的？”这个问题的常见程度超出你的想象。

为了回答这个问题，我们对银行业追本溯源，探讨银行业存在的原因，以及它如何经历了数世纪的演变。我们首先探讨中世纪的关系型银行。这种银行的每一款产品都是为客户量身定制的，完全匹配客户的需求和能力。我们接着又回顾了18世纪的工业银行，这种银行侧重于销售金融产品，而非提供金融解决方案，顾客不再得到符合自身需要的产品，而是不得不接受一款“足够好”的产品。

我们继续探索银行业的进化之旅，了解工业银行实现自动化后的另一个版本——信息技术银行。信息技术银行起源于20世纪50年代，它把客户需求变成了由远程主机计算机处理的简化数据点，银行千百年来对客户真实需求的共鸣和理解不复存在。然后，我们的探索之旅来到了数字化银行时代，研究数字化银行业务与非数字化银行业务之间的不同之处。如果采用正确方法的话，数字化银行可以重现用户体验和关系型银行的重要性，再次向客户提供一款量身定做的金融产品。重要的是，我们阐述了数字化技术如何完成看似不可能实现的目标，向数以百万计的客户提供独特的定制化产品。

愿景和目标

银行业的变革是重大的，有时甚至是灾难性的。在记录下这一演变过程之后，我们更深入地研究了触发这种变革的根源，即银行业变革的愿景和目标是什么？我们深入探讨了不断发展的科技如何影响银行产品，以及数据处理能力如何使客户在不前往实体银行的情况下办理银行业务。现代银行在用户的口袋里，在他们的手机中。我们认为，如果用户不接受这种变革，如果零售、信息、旅游和媒体等行业没有缓慢而持续地接受数字和移动技术，那么所有变革都不可能发生。正是因为上述行业采用了新技术，消费者不仅接受了数字化银行，而且对数字化银行产生了需求。

我们研究了监管机构是如何推动银行业创新的。相对其他产业而言，监管机构是银行业发生变革的根本驱动力。显然，某些监管机构（尤其英国的监管机构）是推动数字化变革前行和崛起以及促进金融科技公司在市场中成长起来的真正力量。

最后，还有重要的一点：我们思考了包括天使资本、风投资本和企业风投资本在内的大量资本涌入金融科技市场的现象。近年来，金融服务初创公司获得的投资额激增，而精明的投资者认为投资金融科技公司是明智之举，我们阐述了当中的原因。

在深入研究颠覆性变革的过程中，我们介绍了“新型银行”的概念，并尝试描绘未来银行的样子。这种全新的实体具有很强的灵活性，能够适应客户的需求和能力。它将提供三种产品：支付、信贷和资本保护能力，这些都集成在智能、自动化、含丰富数据的智能化指引和建议中。

实施

树立愿景和目标的做法值得赞许，但如果想法或理想无法转化为具体的结果，它们就毫无价值。为了弄清并阐述不同的金融组织是如何实施数字化变革的，我们讨论了它们的三个发展阶段，包括适应当前业务、演变以及为真正的转变创造前提。转变可能来自组织内部，也可能来自外部，或两者兼而有之。我们回顾了实现变革的几种方式，包括内部创新、与专家合作或并购企业等。

确定了行动方针之后，就必须商定并实施交付计划。在研究如何实施变革的过程中，我们探讨了全球金融科技中心是如何出现的。在这些金融科技中心，人才、创新、资本和监管相互作用，创造出独特的生态系统，使未来的银行业和金融服务业商业模式得以发展。

在金融服务行业，真正的创新很少能以单打独斗的方式完成，相反，它是由一些共同结果驱动的。通过研究所谓“金融科技部落”，我们发现，全球各地企业利用本地金融科技中心的特有条件来创建解决方案和创立公司，解决全球普遍存在的问题。在此背景下，我们探讨了从挑战者银行到基础设施建造者在内的五种金融科技部落，涉及支付方式、无银行账户群体和社交银行业务。

金融科技中心

金融科技中心是一种新事物，它并不局限于某个国家、地区或大陆。从伦敦到深圳，全球各地行事灵活、以客户为导向的金融科技公司纷纷抢占市场份额，使金融服务行业巨头的利润降低，向市场推出更优质的银行和金融服务。它们获得当地生态系统的帮助和支持，包括投资者、学者、政府、监管机构、加速器、社交团体等。

本书后半部分简要介绍了不同地区的金融服务和金融科技中心。在这些中心，变革正在进行中。我们深入了解了它们与众不同的原因、它们所面临的挑战以及如何去除这些阻碍进步的潜在障碍。在每一章关于市场的介绍中，我们描述了金融科技中心的发展史，现有银行的基础设施结构，人才、资本和技术的获取以及监管带来的影响。

全球化视野

在旅程的前半部分，我们访问了六个主要金融科技中心，分别是伦敦、巴黎、海湾地区、纽约、特拉维夫和深圳。其中，一些中心处于金融服务业发展的前沿，并正在引领金融科技的潮流。其他中心刚进入生态系统，正促使自己成为所在地区的领导者。无论怎样，它们的影响力都超出了各自地区。

这些简介很大程度上源自两位作者的个人观点和经验。笔者写这些简介的目的是使读者明白每个金融科技中心的类型，并初步了解不断变化的银行业面貌。

前　景

在为本书做调研时，我们发现市场真的认为银行业不久将会经历一些非常困难的时期。事实上，常有人认为全球金融体系的崩溃是不可避免的，这样的声音不绝于耳。无论你是否同意这一极端观点，银行业显然正面临一段坎坷的旅程。

全球经济的调整可能会持续几个月甚至几年时间，这将大规模颠覆金融业，并影响金融生态系统的所有参与者。因此，在讨论金融科技发展和生态系统时，不应忽视这个话题。

咨询公司麦肯锡在其发布的《2019年全球银行年度回顾》结尾中

说道：

> 我们要立刻行动起来。作为行业的领导者，有些银行只想保护自身利益；有些银行则业绩不佳，希望扭转颓势，提高利润率。不管怎样，现在都是采取重大举措的时候了。

2019年下半年，英格兰银行前行长默文·金称，我们“假装自己已经使银行系统变得安全……我们正在梦游中走向（一场新的金融）危机”。评级机构穆迪也同样持悲观态度，认为全球银行的前景不容乐观：“……反映出长期经济增长趋势放缓，政治风险有所增加。”

悲观论调成为预测未来的基调，而这在很大程度上凸显了变革的必要性。我们必须适应新的现实状况，并接受这样一种理念：在银行和金融领域，“一切照常”不再是一种合理选择。

接下来呢

造成这种不确定性的最大原因之一是银行业迎来了具有颠覆性的数字化变革。我们有必要更清楚地了解数字化创新如何改变银行业的基本面貌、这些变化带来哪些影响以及如何利用这种颠覆性的变革造福于所有参与者和客户。

1. 不可再“以静制动”

随着金融服务领域的金融科技革命继续下去，逐渐将大型科技公司引入金融服务业，变革的需求正变得越来越迫切。金融科技界的投资已经创下新高，而且几乎没有放缓的迹象。银行面临着越来越苛刻的监管环境，全球资产回报率暴跌，行业的新进入者引发激烈竞争。这些都满足了那些原本受挫的零售客户、商业客户和企业客户的需求。以这些客户的成本结构和能力，如果没有巨额资本支出，以及最近大型科技巨头进入金融业所投入的费用，光凭银行无法满足它们的需求。摆在银行面前的唯一选择就是改变。

2. 可能出现的局面

变革不是一项简单的任务。数字化当然是银行业的未来，但我们不清楚它最终会是什么样子，大量学者、顾问、媒体、银行、监管机构和金融科技公司都提出了各种各样的设想。未来的金融服务业很可能出现以下三种情形。

• 金融科技公司成为赢家——挑战者银行和金融科技公司笑到最后，现有银行将被新的提供商所取代，后者拥有截然不同的业务模式，而客户乐于接受这些模式。现有银行将倒闭或被金融科技公司取代。

• 银行成为赢家——银行利用自身的资金储备和庞大的客户群，向数字化过渡。现有银行要么学会创新，自主转型，要么收购挑战它们的金融科技公司，要么两者兼而有之。金融科技公司将无法与之竞争。

• 大型科技公司成为赢家——银行和金融科技公司被大型科技和社交平台去中介化。银行和金融科技公司只能通过科技公司提供的渠道接触客户，它们只能在科技公司的操控下相互竞争，以价格最低者赢得竞争告终。许多银行和金融科技公司停止运营，绝大多数受科技渠道的控制。

3. 什么才是最重要的

虽然我们没有水晶球，无法预测未来，但我们可以预见，最可能的结果将是上述情形的结合体。我们能够确定的是，最终，所有银行都将实现数字化，终端客户成为最大的受益者。

这才是最重要的！

附录

图

表

英文缩略语对照表

ABC	中国农业银行（Agricultural Bank of China）
ACPR	法国审慎监管局（Autorité de contrôle Prudentiel et de Résolution）
ADGMA	阿布扎比全球市场管理局（Abu Dhabi Global Market Authority）
AI	人工智能（Artificial Intelligence）
AMF	法国金融市场管理局（Autorité des Marchés Financiers）
AML	反洗钱（Anti-Money Laundering）
API	应用程序接口（Application Programming Interface）
ASIFMA	亚洲证券业与金融市场协会（Asia Securities Industry and Financial Markets Association）
B2B	“企业对企业”电子商务模式（Business-to-Business）

B2C	“企业对消费者”电子商务模式（Business-to-Consumer）
BAT	百度（Baidu）、阿里巴巴（Alibaba）、腾讯（Tencent）合称
BAU	一切照常（Business as Usual）
BBB	英国商业银行（British Business Bank）
BOC	中国银行（Bank of China）
BCM	交通银行（Bank of Communications）（中国）
BVCA	英国风险投资协会（British Venture Capital Association）
C2C	“消费者对消费者”电子商务模式（Consumer-to-Consumer）
CASS	活期账户转换服务（Current Account Switching Service）（英国）
CBB	巴林中央银行（Central Bank of Bahrain）
CBI	英国工商业联合会（Confederation of British Industry）
CCB	中国建设银行（China Construction Bank）
CFPB	消费者金融保护局（Consumer Financial Protection Bureau）（美国）
CMA	资本市场管理局（Capital Market Authority）（沙特阿拉伯）
CMIS	资本市场、保险和储蓄管理局（Commissioner of the Capital Markets, Insurance and Savings）（以色列）
CPA	每行动成本（Cost-Per-Action）
CPC	按点击次数收费（Cost-Per-Click）
CVC	企业风险投资（Corporate Venture Capital）
DFS	金融服务局（Department of Financial Services）（纽约州）
DFSA	迪拜金融服务管理局（Dubai Financial Services Authority）
DIEDC	迪拜伊斯兰经济发展中心（Dubai Islamic Economy

	Development Center）
DLT	分布式分类账技术（Distributed Ledger Technology）
EBA	欧洲银行业管理局（European Banking Authority）
EC	欧盟委员会（European Commission）
EIS	企业投资计划（Enterprise Investment Scheme）（英国）
EU	欧盟（European Union）
FCA	金融行为监管局（Financial Conduct Authority）（英国）
FDIC	联邦存款保险公司（Federal Deposit Insurance Corporation）（美国）
FISCO	金融区块链合作联盟（深圳）（Financial Blockchain Shenzhen Consortium）
FPC	金融政策委员会（Financial Policy Committee）（英国）
FSA	金融服务监管局（Financial Services Authority）（英国）
FSMA	《2000年金融服务与市场法》（Financial Services and Markets Act 2000）（英国）
FSMR	《金融服务与市场法规》（Financial Services and Markets Regulations）（阿布扎比）
GAFA	谷歌、苹果、脸书（现已更名为“Meta”。——译者注）、亚马逊四家美国科技巨头合称（Google, Apple, Facebook and Amazon）
GCC	海湾合作委员会（Gulf Corporation Council）
GDPR	《通用数据保护条例》（General Data Protection Regulation）（欧盟）

GFIN	全球金融创新网络（Global Financial Innovation Network）
GSMA	全球移动通信系统协会（Global System for Mobile Communication Association）
HKMA	香港金融管理局（Hong Kong Monetary Authority）
ICBC	中国工商银行（Industrial and Commercial Bank of China）
ICO	首次代币发行（Initial Coin Offering）
IDF	以色列国防军（Israeli Defense Forces）
IF	创新金融协会（Innovate Finance）
IFGS	创新金融全球峰会（Innovate Finance Global Summit）
IFPI	国际唱片业协会（International Federation of the Phonographic Industry）
IIT	印度理工学院（Indian Institutes of Technology）
IMPA	以色列反洗钱与反恐怖主义融资监管局（Israeli Money Laundering and Terror Financing Prohibition Authority）
IPO	首次公开募股（Initial Public Offering）
ISA	以色列安全局（Israeli Security Authority）
KAFD	阿卜杜拉国王金融区（King Abdullah Financial District）
KYC	客户尽职调查（Know Your Customer）
LBS	伦敦商学院（London Business School）
LIBF	伦敦银行与金融学院（London Institute of Banking & Finance）
LSE	伦敦证券交易所（London Stock Exchange）；伦敦政治经济学院（London School of Economics and Political Science）
M&A	并购（Merger and Acquisition）

MAS	新加坡金融管理局（Monetary Authority of Singapore）
MENA	中东北非（Middle East/North Africa）
MiFID2	《2004金融工具市场指令第二版》（Markets in Financial Instruments Directive 2004）（欧盟）
MIT	麻省理工学院（Massachusetts Institute of Technology）
ML	机器学习（Machine Learning）
MVP	最小可行性产品（Minimal Viable Product）
NBB	巴林国民银行（National Bank of Bahrain）
NCTA	有线电视协会（The Internet and Television Authority）（美国）
OCC	通货监理局（Office of the Controller of the Currency）（美国）
OECD	经济合作与发展组织（Organization for Economic Cooperation and Development）
ONS	国家统计局（Office of National Statistics）（英国）
P2P	互联网金融点对点借贷平台（Peer-to-Peer）
PBOC	中国人民银行（People's Bank Of China）
PE	私募股权（Private Equity）
POC	概念验证（Proof of Concept）
POS	销售点（Point of Sale）
PRA	审慎监管局（Prudential Regulatory Authority）
PSD2	《支付服务指令第二版》（Payment Services Directive 2）
R&D	研发（Research and Development）
SaaS	软件即服务（Software-as-a-Service）
SAMA	沙特阿拉伯金融管理局（Saudi Arabian Monetary Authority）

SCA	证券和商品管理局（Securities and Commodities Authority）（阿联酋）
SCGC	深圳市创新投资集团有限公司（Shenzhen Capital Group Co., LTD）
SEC	证券交易委员会（Securities and Exchange Commission）（美国）
SEIS	种子企业投资计划（Seed Enterprise Investment Scheme）（英国）
SFC	证券及期货事务监察委员会（Securities and Futures Commission）（中国香港）
SME	中小型企业（Small and Medium-sized Enterprise）
SNC	创投数据中心（Start-up Nation Central）（以色列）
STEM	科学、技术、工程和数学（Science, Technology, Engineering and Mathematics）
SZIFA	深圳市互联网金融协会（Shenzhen Internet Finance Association）
UCL	伦敦大学学院（University College London）
UCLA	加州大学洛杉矶分校（University of California, Los Angeles）
UKCFA	英国众筹协会（UK Crowdfunding Association）
UKIFC	英国伊斯兰金融理事会（UK Islamic Finance Council）
UKRI	英国国家科研与创新署（UK Research and Innovation Office）
USP	独特的销售主张（Unique Selling Proposition）
UX	用户体验（User experience）

VC 风险资本（Venture Capital）

WEF 世界经济论坛（World Economic Forum）

致谢

许多善于接受新事物的专业人士为本书的写作提供了支持，与作者和广大读者分享他们的经验和见解。对此，我们深表感谢。

尤其要感谢马修·陈、萨布丽娜·德尔·普雷特、雅尔·福纳洛夫、詹姆斯·海科克、劳伦·赫比伦、劳伦·尼兹里、苏西·里坦、弗朗西斯科·斯卡纳拉、奥马尔·谢赫和尼尔·乌尔坎教授。

书评

本书以引人入胜的笔触讲述了金融业的历史以及重塑金融业的驱动因素、威胁和机遇。两位作者拥有丰富的从业经验，这反映在他们充满自信且通俗易懂的文字当中。本书还回顾了全球各地的一些重点金融机构和重要人物，正是在这些机构和人物的努力之下，我们才能以更好的方式管理手机里的资金，并在充斥着数据的日常生活中做好理财。

——乔什·博顿利
汇丰银行全球数字业务主管

随着金融科技的出现，银行业不情愿地进入了数字化时代。本书描述了这种转变是如何发生的，以及世界各地如何以不同方式应对这种变化。两位作者拥有银行业数字化转型的第一手材料，并形成了自己的独特观点，使本书的可读性非常强。

——保罗·扎卡迪
Fabrick联合创始人兼首席执行官、Hype总裁本书作者描述了数字化技术的普及给全球银行业和金融服务业带来的冲击。如果读者想深入了解一个基础产业是如何转变的，一定要阅读本书。

——马修·陈
长亮控股有限公司集团首席执行官

本书从业内人士的角度阐述科技是如何改变金融服务业的。书中有几处地方读起来饶有趣味，比如历史背景、完美新型银行的概念、全球各地金融科技中心简介等。

——伊莱亚斯·A.巴尔塔希斯
波士顿咨询集团欧洲数据与分析总监

本书对全球金融科技生态系统有着深刻的见解，并介绍了金融科技中心和所谓“金融科技部落”的概况。这是一本兼具趣味性和思想性的图书，如果你想从业内人士的角度看待银行业创新的话，本书值得一读。

——沙查尔·比亚里克
Curve创始人兼首席执行官

“数字化银行”不仅仅是一个时髦词汇，数字化正在改变整个金融业。如果你想了解原因，那么这本书很适合你。金融科技正在推动一场颠覆性变革，让我们看到银行业最初的样子，那时候的银行注重为客户提供个性化结果，定制化服务十分普遍。两位作者从银行业的历史背景入手，深入浅出地阐述了我们这个时代正在发生的银行业革命，并说明新理念是如何有助于重现最基本观念的。

——迪夫·查纳
伦敦帝国学院金融科技中心教授

当前银行业正经历着史无前例的创新，而本书用精彩绝伦的论点阐述了个中原因。监管机构和金融机构为全新的数字化经济铺平了道路，未来的银行业将会以更快的速度发展，并且变得更透明、更安全！

——戴安娜·帕雷德斯
Suade联合创始人兼首席执行官

由于两位作者有着丰富的从业经验，所以本书能够从业内人士的角度去审视银行业和金融业的未来发展趋势，并深入分析科技、数据和新方法如何才能重塑银行服务业。

——葆拉·帕帕尼科拉奥
意大利联合圣保罗银行常务董事兼集团创新总监

这部引人入胜的著作探讨了银行的核心业务是如何被科技、多变的客户期望和不断发展的监管机制改变的。本书从全球视野看待金融科技，阐述了金融科技为何不像其他科技创新那样以美国为中心，以及为何欧洲和亚洲同样成为孕育最具创新性的金融科技企业的温床。如果你渴望了解世界各地银行业的发展状况，想知道它对你产生何种影响，那这本书很适合你。

——劳伦·尼兹里
巴黎金融科技论坛首席执行官、法国电子商务及在线服务协会主席新冠肺炎疫情的暴发，使我们的金融机构和经济模式正经历着颠覆性的变革和考验，而本书的出版恰逢其时。随着数字化业务不断加速，以及新的工具运用到银行业中，两位作者帮助我们反思了传统银行模式，并描绘出未来新型银行的蓝图。这本书是我们前进道路上的指南，让我们更加关注客户需求、技术能力和行业现状。

——苏菲·韦德

作家、Flexcel Network首席执行官

Reinventing Banking and Finance
ISBN: 9781789664096

图书在版编目（CIP）数据

重塑银行与金融 /（英）海伦·潘扎里诺，（英）阿里桑德罗·哈塔米著；李文远译. — 广州：广东经济出版社，2022.4

ISBN 978-7-5454-7712-2

Ⅰ. ①重… Ⅱ. ①海… ②阿… ③李… Ⅲ. ①银行业—研究 ②金融业—研究 Ⅳ. ①F83

中国版本图书馆CIP数据核字（2021）第259185号

版权登记号：19-2021-294号

策 划 人：王春蕊
责任编辑：赵 娜 郭奕成 王春蕊
封面设计：王重屹

重塑银行与金融
CHONGSU YINHANG YU JINRONG

出版人	李 鹏
出 版 发 行	广东经济出版社（广州市环市东路水荫路11号11～12楼）
经 销	全国新华书店
印 刷	上海颛辉印刷厂有限公司 （上海市宝山区长发路185号）
开 本	889毫米 × 1240毫米 1/32
印 张	10.5 插页2
字 数	242千字
版 次	2022年4月第1版
印 次	2022年4月第1次
书 号	ISBN 978-7-5454-7712-2
定 价	68.00元

图书营销中心地址：广州市环市东路水荫路11号11楼
电话：（020）87393830 邮政编码：510075
如发现印装质量问题，影响阅读，请与本社联系

广东经济出版社常年法律顾问：胡志海律师